# 新媒体营销与管理
## 理论与案例

胡玲 编著

清华大学出版社
北京

本书封面贴有清华大学出版社防伪标签,无标签者不得销售。
版权所有,侵权必究。举报:010-62782989,beiqinquan@tup.tsinghua.edu.cn。

### 图书在版编目(CIP)数据

新媒体营销与管理:理论与案例/胡玲编著.—北京:清华大学出版社,2020.9(2023.8重印)
ISBN 978-7-302-55635-0

Ⅰ.①新… Ⅱ.①胡… Ⅲ.①网络营销 Ⅳ.①F713.365.2

中国版本图书馆 CIP 数据核字(2020)第 101025 号

责任编辑:纪海虹
封面设计:李召霞
责任校对:宋玉莲
责任印制:丛怀宇

出版发行:清华大学出版社
    网  址:http://www.tup.com.cn,http://www.wqbook.com
    地  址:北京清华大学学研大厦 A 座  邮  编:100084
    社 总 机:010-83470000  邮  购:010-62786544
    投稿与读者服务:010-62776969,c-service@tup.tsinghua.edu.cn
    质量反馈:010-62772015,zhiliang@tup.tsinghua.edu.cn
印 装 者:天津安泰印刷有限公司
经  销:全国新华书店
开  本:185mm×260mm  印  张:21.5  字  数:392 千字
版  次:2020 年 9 月第 1 版  印  次:2023 年 8 月第 4 次印刷
定  价:68.00 元

产品编号:085509-01

2017年我曾出版《营销管理与营销策划》一书,一方面是为了服务于自身教学、出版量体裁衣的教材,另一方面也是对多年教学思路的梳理与总结。但在快速变化的市场环境中,三年后的今天已是另一番天地——新媒体营销的发展已如日中天,这也促成了本书《新媒体营销与管理:理论与案例》的出版。

时值新型冠状肺炎疫情的特殊时期,中国及至全球许多国家的经济都经历了不同程度的震荡,疫情之下人们的生活受到严重影响,消费方式也由此发生根本转变。在线下交易和消费受到巨大限制的场景下,网络经济的重要性空前得以凸显,企业运营也更加依赖新媒体营销这一利器。

实际上随着新经济时代的到来,消费者行为迭代加速,企业的商业模式也随之不断创新,网络营销对企业的重要性早已不言自明。传统媒体形式也由此受到巨大冲击,诸如电视、报纸、杂志等"旧媒体"在企业沟通策略中所占的份额越来越低。新媒体也已突破对企业沟通单方面的影响,对营销管理的全方位都产生了革命性的冲击。没有哪家企业的营销运作能够脱离对网络的依赖而存在,而企业通过巧妙运用新媒体营销在市场中独占鳌头的案例更是层出不穷:

- 江小白以"当下热爱生活的文艺青年代表"的卡通形象,依托小小瓶身文案花样百出,采用文化营销策略,借助新媒体成功俘获年轻消费群体;
- 华帝通过世界杯期间刷屏一个多月的"法国队夺冠,华帝退全款"的事件营销,借助官微把华帝品牌推进了全国消费者的视线;
- 故宫淘宝通过让历史下沉和平民化,成功玩转新零售,开创了销售周边文创产品的新思路;

- 前有淘宝直播带货一哥李佳琦，以一当百成为网红带货的标志，后有格力电器董明珠京东直播带货3小时交易额突破7个亿，成为妥妥的"带货女王"……

文案营销、新零售、直播带货……诸如此类的关键词不断刷新我们对新经济的理解。由此可见，新媒体营销的精髓在于不断跳出旧有框架，推陈出新，找到更适合自己、适合市场情境的营销方式。

本人在市场营销与营销战略领域有十年的从教经验，在给学生讲授营销类课程的过程中发现，随着近几年互联网和新经济对商业世界的影响，难以找到契合中国情境的教科书参阅。本书将成为传统的《市场营销学》与《营销管理》课程的重要补充教材，它从传统的4P理论框架延伸到互联网背景下的4I理论，很好地架构了读者在当今市场环境下的营销蓝图。

本书从新媒体颠覆"旧媒体"、新媒体的类型、构建用户画像、新媒体营销产品策略的趣味性原则(Interesting)、新媒体营销价格策略的利益原则(Interest)、新媒体营销沟通策略的互动原则(Interaction)、新媒体营销渠道策略的个性原则(Individuality)等方面入手，以最新的企业案例进行每一章内容的导入，穿插新媒体的营销知识点与理论，在每章结尾处又以案例方式让读者做进一步投射与思考。

本书系统地构建了新媒体营销的理论体系，根据理论模块搭配实践案例，融趣味性与知识性、理论深度与实践操作为一体。读者对象主要为工商管理专业或市场营销方向的本科生、研究生、MBA/EMBA以及企业中新媒体营销相关的从业人员。

本书受"北京科技大学研究生教育发展基金项目"以及"北京科技大学青年教学骨干人才培养计划"项目的资助，在此表示由衷的谢意！我的三个研究生徐安达、张妮与秦聪在本书的编写过程中作出了很大贡献，在此向他们表示感谢。

理论是灰色的，实践之树常青。本书从编写到付梓出版经历了两年时间，历经多次修改，书中仍难免会产生资料滞后或其他差错，欢迎读者批评指正。

孙子曰：兵无常势，水无常形，能因敌变化而取胜者，谓之神。《孙子兵法》的智慧在两千多年后的今天仍旧光彩照人。希望广大读者能够从本书收获一二，在变幻莫测的市场中因敌制胜，打造适合自己的新媒体营销思路。

作者2020年7月18日<br>
于墨尔本访学期间

# 目录

## 第一章 新媒体颠覆"旧媒体" 1

第一节 新媒体营销的概念与内涵 4
第二节 新媒体现状及发展趋势 10
第三节 大数据时代下的新媒体营销 14
第四节 网络整合营销 23
本章小结 33
营销实例 34
参考文献 38

## 第二章 新媒体的类型 39

第一节 从论坛到知乎 43
第二节 从博客到微博 53
第三节 从QQ到微信 57
第四节 从视频到秒拍短视频 62
第五节 淘宝与微店 69
第六节 从手机报到移动新闻客户端 74
本章小结 77
营销实例 77
参考文献 80

## 第三章 构建用户画像是新媒体营销的关键 81

第一节 定位理论 86

第二节　STP 理论 …………………………………………………… 96
　　第三节　市场定位的核心是构建用户画像 ……………………………… 103
　　本章小结 ……………………………………………………………… 109
　　营销实例 ……………………………………………………………… 109
　　参考文献 ……………………………………………………………… 112

## 第四章　新媒体营销产品策略的趣味性原则（Interesting） …………… 114
　　第一节　产品与服务 ………………………………………………… 117
　　第二节　产品与服务的决策 ………………………………………… 124
　　第三节　新媒体下的趣味性产品体验 ……………………………… 135
　　本章小结 ……………………………………………………………… 142
　　营销实例 ……………………………………………………………… 143
　　参考文献 ……………………………………………………………… 145

## 第五章　新媒体营销价格策略的利益原则（Interests） ………………… 146
　　第一节　定价策略的影响因素 ……………………………………… 148
　　第二节　定价策略的基础 …………………………………………… 152
　　第三节　定价策略 …………………………………………………… 158
　　本章小结 ……………………………………………………………… 167
　　营销实例 ……………………………………………………………… 168
　　参考文献 ……………………………………………………………… 171

## 第六章　新媒体营销沟通策略的互动原则（Interation） ………………… 172
　　第一节　新媒体下的广告策略 ……………………………………… 174
　　第二节　新媒体下的人员销售策略 ………………………………… 188
　　第三节　新媒体下的销售促进策略 ………………………………… 193
　　第四节　新媒体营销的互动原则 …………………………………… 197
　　本章小结 ……………………………………………………………… 203
　　营销实例 ……………………………………………………………… 203
　　参考文献 ……………………………………………………………… 205

# 第七章　新媒体营销渠道策略的个性化原则（Individuality） 206

- 第一节　营销渠道概论 210
- 第二节　新媒体营销渠道 219
- 第三节　全渠道营销 230
- 本章小结 244
- 营销实例 245
- 参考文献 248

# 第八章　新媒体营销的模式 249

- 第一节　饥饿营销 251
- 第二节　口碑营销 258
- 第三节　情感营销 265
- 第四节　IP营销 269
- 第五节　跨界营销 277
- 第六节　其他常见营销模式 283
- 本章小结 287
- 营销实例 287
- 参考文献 293

# 第九章　新媒体营销公关 294

- 第一节　新媒体营销公关的概念 298
- 第二节　新媒体时代危机公关的处理 303
- 第三节　新媒体营销公关案例分析 309
- 本章小结 326
- 营销实例 327
- 参考文献 333

# 第一章 新媒体颠覆"旧媒体"

## 海尔新媒体营销之路的开创

随着新媒体技术的发展,中国网民的渗透率不断增强,与之相适应的新媒体营销也风生水起。与传统大众媒体相比较,新媒体虽然在稳定的用户群、品牌影响力、广泛可靠的信息来源等方面处于劣势,但新媒体准入门槛低、成本低,而且更为便捷和高效,并且蕴藏着不可估量的商业价值。

海尔作为一家传统的家电企业,其以往营销传播一直是基于电视、报纸和杂志等传统媒体的传播。传统媒体服务于线下市场的人群,且以中老年人群为主,而海尔的营销受众却表现为年轻化、时尚化、高端化,这与新媒体环境下的受众主体特征是一致的。作为中国家电行业领头羊的海尔企业,也开始了新媒体营销的求索之路。

## 一、巧借东风:申奥成功

2002年,海尔借申奥成功之东风,采取了电视媒体、纸媒、网络媒体结合的媒介策略。在北京申奥成功的第一时间,海尔向央视投放了5 000万元人民币广告费,随即"海尔祝伟大祖国申奥成功"的祝贺广告出现在亿万观众视线之内;与此同时,这一重要信息转化为热点新闻,在各大网站头条广为传播;此后该新闻又在各大报纸上受到点评和转载,一时间,电视、纸媒、网媒立体式传播"海尔祝伟大祖国申奥成功"向广大消费者席卷而来。申奥成功的纪念价值和象征意义大大促进了海尔品牌形象的提升。此后,海尔作为2008年北京奥运会的赞助商,在奥运会比赛期间海尔的广告、品牌LOGO(标志)频繁地出现在观众的视野,海尔以电视、网络为主要平台,整合平面、户外和广播等媒体作为辅助支持,通过央视奥运招标段的广告投放、奥运演播室中的品牌植入、网络金牌榜的线上开辟,以及"一枚金牌一所希望小学"的大规模公关宣传等一系列操作广泛地传播奥运会和企业品牌。海尔专门为奥运量身打造、体现"绿色、科技、人文"奥运精神的2008奥运空调刷新销售纪录,上市仅一个月其柜、挂机分别勇夺中高端市场单型号销量第一名,大量用户甚至交全款预订,创造了空调市场的销售奇迹。海尔初次尝到新媒体在营销传播中所发挥巨大作用的甜头。

海尔奥运传播项目的成功,让海尔初次领略了运用新媒体营销的甘美成果,领略到网络对于营销传播将要发挥出的巨大潜力,这促使海尔在之后的营销实践中,将更多的目光投注在以网络为代表的各类新媒体形式上。

## 二、势如破竹:"微""软""轻""快"

### (一)"软营销":"六方会谈"海尔洗衣机全球销量第一

2009年12月1日,世界著名的消费市场研究机构 Euromonitor 发布全球最新洗衣机排行榜,海尔洗衣机欧美、日韩洗衣机品牌,获得全球销量第一。2010年年初,国务院将海尔洗衣机作为首个推广的成功案例,并组织专题会对海尔洗衣机的成功进行多方解读。在这种传播需求与背景下,海尔利用网络媒体与平面媒体的协同,成功策划了一次"软营销"。

在此次研讨会中,海尔的传播策略分为两个层面,进行线上线下、虚实结合的"软营销"传播策略。第一层面是新闻事件炒作:选择中央和行业媒体,发布新闻通稿一篇、行业和财经稿各一篇,从不同的维度解读海尔洗衣机获得全球第一。

第二层面是市场促进宣传:选择区域都市类媒体,发布深度稿和市场稿件各一篇,解读海尔洗衣机不断创新给消费者带来的高品质生活。

在后期传播中,从2011年1月16日至2月13日,分两个阶段进行新闻和事件的造势营销,在网络媒体和大众媒体上产生了高达200万字的转载量。截至2009年年底,能效网公示1475个节能型号,其中海尔有521个,比例接近40%。在百度搜索"海尔洗衣机 全球第一"的关键词,有相关文章7.83万篇,谷歌有3.27万篇。

### (二)"轻营销":"海尔冰箱四重奏"

如图1-1所示,本次新媒体营销传播,是海尔整合媒介资源开展"轻营销"的尝试,既利用了行业媒体、大众媒体,又充分发挥了互联网媒体的协同作用。从后期的传播效果来看,最终达到了200篇次以上、300万字以上报道,网络点击率达到数百万次。

### (三)"快营销":全球一亿台海尔洗衣机泰国下线

泰国当地时间2011年12月27日15点56分,海尔全球第一亿台洗衣机在位于泰国海尔洗衣机制造基地下线,海尔全面进入"用户联盟时代"。

2012年2—3月,在新浪微博上发起"寻找海尔洗衣机用户全球之旅——赢取海尔洗衣机全球基地游"的活动主题,通过寻找海尔洗衣机全球用户,旨在说明海尔洗衣机销量全球第一、销售地区广泛、使用用户多等。2012年3—4月,借助海尔官方微博,征集"海尔洗衣机1亿台下线"推介语活动,凡是第88名、188名、288名……参与回复转

| 波次 | 六月上半月 | 六月下半月 | 七月 | 八月 |
|---|---|---|---|---|
| 新闻传播 | 玩转健康 | 玩转空间 | 玩转低碳 | 玩转甜蜜 |
| 传播方向 | "夏日炎炎早，误区知多少"晒冰箱活动 | "食物也怕蜗居不开心"线上活动；大家来找茬对比活动 | "少开一扇门，绿化关地球"线上活动，借势世界杯"碳足迹" | 借势父亲节、情人节，微博晒甜蜜活动 |
| 发布媒体 | 以健康、妈妈儿童和都市类媒体为主 | 以精品生活类、都市类媒体为主 | 以环保、低碳、科技类媒体为主 | 以新婚新居、都市类媒体为主 |

图1-1 "海尔冰箱四重奏"活动

发的网友有机会获活动优惠大奖。

本次活动，是海尔白电利用新媒体开展"快营销"的一次成功尝试。在新浪微博上直接影响的人群达50万人次。发布新闻稿件8篇、论坛帖子16篇，在网络上和平面媒体上转发转载量超过600万字，共计影响人群达500万人次。

这次传播在很短时间内就形成较高的一次传播高峰，无论是转载量、转发量，还是影响人群都达到较高规模。

**（四）"微营销"：海尔荣膺"全球第一"随手拍"海尔之最"**

2012年，海尔荣获"全球大型家电第一品牌""全球冰箱第一品牌""全球冰箱第一制造商""全球洗衣机第一品牌""酒柜第一品牌""制造商份额第一品牌""全球冷柜第一品牌""第一制造商"八项荣誉。该项目采用"随手拍"的活动形式，以微博为主战场，让用户积极参与其中，把海尔八项第一的信息融入活动，调动用户在网易制作的海尔专题网页，上传来自世界各地带有海尔标识的照片获得大奖，而照片同时反映出了海尔为世界第一的无处不在，独一无二。海尔白电这次"随手拍海尔之最"活动自发起之日以来，便受到来自全球各地的用户关注。截至2012年10月底，共收到61 707张用户照片，参与活动用户人数达到54 248人，活动页面累计浏览量134.7万。

## 三、步步推进：多管齐下

经过"微""软""轻""快"营销活动，海尔的互联网影响力进一步增强，随着社交平台的不断演进，海尔紧跟时代潮流，逐步完善官方网站、电子商务网站、微博、微信平台，并且综合利用这些平台开展一系列的活动。2014年，海尔策划"大画海尔兄弟"，征集民间创意，共同打造海尔兄弟的全新形象，让一代经典再次回到人们的视线中；

海尔官方微博也形成了海尔洗衣机、海尔空调、海尔手机、海尔热水器、海尔专卖店、海尔厨房电器、海尔服务、海尔地产、海尔电视等微博影响助阵；海尔微信持续推广，用轻松诙谐的文案成功吸引众多用户的青睐,2014年海尔公众账号微信月度推送23次,基本保持一天推送一次,月度主推文章单篇平均阅读量为8716次,点赞数为109次。从微信12月份主推文章分析,从主推稿件的结构和类型及写作方式可知,故事性和趣味性是海尔主推稿件的主要标准；从海尔新媒体负责人配置上看,海尔对新媒体营销的重视性也凸显无疑。

海尔的2014年颇不平静,网络上经常闪耀着海尔的头条,让这个传统的家电企业赚足了消费者的眼球。但是,决心要走新媒体营销之路,海尔的一系列新媒体变革方案必定会引来众多的争议,也可能会引起一些媒体的恶意揣测。营销从来就不是一蹴而就的事情,环境是不断变化的,只有对市场保持着高度的敏锐度,海尔才能见招拆招。未来的路很长,海尔要面对的挑战也很多……

**问题思考：**

1. 你是通过什么渠道接触到海尔的宣传广告的？
2. 海尔公司运用了哪些新媒体进行营销？
3. 海尔在各个新媒体平台的营销方式有什么不同？

# 第一节　新媒体营销的概念与内涵

据2018年最新的全球网民数量统计,目前全球网民数量已达40亿,全球网民每天大约花6小时用于上网。互联网的出现,改变了社会生产的方式,改变了人们的生活方式,同时也改变了企业的营销模式。基于网络和数字媒体技术的新媒体营销已经成为各企业营销的重要投入点。越来越多的企业开始涉足互联网建立自己的网站,利用新媒体销售宣传自己的产品,树立自己的品牌和企业形象。

## 一、新媒体的范畴

新媒体(new media)涵盖了所有数字化的媒体形式。包括所有数字化的传统媒体、网络媒体、移动端媒体、数字电视、数字报刊等。

新媒体是一个相对的概念,是报刊、广播、电视等传统媒体以后发展起来的新的媒体形态,包括网络媒体、手机媒体、数字电视等。

新媒体亦是一个宽泛的概念,是利用数字技术和网络技术,通过互联网、宽带局域网、无线通信网、卫星等渠道,以及电脑、手机、数字电视机等终端向用户提供信息和娱乐服务的传播形态。严格地说,"新媒体"应该称为"数字化新媒体"。

美国《连线》杂志对新媒体的定义:"所有人对所有人的传播。"

联合国教科文组织对新媒体下的定义:"以数字技术为基础,以网络为载体进行信息传播的媒介。"

对于新媒体的界定,学者们可谓众说纷纭,至今没有定论。那么,到底什么是新媒体?

新媒体是相对于传统媒体而言,是报刊、广播、电视等传统媒体以后发展起来的新的媒体形态,是利用数字技术、网络技术、移动技术,通过互联网、无线通信网、有线网络等渠道以及电脑、手机、数字电视机等终端向用户提供信息和娱乐的传播形态和媒体形态。

新媒体是新的技术支撑体系下出现的媒体形态,如数字杂志、数字报纸、数字广播、手机短信、移动电视、网络、桌面视窗、数字电视、数字电影、触摸媒体、手机网络等。相对于报刊、户外、广播、电视四大传统意义上的媒体,新媒体被形象地称为"第五媒体"。

对于新媒体的理解,不能仅从其定义出发来局限地理解。需把握其要点——新媒体是建立在数字技术和网络技术等信息技术基础之上的。如果传统的"旧媒体"开始利用信息技术改变自身的运营和营销模式,那么这些传统的媒体也可以变为新媒体。

## 二、"旧媒体"的局限性

新媒体进入传播领域对传统媒体不可避免地形成了一股强大的冲击波。根据 Editor&Publisher 的最新研究:大约 1/3 阅读在线电子新闻的用户对传统媒体失去了兴趣,电视收视率下降了 35%,广播收听率下降了 25%,报纸购买率下降了 18%,另据美国 Paragon 研究公司的调查显示:1998 年 13% 的美国家庭因上网而退掉了订阅的报纸。新媒体如此迅猛的发展态势给传统媒体带来了巨大的影响和压力。那么传统媒体为什么逐渐被人们边缘化了呢?

### (一)程式过于固定,形式不够灵活多变

在传统的三大媒体中,报纸新闻以文字传播为主,然而报纸只能采取单一的、线性的报道方式,对鲜活的事实只能予以较为死板的文字或图片传递,因此难免与客观真实有所差距;受版面限制,新闻信息的容量有限,只能截取最有新闻价值的、能迎合大多数人阅读取向的信息,因而缺乏个性化,不能有针对性地向特定的人群传达其所需要的特定信息;印刷的报纸存储烦琐,检索查询更是劳心费力,当我们在无数纸质

报纸中寻求自身所需求的信息时,没有一键搜索的功能,只能通过人眼搜寻与匹配万千的信息。

广播新闻主要以声音传播为主,在视觉上缺乏直观、生动的形象,受众人群只能靠自己的主观想象来达到预期的效果。电视虽然具备了声画结合的特点,但其表现形式和新媒体相比仍不够丰富,而网络使传统的媒体传播方式可以与文字、图表、图片、声音、录像、动画等多种形式相结合;电视节目受节目时长的严格限制,只能在规定的节目时间内传播规划好的内容,比如《新闻联播》只有每天固定的30分钟可以用来传播新闻信息。

### (二)信息传播的过程是单向的

传统新闻媒体在向受众群体传播时,没有受众的信息反馈这一环节,受众只能被动地接受信息,而缺少公开就信息发表意见的途径。广播是线性的传播方式,听众只能按照电台的播出顺序收听,而且不能反复;在没有网络电视出现之前,传统的电视也只能是线性的传播方式,即观众只能即时观看,没有网络资源供其重复播放,这使得信息不能通过反复的传播给受众留下较为深刻的印象。基于网络的新媒体则更强调企业与客户的互动性,更加注重客户的需求和体验,通过与客户进行双向互动,更好地体现"以客户为中心"的理念。

### (三)时效性较差

受出版时间的限制,报纸新闻的更新速度只能以"天"为单位,当天发生的重大事件,最短也要经过一天的编辑、排版、印刷,才能在第二天到达人们的手中,此时新闻已然变成了"旧闻",其时效性和新闻含量远远落后于网络;广播和传统的电视也需要经过前期精心的编导和录制,以及后期的剪辑、制作与宣传,最后传播给受众时也已然变成了"旧闻",这些都是传统媒体所无法避免的缺陷。

### (四)针对性较差

在如今的大数据背景下,任何商业活动都离不开数据分析与精准对接,传统媒体的劣势也便因此显现出来。不管是报纸、广播还是传统的电视媒体,比较普遍的做法是全国范围内的播放与广播,然而这种做法不仅使得大部分的广告资金被无关消费者所耗费,同时企业也很难收集全国范围内受众的反馈。另一种常见的做法是在某些省份进行集中宣传和推广,这种做法虽然对于地区性的宣传而言有一定的针对性,但是却无法精确到个人,不能根据每个受众的喜好来进行个性化的推荐,因此不能算是真正的精准营销。

### 三、新媒体营销的含义与特点

新媒体营销(New media marketing)是指利用新媒体平台进行营销的方式。在Web2.0带来巨大革新的时代,营销方式也带来变革,互联网已经进入新媒体传播时代。

新媒体营销是基于特定产品的概念诉求与问题分析,对消费者进行针对性心理引导的一种营销模式,从本质上来说,它是企业软性渗透的商业策略在新媒体形式上的实现,通常借助媒体表达与舆论传播使消费者认同某种概念、观点和分析思路,从而达到企业品牌宣传、产品销售的目的。

新媒体营销的渠道,或称新媒体营销的平台,主要包括但不限于:门户、搜索引擎、微博、微信、手机、移动设备、各种APP等。新媒体营销并不是单一地通过上面的渠道中的一种进行营销,而是需要多种渠道整合营销,甚至在营销资金充裕的情况下,可以与传统媒体营销相结合,形成全方位立体式营销。

新媒体营销有以下几个特点。

(1)时效性强。报纸、杂志的广告内容基本无法做到时效,除了发行当时一段时间,之后这些广告将成为历史,也无人会关注。而新媒体广告用户的主动性、互联网引擎本身的时间优先性,再经过大数据分析使得新媒体给用户的信息都是最近的。

(2)转化率高。转化率就是从广告变成成交的概率,和传统媒体相比,新媒体广告连接的是强大的电商平台,迅捷的成交过程、方便的物流过程,还没等兴奋衰减,已经支付完成了。之后就是该受众会进行更兴奋的自我修复过程,例如分享到朋友圈等。

(3)交互性强。与传统媒体单向发送来等鱼上钩这种模式相比,大数据新媒体使用的是按需要推送,受众可以通过各种渠道来主动获取所需的广告信息,比如,通过引擎搜索来搜寻,通过手机APP来检索。

(4)便利性且广告模式灵活。互联网广告无处不在,可以在你的手机里、电脑上、街头的LED大屏幕、地铁里,只需要打开你手头上的屏幕,如手机、平板电脑等,就可以通过点击付费、关注付费,而不是数人流量这种粗犷的方式。

(5)具有精准性。当用户自己需要某些广告的时候,大数据下的新媒体会过滤掉许多与搜索内容无关的广告内容,从而达到由需求带入广告的精准性。

### 四、新媒体营销与传统媒体营销的区别

新媒体营销与传统媒体营销的区别在于新媒体营销成本要低于传统媒体营销成

本,同时,新媒体营销传播方式灵活,传播的方式多样化,更加注重传播的精准度,注重与用户的互动体验。

### (一)更低的成本实现可持续传播

无组织的组织力量是互联网带给我们的最大感触,依据社交媒体平台的新媒体营销可以以很低的成本组织起一个庞大的粉丝团,这个粉丝经济能给企业带来多大的价值呢?例如,有些企业只要拿出些小礼品创建一个活动,就会得到大量粉丝的响应,微博的转发和评论有礼活动,这些粉丝就会纷纷奔走相告,做足宣传,这些在传统营销上几乎是不可能实现的。此外,新媒体营销上的意见领袖的宣传攻势也可收获大面积撒网的效果。

新媒体营销有着传统营销模式无法比拟的优势,新媒体营销主张通过"虚拟"与"现实"的互动,低成本投入、参与度高、互动性强、实时监测等特点是企业充分利用社交网络的优越性进行营销的新兴模式,建立一个涉及研发、产品、渠道、市场、品牌传播、促销、客户关系等更"轻"、更高效的营销全链条,整合各类营销资源,从而达到以小博大、以轻博重的营销效果。

### (二)传播方式灵活,传播的方式多样化

对于"新媒体营销"而言,枯燥的企业介绍和产品介绍无疑吸引不了用户的注意力,而与生活息息相关等信息的分享更能吸引眼球,其内容是"新媒体营销"成功的关键因素。要在丰富的内容中营销,而不是为了营销而敷衍内容。微信和微博作为沟通工具,交流是重中之重,不能局限于向用户传递信息,还要引导客户反馈信息,实现企业与客户实时沟通,同时,无形地将品牌理念传给他们各自的朋友圈、关注群。

### (三)注重传播的精准度

基于微博、微信等社交媒体平台的微营销精准定向绑定目标客户,掌握大量的用户信息,从公开的用户数据中看就有不少极具价值的信息。不单指年龄、工作、职业等一些表层的东西,通过对用户发布和分享内容的分析,可以有效地判断出用户的喜好、消费习惯及购买能力等信息。此外,随着移动互联网的发展,移动互联网无地理位置限制的特性也将给新媒体营销带来极大的帮助。这样,通过对目标用户的精准人群定向以及地理位置定向,新媒体营销自然能收到比在传统营销更好的效果。

### (四)注重与用户的互动体验

传统的营销过程中让消费者对产品的好坏作出评价是件很难的事情,有时甚至需要用奖品来激励消费者。但 Facebook(脸书)、Twitter(推特)、微博、微信以及企业的 APP 正在改变这一切。虽然 PC 互联网上的数据量比现在移动互联网更大,但

较之PC互联网,移动互联网数据本身的价值在于更完整和更生动地描绘了一个互联网用户的生活轨迹。例如,在PC互联网上大数据可以知道你可能对什么感兴趣,而到移动互联网时代,它可以知道你每分每秒在做些什么。除了精确营销提升成交率之外,新媒体营销对企业最大的意义就是帮助企业搭建CRM系统,维护客户,提高客户黏性和品牌认知度。

**知识延伸**

**脸书(Facebook)**

脸书(Facebook)是美国的一个社交网络服务网站,创立于2004年2月4日;2012年3月6日发布Windows版桌面聊天软件Facebook Messenger。主要创始人是马克·扎克伯格(Mark Zuckerberg)。

脸书是世界排名领先的照片分享站点,截至2013年11月每天上传约3.5亿张照片。截至2012年5月,脸书拥有约9亿用户。脸书非常国际化,有70%的用户来自美国以外的地区,并且它的网站提供超过70种不同的语言。丹麦有500多万人,其中有一半使用脸书。

**推特(Twitter)**

推特(Twitter)是一家美国社交网络及微博客服务的网站,是全球互联网上访问量最大的十大网站之一,是微博客的典型应用。它可以让用户更新不超过140个字符的消息,这些消息也被称作"推文(Tweet)"。这个服务是由杰克·多西在2006年3月创办并在当年7月启动的。据推特现任CEO迪克·科斯特洛宣布,截至2012年3月,推特共有1.4亿活跃用户,推特被形容为"互联网的短信服务"。

推特开发的"品牌频道"使得企业可以在推特构建品牌页面,同时,可组建多种品牌小组,同一品牌的粉丝能够聚合在一起。而企业通过平台可以向用户发送各种新品、促销信息,推特的即时性和分享性让一个消息可以迅速遍布有相同兴趣爱好的group(群)和team(团队)。甚至用户之间也发生互动——他们也可能把信息转发给其他好友。不少美国企业已经在采取这种方式。据悉,戴尔从2007年3月开始使用推特企业平台,到2013年戴尔官方网站上已拥有65个推特群组。戴尔已经在推特内获得了约100万美元的销售收入。

网络整合营销4I原则中的互动原则(Interaction)强调,营销主体与营销客体之间需要进行交互式互动,而要与你的客户建立对话正是推特营销的黄金法则。越是影响力大的推特,其内容与他人交流的比重越高。通过交流建立长期的互动关系,才能转化为市场回报。

由于火爆的人气,推特每天都能接到各大企业的电话,要求购买推特的媒体广告。但是推特一直不希望主推赤裸裸的硬广告形式,打搅用户的浏览体验。更有趣的是,推特允许个人用户可以通过在个人页面中插入广告获利,用户可以自主邀请广告主购买个人网页的广告位,双方协商投放时间和收取费用。

推特仅仅收取5%作为服务费。为了保证广告主的利益,广告播出期间的每一小时,用户都可以按比例获得由推特广告部门设定的虚拟账户中的金额,广告完成后,钱才能转入用户真实账户中。如果用户在广告期满前清除了广告,就只能得到部分费用。这种开放的心态,愿意将所得营销费用的绝大部分让利给用户,从而更大地激发了用户的参与热情。同时,以许可式、自主式进行广告,营销效果更好。

社会化媒体的到来,使得传播由"教堂式"演变为了"集市式",每个草根用户都拥有了自己的"嘴巴",推特自然是"品牌舆情"的重要阵地。越来越多的公司都在推特上追踪对其品牌的评价,监测舆论情况。这些真实的声音可以帮助企业迅速触摸到消费者心理、对产品的感受,以及最新的需求,获取市场动态乃至公关危机的先兆。

## 第二节 新媒体现状及发展趋势

### 一、新媒体发展现状

中国从2004年新媒体发展的初级阶段开始,如今突飞猛进,不仅向"用""玩"与"互动"等多功能转变,而且新媒体消费群体与日俱增,催生了诸如"容器人""宅男女"等网络词汇。社交媒体、移动媒体正受到越来越多的国际投资基金的关注,同时,新媒体也是国家发展规划的重点。随着新媒体相关产业的制度、政策环境的不断放宽,产业化和市场化进程的加速,新媒体产业凸显出两大特点:有效的新市场开拓和新技术研发、全球新媒体出现"媒介融合"。

目前,中国新媒体正处于快速发展期,新媒体产业以中小企业为主,但也涌现出新媒体领军企业。新媒体市场广阔,影响力日渐凸显,正吸引资本大规模流入,其营销价值增强,与此同时,其国际化竞争也日益加剧,整体相关产业向纵深挺进。

2018年12月7日,企鹅智库发布新媒体趋势报告,调研用户共计38 482人,报告开篇词用"一半是火焰,一半是海水"点明了2018年新媒体的发展现状。如今新媒体发展现状可归纳为以下几个方面。

#### (一)新用户红利

报告显示,在广大的网民中,资讯消费的人均时长在增加,人均达到了76.8分钟。其中73.7%的用户，每天会拿出30分钟以上的时间来阅读新闻资讯。同时也伴随着一个坏消息，最优市场已经触顶，很难再觅得突破性的成长机会，而在广大的乡村人群、中老年群体和低学历收入人群中，这些用户对内容消费的需求远未饱和。

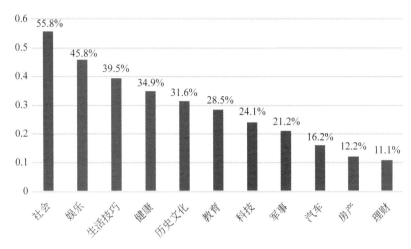

图1-2　用户关注的资讯领域

### （二）重定义"短视频"

用户对短视频时长接受度不断扩大，对流量敏感度不断减弱。

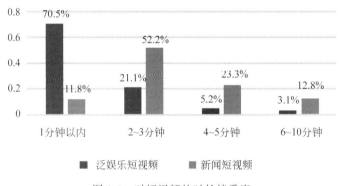

图1-3　对短视频的时长接受度

### （三）入口扩张

越来越多的平台都想在手机端构建内容信息流，以此走出"工具困境"，于是一个多元化的入口时代出现了。尽管网民增速放缓，但在内容领域，手机端红利依然延续，手机端主要内容入口都在增长。同时，报告显示，成年人主要偏向于资讯客户端，年轻人则选择社交网络。

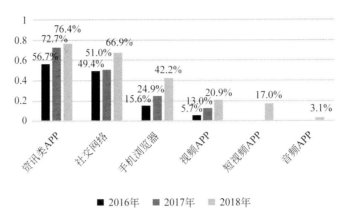

图 1-4 用户获取资讯的方式

### (四) 关系重塑

如今各大 APP 中网民评论已成为资讯用户的消费标配,在内容供给中不可或缺。用户已不满足于藏身在信息密集的评论页,他们希望以"建设者"的身份更多地参与到咨询的爆料采访、立场表达和深度见解分享中来。创作者和读者之间正在迎来关系迁徙,用户开始向头部作者聚拢。

## 二、新媒体发展新趋势

### (一) 移动互联网持续创新改变着新媒体发展态势

中国毫无疑问已经成为全球最大的一个移动终端市场,天猫、淘宝在每年"双11"这天惊人的成交额当中,有 68% 来自于移动端交易。移动端为人看好,尤其是将移动互联的技术用于交易时。

新媒体时代人们可以随时、随地自主地选择各类媒体。于是,传统媒体(报刊、广播、电视、书籍等)不得不与移动互联产生融合,形成各类所谓融合媒体,不断改变着人们的视听、阅读体验。移动互联基本特征是数字化,最大优势就是便于携带,具备交互性功能强大、信息获取量大且快速、传播即时、更新快捷等特点。以移动广播为例,搭上移动互联网的广播,使得多向互动成为现实:受众可以在线收听,也可回放节目,并随时、随地通过微博、微信等方式即时参与节目。与传统广播节目不同,移动互联广播倾向于个性化、自主化的节目。

电视观众与传播机构的互动也因移动互联而更加灵活。电视用户在观看节目的同时,依然可以随时、随地通过文字、图片、声音、图像等方式,与电视传播机构进行互动,相互交流。而且随着各种美图、摄像技术的发展,移动互联网用户本身的拍照、摄像功能也使其原先传统媒体受众的身份,转变为新媒体信息的提供者,全民参与的新媒体形式不断诞生。

(二) 新媒体发展进入"大数据"时代,"智能云"成为各类企业走向国际化的路径

现在越来越多的企业、个人资料、生产资料在管理、查询、交易、计算上的能力用在云上面,这能有效降低企业在 IT 资源的投入,让企业更专注于主业和核心竞争力。微软把公有云引到中国,通过本地的合作伙伴来运营和交互。短短两年不到的时间里,已经创造了超过 5 万家公有云的企业用户,以及 3.5 万家 Office 365 的用户。

### 案例速递

### 上海广播电视台(SMG)全面拥抱互联网,与阿里达成合作

曾经一统天下、"朝南"的上海广播电视台,最想从阿里那里获取什么?

显然,一是阿里随着互联网发展而积累的用户数据;二是寄望通过电商、手游等方式,将媒体注意力直接转化为点击量,获取广告之外新的盈利模式;三是放开节目制作链条,强化用户在节目制作前、中、后期的全方位参与。

如今,阿里斥巨资 12 亿元人民币入股上海文广集团旗下《第一财经》,双方将在多个领域展开合作。双方合作第一步,第一财经新媒体科技有限公司率先成立,研发资讯产品体系、财经数据移动终端、互联网金融智库等各项业务都在积极推进之中。其他一些合作业务,如第一财经已经成为基于支付宝用户数据的股票行情系统的资讯服务商,第一财经相应的一些财富资讯管理也将登录手机淘宝。

正如马云所言,当前社会正处于从 IT 时代向 DT(Data Technology)时代跨越中,建立与开发数据分享的机制、产品,飞速提升数据使用效率,才能使数据更好地服务于经济和生活,同时也才能真正使社会在数据时代全面均衡发展。上海广播电视台在集团两家上市公司(东方明珠、百事通)吸收合并之时,植入与阿里在数据服务领域内的互联网合作基因。

未来,一定程度上承担中国新媒体发展方向的阿里巴巴,进军全球化将是最重要的方向,也是阿里巴巴新消费者的开发地。当然,这个战略目标要实现,阿里巴巴同样也面临着挑战与困难。例如,要实现支付全球化体系,支付宝必须要支持多币种同时交易,而且还要克服物流全球化的困难,等等。

马云的愿望是将阿里打造成一个 DT 时代的大数据公司。就目前阿里云的发展态势,阿里云服务涵盖政府管理、金融服务、电子商务、数字娱乐、医疗健康、气象等多个领域,阿里云正在构建强大的阿里云生态,涵及政务、金融、电商、手机、智能家居、汽车等几乎所有的领域,为国际化进程打开一条技术通道。

### (三) 社会化媒体和分享经济是新媒体发展的焦点

移动无线彻底解脱人类,也成为未来媒体发展的必然趋势,世界将在移动观看中成其所是。但是从科技发展现状来看,移动互联网完全超越有线互联网尚待时日。

不过,社会化媒体却非常迅猛地转移到无线互联网,借助移动终端的使用,使得人类对其利用率增幅远远高于桌面 PC 电脑。

社会化媒体,如微信、QQ 等一方面成为人们进行有效交往的社交工具,改变着人们的社会资本;一方面也逐步被政府、企业组织体系广泛应用,以提高其工作效率,并吸引应用开发商转移到社会化媒体的传播平台,研发各类用户所需个性化的服务。

更多公众借助社会化媒体平台,分享自己闲置资源,与他人共享资源,并促成消费的"分享经济"商业模式不断涌现在教育、医疗、广告创意、培训、家政服务、租赁、二手交易等领域,正颠覆着人们传统消费观念,改造着传统社会各个领域,如交通出行、短租住宿、旅游等。

### (四) 强化了企业与客户的互动性,更加注重客户的需求和体验

众多新媒体,如微博、微信公众号等已经改变了以往单一的交流模式,如今客户与企业已成为不可分割的一体,企业要想真正地抓住新媒体的浪潮,必须重视与客户的双向互动,在新媒体领域营销中以吸引、维持顾客群和经营顾客关系为主要目标,积极听取客户的反馈,使客户最终成为企业免费的社会媒体传播者,逐步向"以客户为中心"的理念迈进。

## 第三节　大数据时代下的新媒体营销

据统计,在中国一个中等的普通城市,人们每天要面临上千条的广告轰炸,然而大部分的广告费用都浪费在了无用之地,只有那些能够与消费者的消费诉求产生共鸣的广告才能发挥它应有的营销作用。

传统"机关枪扫射"式的粗放型营销方式已经走到尽头,"点射"式的精准营销才是企业发展的大趋势。对企业而言,营销不难,难的是营销得又精又准。如何通过对数据的采集、处理、分析,洞察用户需求,精准找到目标用户群并提供相应的方案,从

而实现企业盈利、用户体验双赢,是企业在大数据时代应把握的重点。

# 一、大数据给企业营销带来的优势

无处不在的大数据颠覆了传统的营销模式。大数据不仅带来了营销手段的创新,而且改变了整个传统的营销模式。大数据可以帮助企业改变营销策略的决策,也可以为企业营销带来优势。

### (一)有利于分析客户,找准客户需求

在激烈的市场竞争中,谁能抓住客户,谁就能得到生存和发展的机会。不管产品质量有多好,如果没有顾客的需要、没有顾客的购买,则都是失败的产品。只有利用大数据分析来了解客户,发现客户需求,生产出适销对路的产品,企业才能赢得客户。大数据的海量数据为企业分析客户提供了数据支持。通过积累大量的用户数据,分析客户的喜好和购买习惯,全面了解客户的特点和行为,把握客户的核心需求,了解客户,甚至做到"比用户更了解用户自己",生产出适销对路的产品并采用正确的营销模式,才能使企业在激烈的竞争环境中生存和发展。

### (二)有利于精准的营销信息推送

如何使企业的营销策略符合市场规律,获得顾客的满意,同时节约资金和精力,是准确传递营销信息的需要。消费者在网上购物时往往会看到以下提示:"猜猜你喜欢什么""买了这个产品的人也买了……"在这些看似简单的用户体验背后,其实是利用大数据将营销信息精准推送给客户。通过收集有关消费者行为信息并将这些信息转换为数据,企业可以确定潜在客户的范围,进一步分析其位置、性别、年龄和其他相关信息,然后通过平台大数据信息,用强有力的营销宣传抓住消费者的心,真正赢得消费者。

### (三)有利于找准重点客户,提高营销效果

几乎市场中的每一个行业都遵循"二八原则",即20%的客户贡献企业80%的利润,这些客户无疑是企业的重点客户。大数据为企业正确了解这些客户的信息提供了支撑:海量的数据、全面的数据成为企业查找重要客户的工具。消费者的购买行为被强大的网络记录下来:用户最近访问过什么网站、查看过什么商品信息、在社会化媒体上发布过什么信息等,都可以帮助企业找出千丝万缕的信息。企业通过这些数据可以分辨出哪些是它的重点客户,然后就可以帮助其筛选重点的目标用户,并针对性地加强开发和维护,成为企业获得发展的有利基础。

### (四)有利于提升客户体验

大数据思维把原来销售的概念变成了服务的概念。如何为客户提供最佳的消费

体验,是摆在企业面前的一道难题。大数据提供了整体数据,企业可以利用整体样本数据,从中进行筛选。可以从客户职业、年龄、收入、居住地、习惯爱好等各个方面对客户进行分类,依据其他的数据输入维度来确定客户的需求并订制产品,对整个产品的质量、功能以及销售环节的设计,达到理想的状态,让顾客获得良好的体验。

### (五) 有利于实现营销的科学化管理

大数据时代,企业充分利用海量的数据资源和先进的技术有利于企业整个营销活动进行实时监控,使得企业的整个营销过程更加精确,从而实现营销的科学性管理。企业对消费者需求的分析、目标顾客群的选择,都是建立在科学的数据分析基础上的,而不是盲目地投放资源。大数据时代,企业可以通过各种技术支持数据挖掘,整合现代数据资源,以高质量来要求企业营销形成科学管理系统,运用现代技术进一步加强科学化管理。

## 二、精准营销的概念

精准营销(Precision marketing),是时下非常时髦的一个营销术语。大致意思就是充分利用各种新式媒体,将营销信息推送到比较准确的受众群体中,从而既节省营销成本,又能起到最大化的营销效果。这里的新式媒体,一般意义上指的是除报纸、杂志、广播、电视之外的媒体。

精准营销通过新的网络技术深入洞察消费者的兴趣和需求,把营销信息制作成消费者"想要的信息"并传递给目标消费者。2005年菲利普·科特勒最早提出了精准营销的概念,其本质特征在于六个合适:在合适的时间、合适的地点,以合适的价格,通过合适的渠道向合适的客户提供合适的广告信息。

精准营销就是在精准定位的基础上,依托现代信息技术手段建立个性化的顾客沟通服务体系,实现企业可度量的低成本扩张之路。

精准营销有三个层面的含义:

(1) 精准的营销思想,营销的终极追求就是无营销的营销,到达终极思想的过渡就是逐步精准。

(2) 是实施精准的体系保证和手段,而这种手段是可衡量的。

(3) 就是达到低成本可持续发展的企业目标。

精准营销也是当今时代企业营销的关键,如何做到精准,这是系统化流程,有的企业会通过营销做好相应企业营销分析,市场营销状况分析,人群定位分析,最主要的是需要充分挖掘企业产品所具有的诉求点,实现真正意义上的精准营销。

## 三、精准营销的特点

互联网大数据精准营销作为一种新的服务形态,具有精准度高、时效性强、覆盖面广、交互性显著的特点,已逐渐取代原来互联网广告粗放式投放的传统服务模式,成为行业的一种核心业务形态,尤其是在由智能手机所带来的移动互联网大范围普及的今天,发展尤为迅速。

### (一)多平台化数据采集

大数据的数据来源通常是多样化的,多平台化的数据采集能使对网民行为的刻画更加全面而准确。多平台采集可包含互联网、移动互联网、广电网、智能电视等数据。DSP 广告是跨媒介、跨平台的广告投放形式,它包含的广告类型十分多样,既有在普通网络媒体上投放的各种展示型广告,也有在移动端投放的信息流和视频广告,能够覆盖 PC 端和移动端的互联网渠道。DSP 精准营销可以整合 PC 端和移动端的大量媒体资源,打通多个平台的互动营销。

### (二)强调时效性

在网络时代,网民的消费行为和购买方式极易在短的时间内发生变化。在网民需求点最高时及时进行营销非常重要。大数据营销对此提出了时间营销策略,它可通过技术手段充分了解网民的需求,并及时响应每一个网民当前的需求,让他在决定购买的"黄金时间"内及时接收到商品广告。

### (三)个性化营销

在网络时代,广告主的营销理念已从"媒体导向"向"受众导向"转变。以往的营销活动须以媒体为导向,选择知名度高、浏览量大的媒体进行投放。如今,广告主完全以受众为导向进行广告营销,因为大数据技术可让他们知晓目标受众身处何方,关注着什么位置的什么屏幕。大数据营销实现了对网民的个性化营销。

### (四)关联性

大数据营销的一个重要特点在于网民关注的广告与广告之间的关联性,由于大数据在采集过程中可快速得知目标受众关注的内容,以及可知晓网民身在何处,这些有价信息可让广告的投放过程产生前所未有的关联性。即网民所看到的上一条广告可与下一条广告进行深度互动。

## 四、精准营销的操作流程

大数据精准营销是基于互联网技术与信息技术发展而来的一种信息资源优势下

的营销方法。各数据平台可以通过互联网、计算机等智能技术来记录与收集消费者的消费行为,从而对其生活、工作、学习状况做有效的了解,通过智能技术将信息痕迹分类归总,对每个人群贴上一定信息定位标签,而后在营销活动中精准地针对这些有相关特质的群体作营销宣传,进而让营销活动的投放更为精准,提升最终消费行为生成的概率,同时也可减少企业自身的营销推广成本。该营销可以划分为以下几个步骤(见图1-5)。

图1-5 精准营销操作流程

### (一) 市场调研

首先通过市场调研对当前市场和环境有初步的了解,一个企业只有明确自己的营销目标和营销对象才能更有针对性地开展接下来的营销工作,从而使企业的有限资金得到最充分的利用,最大化企业的资金利用率。

### (二) 数据分析

通过市场的调研,对收集的粗泛式信息进行梳理比对,经过专业市场数据分析师的分析,会整理出一份目标消费群体的消费行为指数权威报告,包涵消费用户在各年龄段的覆盖率、区域分布、性别比例、职业、消费习惯、消费周期、价格、个人爱好,等等。

### (三) 制订营销策略

以市场调研的综合数据分析报告作营销策略制定的基础,结合企业自身的情况,根据目标消费群体的特性,制订出相应的营销战略,再匹配到具体的活动中去执行。

### (四) 组织实施

根据制定的营销策略,组织需要在此基础上整合企业各方面的资源,对当前的营销策略予以正确的实施和监控,确保广告精准地针对这些有相关特质的群体进行投放。

### (五) 效果评估

当组织的精准营销策略在当前环境下实施之后,该项交易是否达成,以及顾客的满意程度如何都是企业需要关注的后续,这些都需要企业定期对精准营销的结果进行评估与考核,观察其是否达到企业预想的营销效果。

### (六) 动态反馈

作为上下沟通的重要环节,反馈是极其重要的一环,顾客对产品是否满意,以及所推荐的产品是否帮助顾客更快地达成了交易都是企业需要考核的内容,只有及时对这些数据进行收集和向上反馈,才能确保精准营销策略得到有效的应用,找到存在的突出问题并制订进一步的改进方案。

大数据精准营销的具体方法与渠道有多种,具体要依照企业自身品牌定位情况而定。每一个渠道都有其目标群体的开发价值,同时,在具体的营销推广上也有不同的价位,这就需要准确寻找本品牌目标群体多的营销方法,合理地控制营销成本,保证精准投放下的再精准。常见的精准营销方法有以下几种。

### （一）自媒体营销

当下自媒体平台众多,同时聚集的粉丝群体相对集中、具体。每个自媒体都有自身的定位：例如,有的针对女性,甚至会针对女性中的学生群体或者初入职场的青年女性,还有的是针对已婚女性；有的针对老年群体,有的针对文艺青年,有的针对高端精英群体,这些都可以通过自身需求作精准的定位从而选择最合适的营销渠道。

### （二）数据库精准营销

一般情况下,企业自身都可以构建自身消费者数据库,可以通过多种消费者行为作消费群体行为分析,通过这个数据库留存的信息做精准的投放。

### （三）关键词营销

在很多门户网站平台上,尤其是网站本身具有搜索功能,因此可以利用用户搜关键词来进行精准投放。目标群体频繁使用的关键词成为企业竞相争夺的对象。搜索结果越靠前,支付的费用越昂贵。一般情况下,多以用户点击进入平台的频次为收费标准。甚至精确到每一次用户进入搜索结果中的费用。

## 五、精准营销的实施

根据以上对精准营销操作流程的描述,精准营销可大致按照以下步骤实施：首先,企业通过市场调研对当前市场和环境有初步的了解；其次,通过对收集的粗泛式信息进行梳理比对,经过专业市场数据分析师的分析,整理出一份目标消费群体的消费行为指数的报告。然后,依据报告并结合企业自身的情况,根据目标消费群体的特性,制订出相应的营销战略并予以正确地实施；最后,企业应定期对精准营销的结果进行评估与考核,实现上下沟通的反馈。

京东的大数据精准营销便很好地运用了上述流程。京东首先通过大数据的支持定位到用户的个人喜好,并对用户的消费行为进行了很好的划分,然后再抽象出各种场景,根据不同的消费场景进行区别对待,基于每个场景制定不同的邮件策略,从而解决了在什么时间(When)把什么内容(What)发给什么人(Who)这个问题,取得了很好的营销效果。

 **案例速递**

### 京东:基于大数据的精准邮件营销

Amy是京东的一个新会员,她最近想当一个家庭主妇,因为想自己开始学一些厨艺,于是到京东去买些厨具,结果发现她选中的那款商品没有货,然后她看到京东有"到货提醒"功能,于是她选择了该功能,填上了自己常用的邮箱地址,然后确认,相当于登记好了。过了几天这个商品有货了,Amy就收到了一封邮件说,亲爱的用户,你上次想买的东西有货了,你要不要买,然后还在这封邮件里给她推荐了几个相关的商品。可能由于很多原因,Amy改变主意了,感觉自己选的没有推荐的好,于是她购买了邮件中推荐的商品,通过邮件Amy完成了她在京东的第一次购物。

过了一段时间,Amy又迷恋上了摄影,于是想在京东买一款单反相机,她搜索浏览了很长时间,但对于一个摄影菜鸟来说,她一直不知道该如何选择。没想到有一天她打开邮箱,发现里面躺着一封邮件"京东告诉您如何挑选单反相机",这不正是Amy需要的吗!她立马打开邮件,通过邮件到达专题页面,参照里面的内容,果然找到了自己满意的相机并果断下单购买。

Amy的爸爸快要过生日了,她打算送爸爸一部三星手机,在京东有一部她感觉不错,就是价格有些贵,Amy有些犹豫,先放到购物车吧,再看看有没有其他便宜一些的,但当天没有找到更合适的,正好有其他的事情就去忙了。结果3天后,她收到一封"您购物车里的商品降价啦"的邮件,打开一看,就是她想买的那部手机,降价500元,降价后的价格她觉得可以接受了,就果断购买了。

就这样,Amy喜欢上了京东的邮件,因为京东的邮件总能给她惊喜,能帮助她购物,好像能读懂她的心思,这是在其他家网站没有的。

像Amy这样感受到京东邮件魅力的会员不在少数,那么京东的邮件系统是怎么做到的呢?

首先,一个好的邮件营销就是要完美解决一个3W的问题:即在什么时间(When)把什么内容(What)发给什么人(Who)。如果要解决这个问题,就要很清楚地了解用户的情况、用户的个人喜好、他需要什么,这就需要大数据挖掘技术的支持,需要基于用户在京东的一切行为(行为背后是一系列的数据),包括搜索、浏览、点击、咨询、加关注、放购物车、下单、地址等一系列数据,在这些数据的基础上进行建模,然后我们得出每个用户的情况,例如,性别、年龄、婚否、是否有孩子、孩子的性别、是否有房、是否有车、喜欢什么品牌,等等。当我们了解了这些信息,就比较容易定位到每个用户的喜好。然后我们再抽象出各种场景,基于每个场景制订出不同的邮件策略,例如,加购物车却没有购买是一个场景,浏览了什么东西没有购买也是一个场景,那基于这些场景,我们设置不同的邮件内容,在合适的时间,如加购物车后这个商品发生了降价行为的时候,发送给这个用户。

## 《偶像练习生》与追星群体的精准对接

2018年4月6日,几十个平均年龄20多岁的男生引发了广大年轻网民的一场狂欢。

"大家今天先不要看直播了,赶紧投票!"

"投票通道卡住了!快买定制卡,赶紧补回来!"

百度贴吧和粉丝群里的讨论进行得如火如荼,微博、朋友圈被一档名叫《偶像练习生》的网络综艺节目全面攻陷。

2018年1月,偶像养成综艺节目《偶像练习生》在视频平台爱奇艺上线。节目上线仅1个小时,播放量超过1个亿。到4月决赛,12期节目总播放量达到29亿,微博短视频播放量142.7亿,微博热搜次数达652次;微信指数峰值达1490万。决赛当天,仅投票量就达到了惊人的1.8亿。

这惊人的流量背后是巨大的商业价值。在偶像文化市场日益繁荣的今天,节目打造方爱奇艺联合各大广告商,准确把握粉丝市场需求,打造了一场造星狂欢。

**精准市场定位**

选秀节目的形式是制造"偶像",但是,当下年轻人消费口味日益多元化,对于文化产品的需求更是呈现多样化的特点,当下的粉丝追星群体都是谁?他们喜欢什么样的偶像?

作为一档网络自制综艺,必须洞悉广大网民。当下,"80后""90后"群体占据了互联网近八成,并且依然在不断增长。这些年轻的网民热衷于上网,喜欢探索新鲜事物,活动具有一定群体性。

随着互联网的发展,粉丝对于偶像的需求也发生了变化。互联网以其强大的社交性正在把粉丝聚集在一起。粉丝们变得更有组织、有规模,他们不再是被动的接受者,而是主动的选择者,他们可以通过互联网规模化地参与甚至干预偶像的活动。

事实正是如此。随着消费群体的变化,国内偶像明星的打造也从最初的传统名师高徒人才培养模式向粉丝模式逐渐转变,尤其近年来互联网的发展使得偶像制造步入了野性生长的民主时代。

2005年,选秀节目开始遍及各个电视台,从东方卫视的《加油!好男儿》到江苏卫视的《绝对唱响》,这些主打平民选秀的节目使粉丝现象步入了大众视野。《超级女声》《快乐男声》的成功也印证了粉丝文化和中国偶像市场巨大的发展潜力。近年来,《中国好声音》等节目再次掀起了粉丝文化的热潮。很多选秀节目的选手目前已经成为中国娱乐圈的中坚力量。

另外,一个有意思的现象便是这两年"养成系"的概念正日趋成为当下的消费热点。主打养成虚拟男友的手机游戏《恋与制作人》上线一个月游戏安装量突破700万,日活跃用户达到200多万,微博话题阅读量超过29亿。游戏月流水高达2亿元人民币。而另一款日本公司开发的宠物养成类游戏《旅行青蛙》刷爆社交媒体,最终被阿里游戏买下版权。

这类产品成功的原因之一就在于在养成的过程中增强了用户的参与感和成就感,那能不能把这种"养成"的概念嫁接到偶像选秀节目呢?

实际上这种所谓的"养成"模式在韩国已经相当成熟,即"练习生制度"。"练习生制度"是一种源自日韩的造星模式,艺人在出道前被公司作为练习生进行培养,多则七八年,少则几个月,遇到合适的机会就可以出道。和日韩成熟模式不同的是,"偶像团体""练习生制度"在国内均属新鲜事物,发展时间并不是很长。

节目最终决定,将这种"练习生"制度引入综艺模式中,将一个普通练习生到偶像的成长过程展现给受众,并让受众决定他是否能够成为偶像。

经过调研和讨论,制作团队将受众定位为25~45岁之间的女性群体。而节目形式则确定为半纪实性质的选秀节目。赛制逻辑是,由"全民制作人",也就是节目观众通过投票选出晋级和淘汰人选,期间明星导师们只负责对选手评级,没有任何投票实权,而投票只在每期节目播出当晚进行。

事实证明选择是正确的。节目上线后,微博指数一路攀高,根据统计数据显示,微博指数数据中女性占有率超过7成,30岁以下人群占近9成,且用户学历分布均衡。可以说,《偶像实习生》简直就是为追星女生量身定制的必追网综(见图1-6)。

**令人瞠目的粉丝众筹**

受到日韩偶像文化产业运作模式的影响,粉丝在造星运动中不再仅仅是追随者,而是日益成为推动者。越来越多的粉丝集聚成为一个非正式的小团体,为自己支持的偶像进行造势。

最具代表性的就是依托节目建立的粉丝后援会。在《偶像练习生》节目播出期间,线上粉丝应援平台Owhat出现了许多专门为节目中的练习生建立的粉丝应援群,这些群少则几千人,多则几万人。他们在节目进行中实时发布偶像动态,关注偶

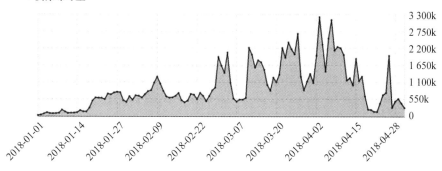

图1-6 2018年1—5月《偶像练习生》微博指数

像排名。由于赛制要求,投票权只有通过爱奇艺会员账号或购买农夫山泉维他命水才能够获得,因此很多粉丝应援群体开始自发集资,疯狂购买爱奇艺账号、购买赞助商产品等。而这些并不公开透明的民间集资,与爱奇艺的宣传密不可分。

在节目进行过程中,爱奇艺与粉丝应援平台Owhat等进行合作,为粉丝群体的聚集提供通路。据统计,节目临近尾声时,排名前20的练习生通过线上粉丝的集资总计超过1 300万元,有近50个粉丝团体参与。粉丝为了宣传及支持偶像,会做一些灯箱广告、商业中心LED屏投放、机场广告和公交车车身广告等,在《偶像练习生》节目录制或线下见面会,粉丝也会做一些应援,花篮、广告墙、易拉宝、灯牌、手幅等一应俱全。粉丝应援的钱,往往被粉丝应援平台、节目制造商和节目赞助商一同瓜分。

爱奇艺精准的市场定位和有效的资源整合成就了《偶像练习生》这样的成功IP,品牌商借助创新性的营销思维和营销方式,实现了共赢。但是,机遇往往也意味着挑战,在正在形成、不断变换的偶像市场中,如何跑赢这场马拉松,依然是一个值得深入研究的命题。

## 第四节 网络整合营销

### 一、营销理论发展

#### (一) 4P营销理论

4P理论由密西根大学教授杰罗姆·麦肯锡(E.Jerome Mccarthy)在1960年提出。他提出在整个市场营销过程中,可以把营销简化为四要素,即产品(Product)、价格

图 1-7　4P 营销理论

(Price)、促销(Promotion)、渠道(Place)(见图 1-7)。1967 年,菲利普·科特勒在其畅销书《营销管理:分析、规划与控制》中进一步确认了以 4P 为核心的营销组合方法。

**1. 产品的组合**

主要包括产品的实体、服务、品牌、包装。它是指企业提供给目标市场的货物、服务的集合,包括产品的效用、质量、外观、式样、品牌、包装和规格,还包括服务和保证等因素。

**2. 定价的组合**

主要包括基本价格、折扣价格、付款时间、借贷条件等。它是指企业出售产品所追求的经济回报。

**3. 促销的组合**

企业利用各种信息载体与目标市场进行沟通的传播活动,包括广告、人员推销、营业推广与公共关系等。

**4. 渠道的组合**

产品从生产方到消费者终端所经历的销售路径。普通消费品会经过代理商、批发商、商场或零售店的环节。B2C 模式中也有电话直销、电视直销、网络直销、人员直销、专卖店直销等模式,直销模式大大缩减了从厂家到买家的中间环节,将中间利润让渡给消费者或作为新的营销模式所产生的额外费用的补偿。B2B 模式中也可能采取厂家对厂家的直接销售或选取代理商的中间销售模式。

企业要满足顾客,实现经营目标,不能孤立地只是考虑某一因素和手段,必须从目标市场需求和市场营销环境的特点出发,根据企业的资源和优势,综合运用各种市场营销手段形成统一的、配套的市场营销战略,使之发挥整体效应,争取最佳效果。

4P 之后,因为服务业在 1970 年代迅速发展,有学者又增加了第 5 个"P"即人(People);又因为包装在包装消费品营销中的重要意义,而使包装(Packaging)成为又一个"P";70 年代,"营销管理之父"科特勒在强调"大营销"的时候,又提出了两个"P",即公共关系(Publications)和政治(Politics)。当营销战略计划受到重视的时候,科特勒又提出了战略计划中的 4P 过程,即研究(Probing)、划分(Partitioning)、优先(Prioritizing)、定位(Positioning),营销组合演变成了 12Ps,但 4Ps 作为营销基础工具,依然发挥着非常重要的作用。

**(二)4C 营销理论**

虽然 4P 横扫近半个世纪,但到 20 世纪 90 年代,随着消费者个性化日益突出,加之媒体分化、信息过载,传统的4P逐渐被4C所挑战。从本质上讲,4P思考的出发点是企业本身,是企业要生产什么产品,期望获得怎样的利润而制订相应的价格,要以何种方式促销产品,并使产品以怎样的路径传递给消费者。这其中忽略了顾客是整个营销服务的对象,以客户为中心的新型营销思路的出现,使顾客为导向的4C理论应运而生。1990年美国学者劳特朋(Lauteborn)教授提出了与4P相对的4C理论,即消费者(Consumer)、成本(Cost)、便利(Convenience)、沟通(Communication)(见图1-8)。

**1. 消费者(Consumer)**

指消费者的需要和欲望(The needs and wants of consumer)。企业要把重视客户放在第一位,强调创造客户比开发产品更重要,满足消费者的需求和欲望比产品功能更重要,不能仅仅卖企业想制造的产品,而是要提供客户确实想买的产品。

图1-8 4C营销理论

**2. 成本(Cost)**

指消费者获得满足的成本(Cost and value to satisfy consumer needs and wants),或是消费者满足自己的需要和欲望所肯付出的成本价格。这里的营销价格因素延伸为生产经营过程的全部成本。其中,包括企业的生产成本,即生产适合消费者需要的产品成本和消费者购物成本,不仅指购物的货币支出,还有时间耗费、体力和精力耗费以及风险承担。

**3. 便利(Convenience)**

指购买的方便性(Convenience to buy)。比之传统的营销渠道,新的观念更重视在销售过程中为顾客提供便利。企业要深入了解不同的消费者有哪些不同的购买方式和偏好,把便利原则贯穿于营销活动的全过程。售前做好服务,及时向消费者提供关于产品的性能、质量、价格、使用方法和效果的准确信息。售后应重视信息反馈和追踪调查,及时处理和答复顾客意见,对有问题的商品主动退换。

**4. 沟通(Communication)**

指与用户沟通(Communication with consumer)。企业可以尝试多种营销策划与营销组合,如果未能收到理想的效果,说明企业与产品尚未完全被消费者接受。这时不能依靠加强单向劝导顾客,要着眼于加强双向沟通,增进相互理解,实现真正的适销对路,培养忠诚的顾客。

### (三) 4R 营销理论

4R 营销理论是由美国学者唐·舒尔茨在 4C 营销理论的基础上提出的新营销理论。4R 分别指代 Relevance（关联）、Reaction（反应）、Relationship（关系）和 Return（回报）（见图 1-9）。该营销理论认为，随着市场的发展，企业需要从更高层次上以更有效的方式在企业与顾客之间建立起有别于传统的新型主动性关系。

图 1-9　4R 营销理论

**1. 紧密联系顾客**

企业必须通过某些有效的方式在业务、需求等方面与顾客建立关联，形成一种互助、互求、互需的关系，把顾客与企业联系在一起，减少顾客的流失，以此来提高顾客的忠诚度，赢得长期而稳定的市场。

**2. 提高对市场的反应速度**

多数公司倾向于说给顾客听，却往往忽略了倾听的重要性。在相互渗透、相互影响的市场中，对企业来说，最现实的问题不在于如何制订、实施计划和控制，而在于如何及时地倾听顾客的希望、渴望和需求，并及时作出反应来满足顾客的需求，这样才有利于市场的发展。

**3. 重视与顾客的互动关系**

4R 营销理论认为，如今抢占市场的关键已转变为与顾客建立长期而稳固的关系，把交易转变成一种责任，建立起和顾客的互动关系。而沟通是建立这种互动关系的重要手段。

**4. 利润回报**

由于营销目标必须注重产出，注重企业在营销活动中的回报，所以企业要满足客户需求，为客户提供价值，不能做无用的事情。一方面，回报是维持市场关系的必要条件；另一方面，追求回报是营销发展的动力，营销的最终价值在于其是否给企业带来短期或长期的收入能力。

相比之前的 4P 营销理论与 4C 营销理论，4R 营销理论有如下特点。

**1. 4R 营销以竞争为导向，在新的层次上提出了营销新思路**

根据市场日趋激烈的竞争形势，4R 营销着眼于企业与顾客建立互动与双赢的关系,不仅积极地满足顾客的需求,而且主动地创造需求,通过关联、关系、反应等形式建立与它独特的关系,把企业与客户联系在一起,形成了独特的竞争优势。

**2. 4R营销真正体现并落实了关系营销的思想**

4R营销提出了如何建立关系、长期拥有客户、保证长期利益的具体操作方式,这是关系营销史上的一个很大的进步。

**3. 4R营销是实现互动与双赢的保证**

4R营销的反应机制为建立企业与顾客关联、互动及双赢的关系提供了基础和保证,同时也延伸和升华了营销便利性。

**4. 4R营销的回报使企业兼顾到成本和双赢两方面的内容**

为了追求利润,企业必然实施低成本战略,充分考虑顾客愿意支付的成本,实现成本的最小化,并在此基础上获得更多的顾客份额,形成规模效益。这样一来,企业为顾客提供的产品和追求回报就会最终融合,相互促进,从而达到双赢的目的。

当然,4R营销同任何理论一样,也有其不足和缺陷。如与顾客建立关联、关系,需要实力基础或某些特殊条件,并不是任何企业都可以轻易做到的。但不管怎样,4R营销提供了很好的思路,是经营者和营销人员应该了解和掌握的。

### (四)4V营销理论

进入20世纪80年代之后,随着高科技产业的迅速崛起,高科技企业、高技术产品与服务不断涌现,营销观念、方式也不断丰富与发展,并形成独具风格的新型理念,在此基础上,国内的学者(吴金明等)综合性地提出了4V的营销哲学观。所谓"4V"是指差异化(Variation)、功能化(Versatility)、附加价值(Value)、共鸣(Vibration)的营销组合理论(见图1-10)。

4V营销理论首先强调企业要实施差异化营销,一方面,使自己与竞争对手区别开来,树立自己独特形象;另一方面,也使消费者相互区别,满足消费者个性化的需求。其次,4V营销理论要求产品或服务有更大的柔性,能够针对消费者具体需求进行组合。

### (五)4I营销理论

随着数字技术和网络技术的发展,传统的营销理论在新的环境下已显得有些脱节,难以准确地描述新媒体下的市场营销,2010年前后,国内营销专家刘东明提出4I营销理论,即趣味原则(Interesting)、利益原则(Interests)、互动原则(Interaction)、个性原则(Individuality)四要素(见图1-11)。

图1-10　4V营销理论　　　　　　　图1-11　4I营销理论

网络时代,传统的营销经典已经难以适用。在传统媒体时代,信息传播是"教堂式",信息自上而下,单向线性流动,消费者们只能被动接受。而在网络媒体时代,信息传播是"集市式",信息多向,互动式流动。声音多元、嘈杂、互不相同。网络媒体带来了多种"自媒体"的爆炸性增长,博客、论坛、SNS 等,每个草根消费者都有了自己"嘴巴"和"耳朵",面对这些"长尾",网络整合营销的4I原则给出了最好的指引。

### 知识延伸

"长尾"(The Long Tail)这一概念是由《连线》杂志主编 Chris Anderson 在 2004 年十月的《长尾》一文中最早提出,用来描述诸如亚马逊之类网站的商业和经济模式。

所谓"长尾理论",是指只要产品的存储和流通的渠道足够大,需求不旺或销量不佳的产品所共同占据的市场份额可以和那些少数热销产品所占据的市场份额相匹敌甚至更大,即众多小市场汇聚成可产生与主流相匹敌的市场能量。也就是说,企业的销售量不在于传统需求曲线上那个代表"畅销商品"的头部,而是那条代表"冷门商品"经常为人遗忘的长尾。

"长尾理论"被认为是对传统的"二八定律"的彻底叛逆。人们一直在用"二八定律"来界定主流,计算投入和产出的效率。它贯穿了整个生活和商业社会。这是 1897 年意大利经济学家帕累托归纳出的一个统计结论,即 20% 的人口享有 80% 的财富。当然,这并不是一个准确的比例数字,但表现了一种不平衡关系,即少数主流的人(或事物)可以造成主要的、重大的影响。以至于在传统的营销策略当中,商家主要关注在 20% 的商品上创造 80% 收益的客户群,往往会忽略那些在 80% 的商品上创造20%收益的客户群。关于两种理论的比较见表1.1。

表1.1 长尾理论与二八定律比较

| 比较项目 | 长 尾 理 论 | 二 八 定 律 |
| --- | --- | --- |
| 经济假设 | 丰饶经济 | 资源稀缺 |
| 市场导向 | 需求方规模经济 | 供给方规模经济 |
| 战略手段 | 差异化战略（个性化服务） | 低成本战略（标准化服务） |
| 市场目标 | 不放弃尾部20%的利基市场 | 关注头部80%的热门市场 |
| 客户服务 | 提供个性化需求 | 提供大众化需求 |
| 企业愿景 | 小市场与大市场相匹配 | 成为主流市场的领航人 |

在上述理论中被忽略不计的80%就是长尾。在互联网的促力下，被奉为传统商业圣经的"二八定律"开始有了被改变的可能性。这一点在媒体和娱乐业尤为明显，经济驱动模式呈现从主流市场向非主流市场转变的趋势。

图1-12中横轴是品种，纵轴是销量。典型的情况是只有少数产品销量较高，其余多数产品销量很低。传统的"二八定律"关注其中红色部分，认为20%的品种带来了80%的销量，所以应该只保留这部分，其余的都应舍弃。"长尾理论"则关注蓝色的长尾巴，认为这部分积少成多，可以积累成足够大，甚至超过红色部分的市场份额。

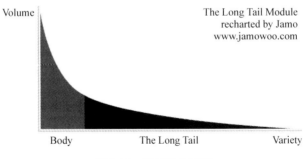

图1-12 长尾理论模型

Google就有效地利用了长尾策略。Google的Adwords广告使得无数中小企业都能自如投放网络广告，而传统的网络广告投放只是大企业才能涉足的领域。其Adsense广告又使得大批中小网站都能自动获得广告商投放广告。Adwords和Adsense因此汇聚成千上万的中小企业和中小网站，其产生的巨大价值和市场能量足以抗衡传统网络广告市场。如果Google只是将市场的注意力放在20%的大企业身上（像许多门户网站的网络广告策略那样），那么也很难创造如今的辉煌了。同样，网上零售巨人亚马逊的商品包罗万象,而不仅仅是那些可以创造高利润的少数商品,结果证明,亚马逊模式是成功的,而那些忽视长尾,仅仅关注少数畅销商品的网站经营状况并不理想。

新媒体背景下长尾理论的营销方法主要是以下三种。

(1) 让消费者参与生产。如苹果公司 APP Store 中很多知名 APP 都是由用户产生想法并参与生产,各音乐平台也可由用户亲自进行线上音乐的试听与下载。

(2) 使用长尾集合器。网易云音乐提供了一个音乐平台,众多边缘用户可在该平台聚集起来并形成巨大的影响。

(3) 使用长尾过滤器。如各音乐平台的个性推荐功能、畅销排行榜等,帮助用户提前过滤,减少用户的搜索成本,另外用户也可自行进行搜索。

### 网易云音乐——小众音乐的集合地

在网易云音乐取得成功后,大多数人会认为网易云音乐初期的运营和市场策略就是签约并帮助宣传一系列的民谣和摇滚音乐人,从而吸引喜爱小众音乐的用户。

这种看法不能说完全对,网易云音乐初期的用户确实来自于喜爱小众音乐的用户,但也并不仅仅是"民谣"和"摇滚"圈的人。准确地说,是所有"被QQ音乐等巨头所抛弃的用户"。

正如很多其他分析网易云音乐的文章一样,丁磊做网易云音乐的初衷就是QQ音乐等产品无法满足他小众的音乐口味。因为当时QQ、酷狗等音乐APP的曲库优先级、推荐等完全是按照人气热度来排列,喜欢小众音乐的人在QQ音乐等平台根本无法满足需求,因此这些用户便离开QQ、酷我等平台,游离于当时的豆瓣、虾米等较为小众的音乐平台。但可惜,豆瓣和虾米等也没有重视这些小众音乐爱好者。

而网易云音乐在上线初期的市场行动,便是紧紧抓住了这些用户的需求,让他们感到,他们是被"受到重视的"。

在云音乐上线初期的时候,曾用了一个月的时间,跑遍了北、上、广以及成都、丽江等知名 Live house(专场),与那些驻扎在 Live house 的小众音乐人进行合作,例如,"上线云音乐独家的单曲或专辑"、进行云音乐冠名的巡回演唱会等。

在好妹妹乐队尚未有知名度的时候,网易云音乐就与好妹妹进行了非常深度的合作。网易云音乐不仅为好妹妹优先推荐新专辑,还要请他们录制云音乐的视频节目"超级面对面",还为他们安排了一次在北京大学进行的"好妹妹脱口秀",并且在北京的高校圈做了大规模的宣传,让网易云音乐和好妹妹乐队实现了双赢。

此外,网易云音乐还很早时候就和李志团队进行了深度合作,不仅为李志推荐他的专辑,还和李志团队一起拍摄了李志第一支官方MV《山阴路的夏天》。

类似的市场动作还有很多。

而这一系列的市场动作,快速吸引了那些在QQ音乐等平台"不受重视"的用户群体,他们迅速拢聚在云音乐。

并且,由于越为小众的群体其群体内部的组织度和紧密度就越大,因此,通过第一批种子用户的分享推荐,第二批、第三批相同口味的用户也就迅速成为网易云音乐的用户。

其实,网易云音乐初期的市场策略概括起来非常清晰和简单,就是在"用户获取"上避开与巨头的直接竞争,通过吸引,其实也就是利用了所谓的"长尾效应":获取长长的尾巴上的用户,这些用户不稳定、不被大组织重视,但却有着很强的自传播性,他们本身就是一个个传播节点。

同时,获取"长尾用户"比直接抢占巨头手中的用户的成本低很多,这应当是每一个初创团队在获取第一批用户时的核心思路。

## 二、整合营销

整合营销理论产生和流行于20世纪90年代,是由美国西北大学市场营销学教授唐·舒尔茨(Don Schultz)提出的。他认为,整合营销就是"根据企业的目标设计战略,并支配企业各种资源以达到战略目标"。

"整合营销"(Integrated Marketing)是一种对各种营销工具和手段的系统化结合,根据环境进行即时性的动态修正,以使交换双方在交互中实现价值增值的营销理念与方法。整合就是把各个独立的营销综合成一个整体,以产生协同效应。这些独立的营销工作包括广告、直接营销、销售促进、人员推销、包装、事件、赞助和客户服务等。

一般来说,整合营销包含两个层次的整合:一是水平整合;二是垂直整合。

### (一)水平整合

(1)信息内容的整合。企业所有与消费者有接触的活动,无论其方式是媒体传播还是其他的营销活动,都是在向消费者传播一定的信息。企业必须对所有这些信息内容进行整合,根据企业所想要的传播目标,对消费者传播一致的信息。

(2) 传播工具的整合。为达到信息传播效果的最大化，节省企业的传播成本，企业有必要对各种传播工具进行整合。所以企业要根据不同类型顾客接受信息的途径，衡量各个传播工具的传播成本和传播效果，找出最有效的传播组合。

(3) 传播要素资源的整合。企业的一举一动、一言一行都是在向消费者传播信息，应该说传播不仅仅是营销部门的任务，也是整个企业所要担负的责任。所以，有必要对企业的所有与传播有关联的资源（人力、物力、财力）进行整合，这种整合也可以说是对接触管理的整合。

### （二）垂直整合

(1) 市场定位整合。任何一个产品都有自己的市场定位，这种定位是基于市场细分和企业的产品特征而制定的，企业营销的任何活动都不能有损企业的市场定位。

(2) 传播目标的整合。有了确定的市场定位以后，就应该确定传播目标了，想要达到什么样的效果、多高的知名度或者传播什么样的信息，这些都要进行整合，有了确定的目标才能更好地开展后面的工作。

(3) 4P整合。其主要任务是根据产品的市场定位设计统一的产品形象。各个P之间要协调一致，避免互相冲突、矛盾。

(4) 品牌形象整合。主要是品牌识别的整合和传播媒体的整合。名称、标志、基本色是品牌识别的三大要素，它们是形成品牌形象与资产的中心要素。品牌识别的整合就是对品牌名称、标志和基本色的整合，以建立统一的品牌形象。传播媒体的整合主要是对传播信息内容的整合和对传播途径的整合，以最小的成本获得最好的效果。

## 三、网络整合营销

### （一）网络整合营销的概念

网络整合营销又叫E-IMC，是Network Integrated Marketing的简称。网络整合营销是在一段时间内，营销机构以消费者为核心重组企业和市场行为，综合协调使用以互联网渠道为主的各种传播方式，以统一的目标和形象传播连续、一致的企业或产品信息，实现与消费者的双向沟通，迅速树立品牌形象，建立产品与消费者的长期密切关系，更有效地达到品牌传播和产品营销的目的。

网络整合营销就是为了建立、维护和传播品牌，以及加强客户关系而对品牌进行计划、实施和监督的一系列营销工作。网络整合营销把各个独立的营销综合成一个整体,从而产生协同效应。

简单地说,就是把各种网络营销方法和客户的客观需求进行有效匹配,给客户提供最佳的一种或者多种网络营销方案。

### (二)网络整合营销的特性

**1. 传染性**

就网络营销,曾经有人提出过"病毒式营销"的概念。网络整合营销的传染性,就是指让网络营销具有滚雪球效应的基础,从而使得营销第一次具有无限放大的可能。

在四川汶川地震中,中国互联网动用了几乎所有的力量,广告位、专题专区、论坛、关键词、博客、视频、线上线下一体的赈灾活动等,互联网的每一个角落都演变成了抗震救灾的前沿阵地。这种强有力的聚集整合,毕其功于一役,互联网瞬时迸发了最强大的力量,为抗震救灾作出了巨大贡献,这就是传染性发挥功效的最好佐证。

**2. 重合性**

这里所说的重合性不同于重复性,就广告而言,所谓的"重复性"就是指利用同一个媒体重复地出现同样的广告,最有名的莫过于史玉柱脑白金的送礼广告。

而"重合性"的概念,是想让大家清楚,虽然广告的重复有助于加深客户的印象,但就广告来说,重合或许比重复更有价值。

所谓"重合性"套用整合营销传播的概念,就是在不同的媒介上以统一的形象或者是在同一个媒介上以不同的形式出现。我们进行网络营销的时候,除了重复地进行宣传外,还需要考虑利用多种形式和多种媒介的整合宣传来提高广告宣传的效果。

**3. 背书性**

"背书"指一个权威的或者说可信的媒介传递出信息,来为另外一个媒介之前披露的信息进行确认和佐证。依此理解,我们发现其实网络宣传也需要"背书",需要和其他媒介整合宣传式的背书。

由于网络自诞生之日起,就缺乏官方公信力的支持,并且网络的开放性使得任何人都可以在网络上散播消息,因此在我们进行网络营销的时候,很有必要利用"背书性",通过更有公信力的媒体来进行整合宣传,以弥补网络的不足,达到最好的宣传效果。

# 本 章 小 结

本章首先应了解什么是新媒体,对其范畴进行明确,并了解与之对应的旧媒体的局限。其次,应掌握新媒体营销的含义和特点、新媒体营销与旧媒体营销的区别,了解新媒体当前发展现状和未来新趋势。在大数据背景下了解大数据给企业营销带来的优势以及精准营销的特点、精准营销的操作流程。重点掌握 4P、4C、4R、4V、4I 营销理论的内容,并对"长尾理论"进行理解和掌握。最后,应掌握整合营销与网络整合营销的内容。

# 营销实例

## 好利来线上蛋糕帝国的建立

"今天是妈妈的生日,特别遗憾不能回家陪她过生日。订了一个好利来蛋糕,3个小时就到了!表达一下我对妈妈的祝福,我对她的爱一直都在!妈妈生日快乐!"广告公司职员小王无意间看到朋友的这条朋友圈。

于是,小王在微信公众号搜索了"好利来"三个字。哇,不同城市的好利来蛋糕店跃然于微信公众平台上!还有手机 APP 和微博,通过拖曳鼠标,小王如同行走在实体好利来蛋糕店:琳琅满目、令人垂涎欲滴的蛋糕、面包、西点、中点、月饼、汤圆仿佛唾手可得。小王感叹:"互联网产业与烘焙产业的完美结合,国产好利来真是靠谱,总能给我们惊喜!以后再也不用排队买糕点了!"

### 一、相见恨晚:打造"网上蛋糕帝国"

小王认为,好利来的扩张速度十分惊人,除了采取加盟模式做连锁店之外,好利来不断创新的经营模式和营销模式也非常值得称道,网络营销就是其中的亮点。18～35岁的青年人是消费者的主力军,而这一部分人也恰是网购的热衷群体。

图 1-13　好利来网络营销平台"买蛋糕"网

好利来公司不仅是第一家建立现代化流水生产线来生产月饼的企业,还是国内第一个把蛋糕推向网络市场,在食品行业率先迈出电子商务的第一步,用连锁网络来创新销售模式的烘焙食品企业。小王根据网上查阅的资料了解到,原来好利来公司在2004年就开始提供网上产品订购服务了。2005年,好利来网上蛋糕店"买蛋糕(www.maidangao.com)"正式上线运营(见图1-13)。

## 二、另辟蹊径,网络分销

小王了解到烘焙行业目前属于买方市场,而双渠道分销法一般是烘焙企业进行网络营销的最佳选择。小王发现,好利来公司通过在互联网上建站,一方面,通过网络宣传推介企业,另一方面,也建立了自己的网络营销渠道。这一方式,降低了公司的营销成本,提高了售后服务质量,增加了新客户。同时,在现代化规模生产和市场经济条件下,好利来公司在建立自己企业网站的同时,也积极利用网络间接渠道销售自己的产品,通过中间商的信息服务、广告服务等,扩大公司,影响开拓产品销售领域、降低销售成本(见图1-14)。

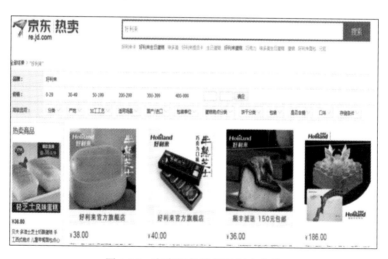

图1-14　京东网站销售好利来产品

## 三、搭上微信的"翅膀",翱翔网游

随着智能手机的不断普及,不仅使手机用户能够时刻与其他人分享各种动态新闻,也使得人们的沟通更加方便快捷。

小王搜索了好利来的微信公众号,开始选择蛋糕种类,好利来微信公众号平台如

图 1-15 所示。小王思索着：对于早已在新媒体营销中迈开步伐的好利来来说，微信这一阵地肯定也是一个新的机遇。通过微信不仅可以对用户进行点对点的精准营销，随时随地与用户进行沟通，还可以通过朋友圈的分享达到快速传播的目的，以此增加品牌的知名度。

### 四、微博挂帆，乘风破浪

好利来微博的主要活跃用户在年轻群体，这又与好利来之前决定使品牌年轻化的战略所针对的目标群体有很大程度上的契合。原来，在几年前好利来就开始打造出属于自己的微博传播平台，借助这一大众化的平台拉近与顾客之间的距离，通过各类微博平台与大众消费者进行深度互动，了解消费者的舆论导向并及时进行反馈和沟通（见图 1-16）。

图 1-15　好利来微信公众号界面

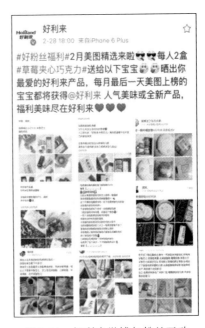

图 1-16　好利来微博与粉丝互动

### 五、网站创新，一马当先

好利来公司在实施网络营销的过程中，不仅制定了以消费者为中心的网络营销战略，而且还用崭新的艺术思维去营造网络亲和力，从网站策划、创意设计、功能开发各方面来体现其人性化策略。改版后的"买蛋糕"网重新上线,并启用了在线客服来处理订单,极大地提高了对客户需求的反应速度,提高了服务质量。同时,面对竞争者,好利来公司采用了多样化的营销推广手法,加大对市场环境、市场信息的关注和敏感度。其十分注重用精致、直观、立体逼真、诱人的蛋糕实物图片,辅之以简洁文字说明、方案等来展示自己的产品。使消费者如亲临其境一般感受到企业产品的存在,对产品各方面有一个直观全面的了解,增加消费者的购买欲望。

在专用网络购买网站上,用醒目的一体化购物流程(①选择城市—②选择蛋糕—③完成订单—④在线付款—⑤订单提交)来引导网络顾客的消费行为,使之清晰明了,购买非常顺畅,有很好的人性化和用户友好度(见图1-17)。而竞争对手之一的味多美公司,其网上订购还必须先注册成为其会员,才能继续下一步订购操作,相应增加了消费者操作的烦琐度和厌烦感。客户只要登录"买蛋糕"网就可以看到好利来门店出售的所有蛋糕款式,图片、尺寸、材料、适合对象、价格等要素一应俱全。选定合意的款式之后,客户打电话给就近的门店,联系预订,约定送货时间,一桩生意就做成了。

图1-17 好利来公司网络购物专用网站页面

## 六、创意广告,润物无声

通过在好利来网站上放置广告、推介新产品和促销活动的做法来开展网络营销,不仅提升了好利来自身经营形象,还为访问者提供了其他利益。好利来公司在日常营销中重视邮件、BBS等隐性广告的作用,通过企业家个人的宣传来带动企业品牌宣传。同时,在公司网站上,好利来公司通过图片广告和灵活的促销方式来开展网络营销广告的实施,充分发挥搜索引擎广告的作用,将网络广告与传统广告相结合。

好利来公司已经率先在行业内开展了网络营销,并取得了不俗的成果。但是,随着烘焙行业市场竞争的日趋激烈与残酷,如何保持企业在网络营销方面的优势、进行网络营销的创新,这是好利来公司以及其他烘焙食品企业应长期关注并努力的方向。好利来从未停止过在营销手段上的创新,它的网络营销之路还在继续。

**问题思考:**

1. 好利来在营销中运用了哪些新媒体?
2. 好利来是如何利用这些新媒体进行营销的?
3. 与传统媒体营销相比,网络营销给好利来带来的营销效果有什么不同?

# 参 考 文 献

1. 梁夏,姜培峰:《海尔:从一个都不能少到"弃硬投软"》,中国管理案例共享中心。
2. 傅利平,刘闯:《偶像练习生:粉丝文化成就偶像级营销》,中国管理案例共享中心。
3. 张再生,赵兴晨:《笑傲烘焙江湖之好利来的网络营销传奇》,中国管理案例共享中心。

# 第二章 新媒体的类型

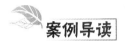
**案例导读**

## 新媒体时代下碧桂园的品牌传播

### 一、坚守三大梦想

碧桂园一直坚守着三个梦想,这三个梦想也是碧桂园的"中国梦"。一是民生地产梦:建老百姓买得起的好房子;二是家国梦:要做有良心、有社会责任感的企业;三是幸福梦:希望社会因碧桂园的存在而变得更加美好。这三个梦想体现在碧桂园品牌传播中的价值观,那就是诚信、责任、坚守。杨国强董事长强调,建老百姓买得起的好房子不仅是碧桂园保持品牌核心竞争力的关键,也是碧桂园对社会的承诺。碧桂园一直坚持以对社会负责为己任,不仅积极纳税,支持地方政府的经济发展,而且还坚持支持中国的公益事业,并带动其他行业关注中国公益事业的发展。

### 二、双剑合璧

碧桂园的品牌传播依靠传统媒体和新媒体两种渠道。传统媒体有:企业内刊(业主杂志《Ulife园里人家》、物业杂志《碧桂园物业》、企业报《碧桂园报》)、电视及广播电台(如中央电视台、人民广播电台)、报纸(如《人民日报》《长江日报》《金陵晚报》)、杂志(如《新周刊》《城市开发》《地产》)等。新媒体有:官方网站及合作网站、微信公众平台、微博平台、手机短信、手机APP、网络电视(碧桂园TV)、社区论坛、博客等。

### 三、线上线下"一体"传播

在新媒体时代,信息传播的媒介环境发生了改变,在新的媒介环境下产生了新的受众,他们有不同于传统媒介环境的信息接收习惯。碧桂园在品牌传播时结合受众新的特征,根据不同的媒体类型,充分利用新旧媒体的优势,在线上线下进行了"一体化"的品牌传播,并取得了良好的传播效果。

## （一）网站建设

碧桂园的官网中，网站页面整体以橙色基调为主，整体布局简单大方，子栏目包括品牌理念、产品与服务、新闻中心、投资者关系、志愿者协会等，首页大屏滚动的画面也都是集团最新的重大新闻与政策，让消费者进入网站后一目了然，这些滚动的信息在全国各地项目的线下媒体也都是同步宣传的。值得一提的是，在产品与服务子栏目下，有一个客户中心的栏目，在这里消费者可以选择碧桂园全国任何一个项目进行互动咨询并留下建议，页面下方有服务电话和邮箱，有专门的工作人员每天及时跟进相关事宜，通过收取消费者的建议，及时改进日常的工作，这不单单是一个宣传品牌的窗口，更是和消费者进行一对一、个性化互动的良好平台。在官网上还有一个很突出的子栏目是碧桂园的自媒体视频宣传平台——碧桂园TV，消费者可以直接在线观看公司的宣传介绍、企业的重大新闻和各大媒体对集团领导进行采访的视频，这些视频也同步在全国的子项目案场进行LED大屏滚动播放，消费者可以直观地通过播放的图片和视频了解碧桂园的品牌文化与品牌发展。碧桂园官网界面如图2-1所示。

图2-1　碧桂园官网界面

碧桂园合作的大小媒体网站也是其品牌传播的重要阵地，碧桂园在开发一个项目之前，首先做的就是媒体公关活动，维护好和当地媒体的关系。线下的活动一般都会提前发新闻通稿给合作的媒体网站进行网上信息的全覆盖，在线上进行新闻轰炸后，线下随即无缝对接地开展活动，线上线下交叉互补进行活动的宣传与推广，收到的传播效果十分显著。随着电子商务网站影响力的扩大，碧桂园和京东商城、淘宝网也相继开展了合作,全力打造线上与线下相结合的O2O电商合作模式。例如,在京东商城进行的京豆抵房款活动,客户在京东商城消费后,可凭借消费的京豆进行碧桂园精选房源的房款优惠兑换,同时,在淘宝网推出了碧桂园好房体验馆,碧桂园选取全国部分优质项目参与线上卖房,用互联网的思维做品牌推广也是碧桂园对产品和服务进行的一次优化升级,碧桂园在"触网"的同时,也在快速地建立其品质信任体系,以产品和服务的全面提升,提高其在电商网站上的信任值,进而扩大品牌的影响力。碧桂园在线上推进好房馆的同时,线下也推出相同的优惠政策,通过线上线下联动,碧桂园至今在电商平台上成交量多达500多套,总货值达3.6个亿人民币。

### (二)社交媒体

社交媒体是伴随着互联网发展而出现的一种新媒体形式,主要是指互联网上基于用户关系的内容生产与交换平台,是人们彼此之间用来分享意见、见解、经验和观点的工具,现阶段主要包括社交网站、微博、微信、博客、论坛、播客等,这些新平台是众多企业进行品牌传播的重要载体。随着社交媒体的发展壮大,碧桂园逐渐提高了在社交媒体上的营销投入,根据目前碧桂园众多项目的全年预算显示,微信、微博等社交媒体的营销费用已占到各个项目总营销费用每月均值的11%~15%,碧桂园相关负责人表示,这个比例还会逐年增加。社交媒体已经成为碧桂园品牌传播的一个重要途径,碧桂园集团和全国各个项目都有自己的微信公众号和微博,每日进行集团和项目信息的定点推送。在一些重大的营销节点,结合线下活动的铺排,碧桂园总部都会指引全国项目进行品牌联动和投放当地的微博、微信大号,为节点造势。在朋友圈的微推广上,碧桂园更是紧跟热点,不放过任何一个可以制造话题的机会,借此增加品牌曝光度,占领消费者的眼球。例如,结合2016年第88届奥斯卡最佳男主角莱昂纳多的获奖,碧桂园各项目就在朋友圈炒作了一把。除此之外,碧桂园在微信公众平台和朋友圈也经常会用系列微推、微信快闪、九宫格、每日心灵鸡汤等类型的品牌传播手段,其中也不乏传播效果很好的创意系列。例如,南京碧桂园的神房系列、板块系列、学校配套系列、医院配套系列、开盘功能系列等,其中突出学校配套的创意视频《让爱不绕弯》,点击量多达1.43万人次,覆盖目标人群达5万多人。

### (三)移动新媒体

"移动新媒体"是指所有具有移动便携特性的新兴媒体的总称,包括手机媒体、平板电脑、掌上电脑、PSP、移动视听设备(如MP2、MP4、MP5)等。中国手机网民规模逐年增加,手机媒体也因为切合了现在受众接收信息的习惯,即可以利用碎片化的时间接受碎片化的信息,也成为碧桂园进行品牌传播的一个重要方式。在手机媒体的品牌传播中,除了企信通和商务短信投放外,碧桂园主要将重点放在手机APP的开发与建设方面,其中主要有全民营销的"凤凰通"APP以服务业主为主的"E当家"APP。"凤凰通"APP只要用户下载、注册并成功推荐客户购房即可获得高达购房款4%的佣金,实现了全民营销,并完成了推荐客户由线下到线上的转化。针对老业主的口碑传播,"凤凰通"APP还定期推出"老带新"活动,凡碧桂园集团旗下所有项目的老业主成功推荐新的购房者,即可享受免1~3年物业费的优惠。碧桂园"凤凰通"专设"全球房源中心",包括展示项目的详细信息、精美微楼书等实景画面和最新资讯。特别是碧桂园的"三金一银"重点项目(十里金滩、十里银滩、金沙滩、金海湾),可一键720°全景漫游,实现"远在千里之外,而身临其境的跨时空"体验(见图2-2),这也是国内房企中较大的移动售楼部。同时,在上线的100天之际,联合腾讯房产推出"凤凰智富年终奖"活动,彻底颠覆了网友对年终奖的认识,在微信朋友圈掀起了一场全民分享幸福的狂欢。"E当家"APP于2015年4月25日在顺德碧桂园上线,这是一款"互联网+"时代碧桂园物业致力于服务业主的综合型狂人社区移动手机APP,这个软件规划通过线下业务向线上引流。

图2-2 碧桂园·金海湾(马来西亚)现场实景

按碧桂园物业服务有限公司总经理李长江的说法,这个"指尖上的生活管家"未来三年平台业务收入将超过亿元,还将有力地提升碧桂园物业的服务水平和品牌的综合竞争力。在"E当家"里,业主可以享受到各种查询、购物、家政、交友、物业等服务,在这个平台上,各种有关生活所需的服务都可以足不出户得到解决,业主通过网站浏览商家信息获取所需的服务并支付相关费用后,就可进行线下的体验,这种便捷、灵活的社区服务已经使碧桂园的物业品牌在业主心目中内化为一种贴身管家的形象。

**问题思考：**

1. 碧桂园在经营过程中运用了哪些新媒体平台？
2. 查阅其他相关资料结合本案例回答，碧桂园的新零售布局是如何开展的？
3. 未来在新媒体大背景下，碧桂园还需要完善哪些方面的工作？

作为房地产行业一员的碧桂园，借助新媒体工具的力量，使自身品牌影响有了进一步的提升，除此之外还有哪些曾经活跃的媒体类型呢？新媒体又有哪些？他们之间又有着什么样的关系呢？本章将会逐一进行介绍。

# 第一节 从论坛到知乎

## 一、第一代网络社区——论坛

### （一）论坛的定义

"论坛"（Bulletin Board System，BBS）又称网络社区，是一种电子信息服务系统。论坛的主要功能便是用户可以自由地发布主题并回复想要回复的帖子，而主题与帖子的内容非常多变，交互性非常强。网络的逐渐普及使论坛的发展如同春笋般地出现，并迅速发展壮大。论坛几乎涵盖了人们生活的各个方面，几乎每一个人都可以找到自己感兴趣或者需要了解的专题性论坛，而各类网站、综合性门户网站或者功能性专题网站也都青睐于开设自己的论坛，以促进网友之间的交流，增加互动性和丰富网站的内容。国内的论坛大致于1998年开始盛行，当时除了网易、搜狐、新浪这样的大型门户网站外，许多中文论坛也如雨后春笋般不断涌现，如天涯论坛（见图2-3）、凯迪网络、猫扑网、西祠胡同等一众中文论坛逐步兴起，而像专注搜索引擎的百度也推出了自己的"百度贴吧"。

众多论坛为了吸引更多的用户加入，获取更多的流量，大多选择了细化运营。所谓的细化运营，就是专门运营一个领域，重点突出这个领域，其最突出的一个优点就是：定位精准，运营范围小、压力小。因此便出现了专注汽车领域的汽车之家（见图2-4），专注iPhone专题的威锋网等，在这一时期中国的中文论坛也逐步走向兴盛之路。

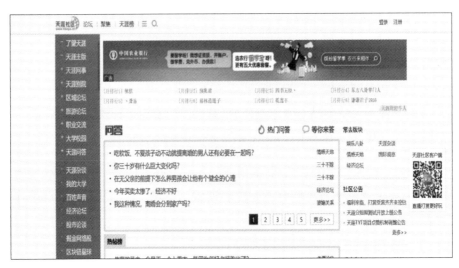

图 2-3　天涯论坛页面

图 2-4　汽车之家页面

### （二）传统论坛的特点

（1）利用论坛的超高人气，可以有效地为企业提供营销传播服务。而由于论坛话题的开放性，几乎企业所有的营销诉求都可以通过论坛传播得到有效实现。

（2）专业的论坛帖子策划、撰写、发放、监测、汇报流程，可在论坛空间提供高效传播。其包括各种置顶帖、普通帖、连环帖、论战帖、多图帖、视频帖等。

（3）论坛活动具有强大的聚众能力，利用论坛作为平台举办各类踩楼、灌水、贴图、视频等活动，调动网友与品牌之间的互动。

（4）事件炒作通过炮制网民感兴趣的活动，将客户的品牌、产品、活动内容植入进传播内容,并展开持续的传播效应,引发新闻事件,导致传播的连锁反应。

(5) 运用搜索引擎内容编辑技术,不仅使内容能在论坛上有好的表现,在主流搜索引擎上也能够快速寻找到发布的帖子。

(6) 适用于商业企业的论坛营销分析,以及对长期网络投资项目组合应用,精确地预估未来企业投资回报率以及资本价值。

### (三) 不符合时代的要求

2017年3月23日搜狐论坛发布停止服务的公告:"终于还是走到这一天,1999—2017年,我们携手并肩写下的光辉荣耀犹如昨日依旧映在眼前。我们万分不舍却又不得不遗憾地通知大家,搜狐社区将于2017年4月20日正式停止服务。"(见图2-5)历史总是惊人地相似,2012年网易论坛关闭时,有人就曾预测中国的BBS五年内必定关停,而这次搜狐社区关闭正式宣告了BAT的社区正式落幕。光年论坛于2012年10月20日关闭。大旗网于2015年7月28日关闭。网易论坛于2016年10月19日关闭。从2014年开始,天涯的营收开始出现负增长,大量的用户被微博、微信新互联网媒体分流,产品也没有突破,持续的衰退已经令天涯难以为继。

图2-5 搜狐论坛发布停止服务的公告

猫扑在2006年年底,欲转型门户,此后尝试海外上市未果。2011年后,猫扑在转型与创新方面策略失准,用户活跃度明显下降。还有像西祠胡同、铁血论坛等著名社区也在逐渐没落,可以说这就是一个时代的变更。放眼如今的网络BBS,除了天涯社区依然活跃,还挂牌新三板,其他的老牌社区,比如西祠胡同、猫扑网等社区都逐渐沉沦,而即便是曾经的天涯社区这样的老牌论坛,也面临着用户流失、内容低俗等诸多困境。

随着移动社交的普及,人们沉迷于五花八门的APP,越来越多的论坛用户出走,曾经的BBS逐渐被人们遗忘。CNNIC发布的第37次《中国互联网络发展状况统计报告》数据显示,BBS论坛用户规模逐渐萎缩,论坛使用率半年降7.5%。当然,论坛的没落不仅有BBS内部的问题,也不可避免地受到社交时代的影响。(如图2-6。)

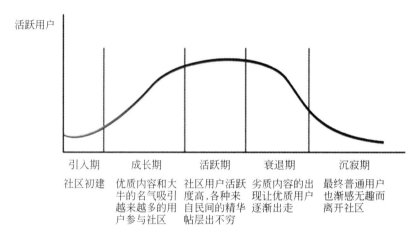

图2-6 社区生命周期

**1. 形式老旧,广告满屏,用户体验不足**

传统的BBS以发帖和回帖为主,但十年之后,功能方面依然没有多少改变,在信息获取上,这样的模式显然无法满足用户即时获得的需求。为了维持运营,许多BBS上充斥着各种商业广告,与整体氛围格格不入,大大破坏了用户的使用体验,降低了用户好感度(见图2-7)。对存在的诸多问题并未整改,久而久之,用户流失成了普遍现象。

**2. 论坛早期精英流失,缺乏优质文章**

BBS的早期精英用户,大多是拥有较多的社会资源并且媒介使用能力娴熟的人士,他们决定了论坛的早期气质,远不是今天在论坛上制造舆论的键盘侠。而随后博客、微博、微信公众号的兴起,致使许多优质的论坛版主转投它们或者自己写书,而这些平台也可以更好地帮助他们形成和建立个人影响力,最典型的例子就是许多在天涯的早期版主,后来都成了畅销书作家,如当年明月、孔二狗等人。在天涯鼎盛时期,

图 2-7 论坛上出现的广告

很多发布的长篇帖都有能出版成小说作品的水准,内容质量也十分吸引大众眼球,而如今又能在论坛中看到多少这样的文章?

**3. 管理成本较高**

许多大众热门论坛一直没有解决好与广告的共存问题,在论坛的热门话题之中掺入广告或是广告内容的帖子,隐藏于论坛之中的广告推销人员活动十分活跃,严重影响了用户的参与度和体验感,而论坛管理者面对收入和用户的选择时也没有给出强有力的解决办法,因而导致大批忠实用户离开,也正是由于在商业模式上的失败并缺少有效的管控,导致了在论坛增加规模后质量持续下滑。

**4. 搜索方式复杂,优质内容难找**

论坛中文章的排序采用的是时间排序法,许多之前发布的帖子会被排布到底下,因此当用户需要找一些优质的文章往往需要花费大量时间和精力,而靠"置顶"功能显然是不够的,而论坛的"点赞"功能也只是表达阅读者对某个回帖的关注、欣赏与认同,并不能将优质的文章突出出来。

## 二、问答社区的复兴——知乎

### (一)知乎的介绍

随着人们对论坛不再依赖,人们选择把更多的时间花在生活中出现的新媒体产品上,而创立于 2010 年的知乎,便是其中的佼佼者。知乎是一个网络问答社区,连接各行各业的用户。用户在知乎中分享彼此的知识、经验和见解,为中文互联网源源不断地提供多种多样的信息(见表 2-1)。

表 2-1　知乎发展历程

| 时间线 | 发 生 事 件 |
| --- | --- |
| 2010 年 12 月 | 知乎网站正式开放,采用邀请制方式注册 |
| 2011 年 3 月 | 知乎获得李开复的天使轮投资,之后又获得启明投资的千万美元 A 轮投资 |
| 2013 年 3 月 | 知乎向公众开放注册,一年内注册用户迅速由 40 万攀升至 400 万 |
| 2014 年 6 月 | 知乎完成由软银财富领投的 2 200 万美元 B 轮融资 |
| 2015 年 11 月 | C 轮融资 5 500 万美元,新投资方为腾讯和搜狗,腾讯领投。此前的投资者赛富、启明创投和创新工场也在本轮进行了跟投 |
| 2017 年 1 月 | 知乎宣布完成 D 轮 1 亿美元融资,投资方为今日资本,包括腾讯、搜狗、赛富、启明、创新工场等在内的原有董事股东跟投。据创新工场李开复透露,知乎该轮融资完成后估值超过 10 亿美元,迈入独角兽行列。 |
| 2018 年 4 月 | 知乎对外宣布启动用户权益保护升级,针对除信任的搜索引擎外的第三方机构,将采取白名单许可的方式,规范知乎内容的使用标准 |
| 2018 年 6 月 | 知乎正式宣布,原有的"知识市场"业务升级为"知乎大学",并组建新的知识市场事业部。此前,知乎书籍和知乎 Live 由不同的团队负责,新事业部组建后,原有的知识服务团队将放到一起运营 |
| 2018 年 7 月 | 知乎共完成 5 轮融资,融资总额接近 1.8 亿美元 |
| 2018 年 7 月 | 知乎完成新一轮融资,融资额接近 3 亿美元,本轮估值接近 25 亿美元 |

准确地讲,知乎或许更像一个论坛:用户围绕着某一感兴趣的话题进行相关的讨论,同时可以关注兴趣一致的人。对于概念性的解释,网络百科几乎涵盖了你所有的疑问,但是对于发散思维的整合,却是知乎的一大特色(见图 2-8)。

图 2-8　知乎首页

## (二) 用户体验优势

当我们关注用户在知乎的体验后,我们不难发现,同为内容型社区,与传统论坛相比，除了注册低门槛、针对同一话题用户进行评论、点评以外，知乎还拥有以下几点优势。

（1）知乎是一个真实的网络问答社区平台，对比传统论坛的非实名注册，知乎更易形成实名社区的氛围，在知乎上用户能够更好地理性与友善地进行沟通并形成文化，避免了从前的互相"拍砖"。

### 知识延伸

拍砖——论坛的存在和发展就是靠坛友们不断地发帖、回帖。发帖、回帖有很多种类型和方式，其中大多数都是一团和气地灌水。偶尔会有一个表达不同看法的回帖，看到与自己看法不同的帖子后又予以反击，这就形成了讨论或者争论。

（2）知乎在运营的策略原本是联络各行各业的精英入驻，形成高质量后逐步调整为针对有一定知识文化的阶层，称为"先精英，再大众"。2013年以前，知乎的用户数量极少，虽然用户基数小，但几乎都是来自各个行业的精英人士、知识阶层，用户质量高，这些用户发表的问题和观点偏于专业、学术，阅读门槛较高。这和知乎在早期阶段的产品定位有关，知乎最初想做一个高质量的信息交流论坛，但对于如何做、怎样做并没有明确清晰的判断，所以在产品初期的内测阶段设置了较高的用户门槛，如实名认证、邀请码注册等。这些注册条件和门槛在早期的确是成功地聚集了大量的高质量知识分子和精英人才，话题讨论和内容极具深度，话题性质甚至偏于学术化。知乎在初期阶段通过"保守主义"的战略打法成功地给自己贴上了"高质量"的论坛标签。产品定位是成功了，可新的问题又出现了，作为一款社交类互联网产品，用户数量如此之少，难以让人满意。知乎想保持"高质量"的同时，又扩大用户基数，那就不得不作出战略上的调整，战略打法由原来的"保守主义"转变为"自上而下"的用户转移，即由高质量知识分子、精英转变为有一定知识文化的阶层定位（见图2-9）。这一战略上的转变有以下几个好处。

（1）用户基数开始随着门槛的调整、开放而逐步上升。

（2）因为用户数量开始增加，话题类型和种类开始变得多元化，话题的学术性被弱化，这一调整和变化，又吸引大量对该类话题感兴趣的用户前来注册和使用，构成良性的用户增长系统。

（3）从知乎对话题的管理模式上看，在信息筛选规则方面比众多论坛要先进，知乎放弃了论坛传统的"导航树＋置顶话题"的信息组织方式，而是直接引入关键词搜

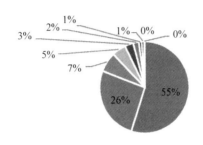

图 2-9　知乎战略调整后的用户分布

索模式,这一方面贴合了网民已经习惯搜索的使用特点,另一方面也可以通过控制用户搜索结果淘汰许多的垃圾内容。

(4) 知乎针对论坛中大量出现的"路过帖""沙发帖",强化了对低质量成垃圾内容的功能化屏蔽;另外,知乎的点赞不止于数字的累加,而是将获赞最多的优质回复自动排在前列,省去了用户很多用来寻找有价值信息内容的时间。而这些设计非常适合于移动手机端阅读,简单、方便、快捷,而传统论坛的话题树模式更适合计算机大屏幕,在众多移动媒体技术普及的今天,知乎是更加占据优势的。

(5) 知乎的问答背后还引入了社交网络服务(SNS),形成了人—话题—问题的相互联系。知乎鼓励网友邀请最合适的人来回答最合适的问题,比如健身的问题,就会很快被有专业背景的用户关注到,那么他们就会分享自己的心得与建议。这样,提出问题的用户获得高质量答案的机会就会增加,不难想象这样的良性机制会无形增加更多的分享次数,分享的人多了,社区的影响力也会在日积月累中不断增强。

(6) 知乎的话题讨论不限于平台内,而是可以在许多社交媒体中传播,如微信、朋友圈、腾讯 QQ、新浪微博等。除此之外,知乎还会经常主动发布《知乎文摘》,在以上的新媒体平台上发布,以扩大自身的影响力(见图 2-10)。

### (三)论坛营销的核心

论坛营销的核心是企业利用论坛这种网络交流平台,通过文字、图片、视频等方式发布企业的产品和服务信息,从而让目标客户对企业的产品和服务产生兴趣,最终达到宣传品牌、带动购买的网络营销活动。

论坛营销可以自己策划,选择合适论坛投放,这对企业而言关注点主要是账户和人力投放,基本上可以达到零成本。但是很多论坛为了打击广告帖,大量删除在论坛

图 2-10 知乎的分享功能

的广告内容,而这样的矛盾就需要两方进行协商以求更好地合作。例如,西祠胡同论坛将广告内容合理布局在首页之中的方式就很好地解决了这样的问题(见图 2-11)。

**(四)知乎营销的核心**

以兴趣为主导的问答模式使得知乎在专业方面有着较深的用户知识积累,在问题话题管理方面采用父话题和子话题的形式,给用户提供一个优质的垂直知识问答社区。

话题的回答固然重要,但更重要的是基于兴趣与知识的分享以及点赞机制,更突出用户在优质答案方面的贡献,有利于促进用户之间的交流,形成一个以兴趣为主导的社交平台(见图 2-12)。

知乎的核心用户主要分布在高新科技信息传媒、金融、制造加工三大行业,通过

图 2-11 西祠胡同论坛首页

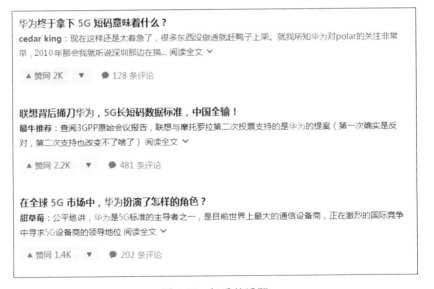

图 2-12 知乎的话题

把知乎行业分类与第三次全国经济普查数据匹配计算,得出高新科技信息传媒、金融、艺术娱乐三大领域在知乎的用户群体中的密度最高,知乎用户区域数量排名方面,北京、上海、广东包揽前三。因此,在知乎平台适合开展业务及消费者在一线城市企业的营销活动,并能够获得更高的用户参与度。

# 第二节 从博客到微博

## 一、第一代自媒体——博客

### (一)博客的概念

博客(Blog)源于 Weblog——网络日志,是一种以网络为载体,个人管理和组织,可以发布文字、图片、视频,用来记录、表达个人情感、观点的综合性平台(见图 2-13)。博客是继 MSN、BBS、ICQ 之后出现的第四种网络交流方式,曾受到大家的欢迎,是网络时代的个人"读者文摘",是以超级链接为入口的网络日记,它代表着新的生活、工作和学习方式。一个典型的博客结合了文字、图像、其他博客或网站的链接及其他与主题相关的媒体,能够让读者以互动的方式留下意见,这些是许多博客的重要元素。另外,博客的主要用途有三个,分别是个人自由表达和发布;知识过滤与积累;深度交流与沟通的网络新方式。

图 2-13 博客界面

### (二)参与者、内容特点及传播方式

博客之所以公开在网络上,就是因为其与私人日记不同,博客的概念范围要远远大于日记,它不仅仅要记录关于自己的点点滴滴,还注重它提供的内容能帮助到别人,也能让更多人知道和了解。"博客永远是共享与分享精神的体现"是对微博功能最好的诠释。

**1. 参与者**

博客的参与者主要分为博主和访客。博主即传播者,浏览博客并可能留言的访客是受众。传播者和受众之间有一定的交流,但博主在传播中占据明显的优势,在博主和访客的互动中,访客对于博主的影响是极其有限的。

**2. 内容特点**

博客传播的信息量非常巨大。因为博主不需要通过依赖更加复杂的工具和组织来进行信息传播,所以每个人都有机会成为博主,博主众多导致博客传播的信息量非常巨大。博客的内容可以是博主把自己的所见所闻,通过自己的创造性思维创作出来的博文,也可以是来自外部的信息,博主仅仅做些浅层次的转载,传播内容多样化、专业化、个性化。

由于微博博主来自社会的各个层面,其兴趣爱好和从事的行业各不相同,博主通过自己专业的视角,利用自己专业的知识来传播信息,传播自己的观点,所以博客的内容具有多样化、专业化,其内容有时可能对外行人来说会比较深奥。另外,博客的写作形式比较自由,几乎没有"把关人"的存在,也没有固定的出版形式和周期,给了博主以较大的空间。在这空间内,博主有很大的自由,可以决定何时写什么,而较少地受到其他外在因素的影响,这就导致了博客的传播内容非常个性化。

**3. 传播方式**

首先,博客的传播仍然依赖于传统的互联网技术,需要电脑终端并与电脑相连的互联网,即使有其他的接入方式,其实现的功能也比较有限。

其次,博客可以实现点对点、点对面、面对面、面对点的传播形式,传播过程表现出非线性的传播特征,其反馈在时间和空间上的断层比传统媒体小得多,交互性也比较强。

## 二、人人都是自媒体——微博

### (一) 微博的概念

"微博",是微博客(MicroBlog)的简称,是一个基于用户社交关系的信息分享、传播并获取的平台。在微博中你既可以作为观众在微博上浏览你感兴趣的信息,也可以作为发布者在微博上发布内容供别人浏览。发布的内容一般较短,例如,140 字的限制,微博由此得名。内容形式多样,包括文字、表情、图片、视频、话题、头条文章、直播、点评、音乐、投票、微公益,以及针对以上内容可以设置定时发布。微博最大的特点就是发布信息快速,信息传播的速度快。例如,你有 100 万听众(或称粉丝),你发布的信息会在瞬间传播给100万人。

#### (二)参与者、内容特点及传播方式

**1. 参与者**

微博传播的特点决定了它的传播主体非常模糊,传播者和受众之间的区别很难鉴别。微博网站是信息的汇聚点,微博用户通过微博网站发布信息和接受信息,另外还有"听众"或者"跟随者"的概念,即这些"听众"或者"跟随者"专门针对某一个用户进行特别关注。这些就组成了微博传播现象中的传播主体。

**2. 内容特点**

相对于强调版面布置的博客来说,微博的内容只是由简单的只言片语组成,从这个角度来说,对用户的技术要求门槛很低,而且在语言的编排组织上没有博客那么高。另外,微博开通的多种API使得大量的用户可以通过手机、网络等方式来即时更新自己的个人信息。

微博网站即时通信功能非常强大,通过QQ和MSN等直接书写,在有网络的地方,只要有手机也可即时更新自己的内容,哪怕你就在事发现场。类似于一些大的突发事件或引起全球关注的大事,如果有微博客在场,利用各种手段在微博客上发表出来,其实时性、现场感以及快捷性甚至超过其他媒体。

(1)信息碎片化。微博传播的内容最大的特点是碎片化,想到什么就可以写什么,其内容既可以是经过优化过的信息,也可以是琐碎的,毫无章法可言。用户使用不一定有特别明确的目的、要达到什么传播效果,有时仅仅是为了传播而传播。用户更乐意记录日常发生的事情,与他人分享发生在自己身上的或者是世界其他地方发生的新鲜事,一个新想法或者新的情绪就会驱使用户去利用移动的介质如手机等随时随地地进行信息的传播。

(2)文字数量有一定限制。微博之所以称为"微博",字数是有一定限制的。一般国外的微博允许发送最多140个英文字符,而国内的微博一般允许发送140个汉字内的消息。2016年3月,微博平台取消140字的字数限制,在平台上最多可以发布2 000字的内容,但数字超过140字时,生成的内容将会被隐藏,以"展开全文"的形式呈现。因此,由于字数的限制,无法刻意对信息进行深入加工,而更倾向把第一手资料传递出去。

**3. 传播方式**

(1)便携性。微博的风靡很大程度上是因为微博传播路径的多样化和简单化。微博传播信息不一定需要计算机,也不一定要高速网络。微博传播的内容比较简单,

因此几乎任何可以使用网络的电子终端设备都可以发送。微博与便携通信工具,特别是手机的结合导致微博有了巨大的传播途径与传播终端的优势。

(2)半广播、半实时交互式。尽管有各种新的方式,如电话或者短信参与等,广播仍然是单向性很强的一种传播方式,而即时通信类的工具如QQ、MSN等是一种交互性非常强的传播方式。微博的传播方式介于实时通信和广播之间。微博用户使用微博,能够第一时间收到微博上其他用户发出的信息,却不用即时回复。微博既没有广播那么强的单向性,也没有即时通信类那么强的交互性,总体上体现出半广播、半实时交互的性质。

(3)超强的时效性。微博的时效性非常强,其主要体现在信息源信息传递的时效性强,信息再传播的时效性也强。首先,微博传播的机制会把用户所关注的人更新的信息自动按顺序排列到接收者的主页当中,用户会在第一时间知道他所关注的人的动态。另外,微博用户能够利用多样化的渠道特别是手机来接收信息,缩短了信息源与用户之间的传播途径,减少了传播时间。其次,微博具有一键转发的功能,微博用户转发信息的过程几乎和接受信息是同步的,即实现了信息再传播的零时间化。

### 三、博客营销

"博客"是一个展现人们思考表达思想的平台,博客的流行使得社会化的媒体进一步发展,除了可以从报纸、新闻里看到他人的观点和思考,还可以在博客中开始表达和分享自己的想法并建立品牌形象。

而"博客营销"一般指的是论坛和网站借助有影响力的博客作者,通过他们发表的个人知识、见解以及生活感想进行相应的活动和品牌营销。

#### (一)博客中的广告营销

在博客门户或频道中做广告常见的做法是在博客文章边上放广告图文链接。考虑读者的个人偏好去设计内容,并与博主日常的话题相关联,从而提升效果。

#### (二)发表专业文章

博客营销不是简单地让博主发布广告,例如植入一些毫无新意的广告语、在评论里放置广告,等等。实际上,这些办法会事倍功半。而真正的方法是请到优质博主发表专业性的文章,而这些文章就是我们俗称的"软文"。软文写作也有自己的技巧。我们建议要学会写故事,通过一些生动的故事情节,让用户体会到产品功能的好,特别要善于利用图文方式优雅地展示一个产品的卖点。

### （三）公关手段

企业一般会通过专业的公关公司安排发布一些有影响力的博客来推广企业想要宣传的商业活动，从而影响主流媒体的新闻报道。

## 四、微博营销

"微博营销"是指通过微博平台为商家、个人等创造价值而执行的一种营销方式。微博营销涉及的范围包括认证、有效粉丝、话题、名博、开放平台、整体运营等。该营销方式注重价值的传递、内容的互动、系统的布局、准确的定位，微博的火热发展也使得其营销效果尤为显著。在微博中，每天可以更新大家感兴趣的话题，与大家进行交流，这样就可以达到营销的目的。微博营销具有以下特点。

1. 立体化。微博营销可以借助先进的多媒体技术手段，从文字、图片、视频等展现形式对产品进行描述，从而使潜在消费者更形象、直接地接受信息。

2. 高速度：微博最显著的特征就是传播迅速。一条关注度较高的微博在互联网及与之关联的手机 WAP 平台上发出后，短时间内互动性转发就可以抵达微博世界的每一个角落。

3. 便捷性：微博营销优于传统推广，无须严格审批，从而节约了大量的时间和成本。

4. 广泛性：通过粉丝形式进行病毒式传播，同时，名人效应能使事件传播呈几何级放大。

# 第三节　从 QQ 到微信

## 一、QQ 与微信

### （一）即时通信时代

说到 QQ 与微信这类软件就不得不提到"即时通信"这一概念，即时通信（Instant messaging，简称 IM）是一个终端服务，允许两人或多人使用网路即时地传递文字讯息、档案、语音与视频交流。从前的手机即时通信的代表是短信、网站。而目前在国内互联网中，有一定影响力与规模的即时通信软件主要包括腾讯 QQ、微信、TIM、易信、钉钉等。

## (二) 两者的发展历程

1998年,马化腾和张志东蜗居在深圳的一间民房里,花费半年研发出来一款通信软件——OICQ并伴随着一只小企鹅的出现,而这就是我们如今使用的QQ前身。

"QQ"是腾讯QQ的简称,是腾讯公司开发的一款基于Internet的即时通信(IM)软件。目前QQ已经覆盖MicrosoftWindows、OSX、Android、iOS、WindowsPhone等多种主流平台。其标志是一只戴着红色围巾的小企鹅(见图2-14)。

图2-14 腾讯QQ标志形象

腾讯QQ支持在线聊天、视频通话、点对点断点续传文件、共享文件、网络硬盘、自定义面板、QQ邮箱等多种功能,并可与多种通信终端相连。当前,中国即时通信市场几乎被腾讯垄断,腾讯QQ和微信都拥有超过7亿用户,中国网民几乎人手一个QQ号码。其实新浪在这个领域也可以说是先行者,早在1999年,新浪就推出了一款IM工具叫Sinapager,当时这款工具的功能应该说已经很强大了,比起腾讯的QQ毫不逊色,而且当时用户并不少。但在1999年并没有多少人认为即时通信会有多大出路,因为这种需要随时挂在网上的聊天工具受制于互联网的拨号上网。这就意味着QQ用户数增加的同时服务器也要不断扩充,这种限制带来的问题就连当时的马化腾甚至都坚持不下去了,一度曾决定将QQ卖掉。只是买家深圳电信数据局准备出60万元,而马化腾坚持要卖100万元,最终因为价格无法达成一致才谈判破裂。

### 知识延伸

马化腾在2003年第一次进入"福布斯中国富豪榜"前100名,腾讯宣布QQ同时在线人数达到492万人,整个互联网业开始被即时通信的火焰所点燃。网易、新浪、搜狐等几大巨头也纷纷推出自己的产品,当然这其中也包括微软推出的MSN、Skpye以及GoogleTalk,而如今看来,我们发现在国内能够生存下来的即时通信软件只有腾讯一家。

而微信同样出自于腾讯之手,微信是腾讯公司于2011年1月21日推出的一个为智能终端提供即时通信服务的免费应用程序,由腾讯广州研发中心产品团队打造(见图2-15)。微信支持跨通信运营商、跨操作系统平台通过网络快速发送免费(需消耗少量网络流量)语音短信、视频、图片和文字,同时,也可以使用通过共享流媒体内容的资料和基于位置的社交插件,如"摇一摇""漂流瓶""朋友圈""公众平台""语音记事本"等服务插件。而且,微信用户可以将自己想要分享的精彩内容发送给好友或者分享到朋友圈中。

图2-15　微信标志

截至2016年第二季度,微信已经覆盖了中国94%以上的智能手机,每月活跃用户达到8.06亿,用户覆盖200多个国家、超过20种语言。此外,各品牌的微信公众账号总数已经超过800万个,移动应用对接数量超过8.5万个,广告收入增至36.79亿人民币,微信支付用户则达到了4亿左右。

### (三) 两者的比较

**1. 支付功能对比**

虽然微信支付和QQ支付在大部分的模块设计上是一样的,但是基于微信和QQ的用户特点和使用场景,两者突出的重点却不同。

微信支付几乎覆盖了所有的使用场景,并且微信支付作为与支付宝竞争的战略产品,其背后的资源也比QQ更多,例如,微信接入了各大卖场、超市,甚至有政府的资源;而QQ支付只是停留在线上,从界面上可以看出,QQ支付主要被用来充Q币、买会员、游戏充值等。

微信红包功能的上线,几乎在一夜之间让微信支付走进更多人的视野。可以说,没有微信支付的微信不可能成长到今天的样子。而对于QQ来说,QQ支付则是可有可无的一个状况。

**2. 朋友圈 vs QQ 空间**

微信的朋友圈和QQ空间虽然都是动态,但二者其实存在很大的区别:微信朋友圈是借鉴了Instagram图片的分享功能,每一个朋友圈动态都要有一个配图,然后形成你的相册;而QQ空间则支持各种形式的动态,纯文字、语音、视频都可以。

另外,朋友圈最大的一个特点就是只显示共同好友的评论和点赞:一方面,保证了用户的隐私;另一方面,共同好友能够增强用户间的认同感。而QQ空间则更加开放,可以看到所有人的评论和点赞,互动性更强,但安全性和隐私性稍有不足。

提到QQ空间当然不得不提QQ相册,QQ相册总是在你不经意间不断地更新着,如今更是结合了最新的 AR 技术,扫描真人可以进行相关照片的搜索,还有动感影集,将静态的照片做成动态的,增强相册的趣味性,让人惊喜的还有照片自动标记,利用 AI 技术帮你将照片自动标记,真可谓是一次崭新的尝试。

QQ 整体走的是从社交的弱关系链向强关系链的转化路线,而微信则是从强关系链延伸至弱关系再到平台的发展路线。

也许 QQ 和微信之间差距将会越来越大,不久的将来或许不会再有人将 QQ 和微信作比较了,因为对于微信来说,社交只是一种手段和方法,是基础但不是全部的目的。

**3. 两者盈利方式对比**

如表 2-2 所示,从两者的盈利方式对比可以发现,QQ 增值服务主要是向用户收费,而微信主要是向企业收费。尤其从微信支付可以看出,微信提供更多的第三方服务接口,除了滴滴、美团、唯品会等,还提供政府相关的服务,如社保、公积金等。

表 2-2 QQ 与微信的商业模式对比

| QQ | 微信 |
| --- | --- |
| 广告 | 朋友圈广告 |
| 增值服务 | 微信支付 |
| QQ 会员 | 用户:提现手续费 |
| QQ 秀 | 商家:手续费 |
| 付费表情、主题等 | |
| 第三方合作(如京东等) | 微信公众号平台 |
| 其他付费应用引流(如游戏等) | 微信认证费用等 |

另外,QQ 更多的是为腾讯引流,包括微信早期也是靠 QQ 产生的第一批用户,并且 QQ 也一直在承担引流的角色。因此,两者的商业模式存在较大差异。

## 二、微信营销

微信营销是网络经济时代企业或个人营销模式的一种,是伴随着微信的火热而兴起的一种网络营销方式。微信不存在距离的限制,用户注册微信后,可与周围同样注册的"朋友"形成一种联系,用户订阅自己所需的信息,商家通过提供用户需要的信息推广自己的产品,从而实现点对点的营销。

微信营销主要体现在以安卓系统、苹果系统的手机或者平板电脑中的移动客户端进行的区域定位营销,商家通过微信公众平台,结合转介率微信会员管理系统展示商家微官网、微会员、微推送、微支付、微活动,已经形成了一种主流的线上线下微信互动营销方式,而这有三种方式最为常见。

### (一)"朋友圈"营销

如图 2-16 所示,在微信朋友圈中用户经常会发布自己想要分享的内容,而对于其中的商家或是公众号运营者来说,这是一个推广自己产品和平台的良好机会,他们通过添加好友在朋友圈中发布软文或是以链接的方式进行推广,而微信的好友人数最多可以达到 5 000 人,因此如果你有 5 000 个好友,那么你每发布一条广告就能有 5 000 人可以看到,如果这其中有意向了解的人便会在底下的评论区咨询或是转为微信私聊,而这已成为很多电商运营的重点模式。

图 2-16 朋友圈中的广告

### (二)微信公众号模式

微信的公众账号可以由个人名义也可以由企业的身份进行开通,通过微信公众号推送文章并提供用户所需的服务。微信公众账号的关注人数可达几千万之多,可以针对特点类型的用户采取精准的信息推送,极大地提高了微信公众平台的传播力度和运营水平。

许多官方媒体在这个模式的影响下推出来自己的微信公众号,借以传播自身的观点与其内容(见图 2-17)。

### (三)微店模式

微信鼓励和支持个体商户与企业在微信平台上开店,把自己的产品和服务通过微信平台进行交易,并实现其官方公众号推广、微信群营销和微信朋友圈营销的导流(见图 2-18)。

图 2-17　新华社公众号

图 2-18　微店公众号

## 第四节　从视频到秒拍短视频

### 一、视频网站的快速发展

#### （一）视频网站的概念

所谓的视频网站是指用户可以在互联网上在线发布、浏览和分享视频作品的一种网络媒体。2005 年，YouTube 视频网站以其独特的分享模式取得成功后，第二年，YouTube 被 Google 以天价收购，于是这家美国的视频分享网站进入了中国人的视野。在那之后，很多人看准了视频网站中所蕴含的巨大商机并纷纷仿效，短时间内国内视频网站呈爆炸式发展。网络视频行业虽然诞生的时间不是很长，但发展却异常迅速。除去专业的视频网站（如优酷、土豆、56 网、乐视），一些门户网站（搜狐、新浪、网易）也开始进入该领域。

这一时期,酷6、爆米花、六间房、暴风影音等数百家视频网站纷纷崛起,分别从行业特点的角度做起了网络视频的生意。据艾瑞报告显示,2015年第一季度,中国在线视频季度市场收入已高达68.1亿元人民币,同比增长74.7%。高速发展的在线视频市场已成为国内互联网生态圈的重要一环,这块庞大的市场"蛋糕"早已被各大视频网站盯上,分食之战悄然开始。2015年6月爱奇艺公布了付费会员的数据,付费用户数达到501.7万人次,付费用户同比增长765%。

优酷土豆虽并未直接公布其会员增长情况,但据其财务报表显示,用户业务收入主要来自会员服务、手机游戏联运和在线互动娱乐业务的增长,2015年第一季度收入为人民币1.208亿元,同比增长706%。截至2018年6月,中国网络视频用户规模达6.09亿,较去年年末增加3 014万。同时也有机构预估,2018年,全国在线视频市场收入有望突破千亿元人民币。

**(二)广告收入陷入瓶颈**

当前,国内在线视频行业收入构成中最主要的来源仍是各种形式的广告投放。艾瑞数据显示,从2013—2015年第一季度,虽然视频广告所占收入比例有所波动,但总体仍以超过60%收入占比远超版权分销、视频增值服务等其他收入来源。然而在传统的免费观看模式下,视频前贴片广告播放长度从15秒到90秒不等,且播放过程中时有广告插播情况发生,这些都严重影响实际观看效果,或造成负面用户体验。

虽然短期看来,广告在视频网站的收入比重还将处于绝对优势,但不断增长的市场规模和潜力惊人的用户数据让爱奇艺开始意识到,仅靠广告收入,大厦易倾,长远来看,如何从广告之外的渠道获得更多收益才是视频业"可持续发展"需要思考的内容。付费模式因而也成为一直等待的下一个收入增长点。

目前,视频网站主要的盈利方式仍然是靠广告收入,因为它们没有办法让普通用户都成为付费会员。而大量地投放广告,又会让普通用户厌倦感增加,从而逐步抛弃到该视频网站观看视频的习惯,视频网站的用户数量流失后,厂家们也会终止与视频网站的合作,就这样视频网站陷入了一个生存怪圈之中。

而在这个困境中YouTube率先作出示范,它将网站视频广告设置成5秒强制模式,也就是说用户必须观看5秒钟广告,而后可选择跳过广告,直接观看视频。这一模式获得了用户的支持,使YouTube的用户数量攀升,随后其他视频网站也纷纷采取了相似的方式。

### （三）免费心里仍然占据主流

"免费午餐"即便迎来终结也并不能保证付费观看模式能够顺利"无缝衔接"。事实上，目前付费模式最大的尴尬就在于用户相对滞后的观影理念——免费看视频仍是大多数用户的选择。据互联网社区调查显示：不愿意购买应用/内容的手机网民占 53.3%；愿意购买应用/内容的手机网民仅占 7.2%（见图 2-19）。目前，中国手机网民对移动互联网产品的付费意愿较低，用户还没有形成对手机视频付费的习惯，同时，适合中国用户的付费视频内容缺乏差异性，难以激发用户付费的欲望。

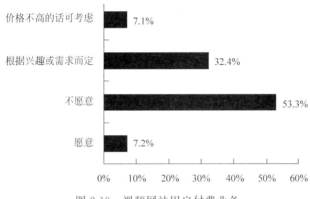

图 2-19 视频网站用户付费业务

面对之前提到的问题，业界也有相当出色的解决方式。Brightcove 是视频业的 B2B 模式（见图 2-20），这种模式的收入来源是为客户打造和推广专业视频的服务费，主要是向视频内容生产商或者节目制造商提供更专业的视频制作和特别服务，更为不精于视频制作的企业制作和量身打造专业视频，同时也是其他数字媒体的发行和发布平台。未来，随着更多网站的视频化需求，如爱奇艺等视频网站对大量有着视频传输服务需求的非专业视频网站和企业，通过其 CDN 网络和技术，提供视频传输服务。在战略布局上，此类业务属于 B2B，Brightcove 的业务模板有足够的参照性，可以让想要实现全产业链覆盖的各大视频网站的经营者们从中得到启发。

## 二、秒拍短视频——"秒拍"

### （一）"秒拍"的发展

2014 年 8 月，凭借冰桶挑战，"秒拍"开始在全网传播，助推了微博的短视频业务。随后有大量的明星、名人和众多网民开始分享自己所拍摄的短视频，如图 2-20 所示。而秒拍是一种拍摄时间短、记录内容有限却能有很大影响力的一种媒体形式，

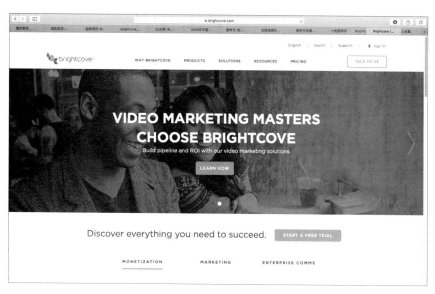

图 2-20  Brightcove 主页

有众多明星、名人和广大用户使用的一款潮流短视频分享的应用,并支持分享到微博、微信朋友圈、QQ空间等平台和自己的好友分享。

2015年年初,借着冰桶挑战的火热,秒拍孵化出小咖秀,一款由明星主导的短视频产品再次拉动了微博用户活跃度,到2016年年初日活跃用户达到1.2亿,使微博用户大幅回升(见图2-21)。

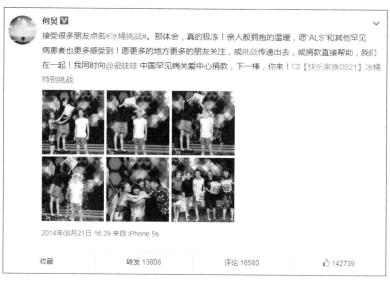

图 2-21  明星微博

2015年年底,随着直播大热,微博与秒拍母公司一下科技一起推出"一直播",也成为了今天仅次于斗鱼、虎牙的直播平台。到2016年,"秒拍"的用户渗透率达到61.7%,成为国内最大的短视频应用。2017年首届"微博电视影响力盛典"在上海举办,得到来自娱乐产业链各环节的高热度支持,许多参加庆典的明星都选择了拍短视频打榜的方式,发动粉丝转发为自己投票。

### (二)"秒拍"视频特点

"秒拍"凭借全新的设计风格、体验感十足的操作、高清拍摄、炫酷 MV 主题、高能水印、智能变声等多种新奇的功能玩法,改变了从前只能拍摄上传的传统思维模式,加之其可以在多平台进行共享的功能,因此迅速受到大批量年轻人的追捧(见图2-22)。

图 2-22　秒拍 APP 手机界面

### (三)与传统视频网站的对比

从内容形式上看,现在视频网站内的视频多以电视剧、电影、综艺等长视频为主,而秒拍则主要以短视频为主,主要在微信朋友圈、微博、QQ 空间里分享。因而,通过社交媒体传播,速度更快、更少耗费流量的后者更受欢迎。

从操作难易程度上看,视频网站上传视频的流程比较复杂,需要经过摄像机或拍摄、拷贝到计算机、剪辑、注册登录上传并等待审核,整个过程较为烦琐。而借助手机便能实现以上步骤的短视频工具轻松地解决了这些视频网站上传流程烦琐的问题,操作方便而简单。

从渠道方面来看,由于秒拍的视频制作较为简单,并能在各类社交媒体上共享传播,因此在这个时间碎片化的时代,影响力与辐射范围显然要优于传统视频网站(见表2-3)。

表 2-3　传统视频网站与短视频工具"秒拍"的对比

| 类型<br>角度 | 视 频 网 站 | 秒　　拍 |
| --- | --- | --- |
| 拍摄工具 | 手机、相机等 | 手机 APP |
| 内容 | 长、短视频（以长视频为主） | 短视频（60 秒以内） |
| 上传方式 | 上传到视频网站 | 微博、QQ 空间、微信朋友圈等 |
| 特点 | 拍摄完成需要后期处理 | 用 APP 及时处理 |
| 渠道 | 视频网站传播 | 多种社交媒体传播 |
| 难易程度 | 流程烦琐、时间长 | 随时随地拍摄上传，方便快捷 |

## 三、视频营销

视频营销必然需要植入广告，而一般的短视频对于广告的承载能力有限，因此这里说到的视频营销大多指在视频网站上实施的方式。

### （一）基于视频的广告营销

基于视频做营销，就是在现有的视频基础上做营销、打广告，可以理解为在视频上将广告穿插于其中。这种形式的营销，有两个关键点：一是内容的制作质量，要让观众感觉到与视频内容契合；二是渠道商的流量消化能力，能够采买到媒体的流量，并且能够打通品牌，把这些流量都消化掉，如此良性循环，才能在媒体端拿到更好的位置。从渠道方面说，主要是各类主流的视频网站，如腾讯、爱奇艺、优酷。从模式上来说，最主要的代表就是贴片广告，如前贴、角标、后贴、暂停标等（见图 2-23）。因其量最大，内容不限，位置黄金，可以选择投放人群，适应范围广，单次价格便宜，故成为广大广告主的最爱。

图 2-23　电视综艺节目

## (二) 原创视频广告

原创视频广告是依据品牌的调性、特质、价值观,为其定制的视频广告,是当下最红的形式。从模式上来谈主要有两种,一种是依附于大流量的平台,根据平台特性和内容制作的视频广告;第二种是做视频,借助 KOL 和社交平台形成大范围传播。第一种最重要的是渠道。2017 年是短视频行业的"爆发"之年,近百家公司如雨后春笋般涌现,到 2018 年,便产生了抖音 APP 爆场面。如今的品牌广告,几乎都会涉及"两微一抖"的参与。

以抖音、快手为代表的草根平台迅速颠覆了传统的视频营销格局。用户自己生产、制作内容成为新的潮流。传统的横屏模式已经被厌倦了,对应着大多数人的手机使用习惯,竖屏视频变成了不可阻挡的势头。竖屏原生视频,不仅仅是从 16∶9 到 9∶16 的比例转化,整个视野提升了 3.16 倍,竖屏早已成为了移动时代的主流使用习惯,无论是国外的数据还是抖音的数据都证明,竖屏能够拿到更多用户的注意力,像广告的播放完成率提升了 9 倍,使得大批原本不知名的小品牌,通过抖音而走红、销量过万的店铺比比皆是,如网红产品"表白茶""抖茶"等(如图 2-24)。在此趋势下,大品牌纷纷入驻,按照抖音的套路,创作原生广告,比如,AdidasNeo、Airbnb 的广告,都得到了业界和用户的一致好评。

图 2-24 "表白茶"

不过有的广告商把自己的视频拍得非常有"脑洞",使广告视频本身就成为网络上的一个引爆点,如泰国就非常擅长推出这种视频广告,每次都引发网络上大量传播和点击,成为"病毒式营销"的案例。人属于视觉动物,相较于其他媒体投放手段,视频营销可使用户更加直观地看到视频内的产品内容,用户也会对视频的内容产生比较深刻的记忆。如果成功拍出一个网友喜欢的广告,就能借助社交网络在网络上进行长时间的传播而不用企业掏钱宣传。

但需要警惕的是,随着许多商家在短视频平台进行宣传影响,很多诸如质量卫生方面的问题很容易被忽视,由于视频网站充当了媒介作用,因此一旦产品发生问题也很容易"引火上身"。因此,在商家进行推广的同时,对于商家资质与质量的环节也要提高警惕和审核力度。

## 第五节 淘宝与微店

### 一、电子商务平台——淘宝网

#### （一）淘宝的发展

其实最早的电子商务平台是B2B平台，所谓的B2B就是企业和企业在网上寻求业务合作的平台，而阿里巴巴就是这样的一个贸易平台，此后许多互联网企业发现互联网可以将企业和消费者直接联系到一起，于是B2C平台应运而生。也是在2003年，电子商务巨头美国eBay公司投资1.8亿美元接管易趣，进驻中国市场（见图2-25、图2-26）。

图2-25　易趣网主页

图2-26　eBay中国官网

知识延伸

B2C(Business-to-Customer)电子商务模式简单来说是一种商家与顾客之间的网上交易行为。而C2C(其中C指的是消费者,因为消费者的英文是Customer和Consumer,所以简写为C,又因为英文中的2的发音同to,所以C to C写为C2C)电子商务模式指的是一种个人与个人之间的网上交易行为。

目前淘宝网是亚太地区较大的网络零售商圈,由阿里巴巴集团在2003年5月创立。而早在2003年以前,中国几乎没有大型的电子商务网站,直到阿里巴巴的淘宝出现。如今淘宝网已经成为中国消费者最喜爱的网购零售平台,拥有近5亿的注册用户数,每天有超过6 000万的固定访客,同时,每天的在线商品数已经超过了8亿件,平均每分钟售出4.8万件商品。

截至2011年年底,淘宝网单日交易额峰值达到43.8亿元人民币,创造270.8万直接且充分就业机会。随着淘宝网规模的扩大和用户数量的增加,淘宝也从单一的C2C网络集市变成了包括C2C、团购、分销、拍卖等多种电子商务模式在内的综合性零售商圈,目前已经成为世界范围的电子商务交易平台之一。

2005年,淘宝网超越eBay易趣,并且开始把竞争对手们远远抛在身后。5月,淘宝网超越日本雅虎,成为亚洲最大的网络购物平台。2005年成交额破80亿元,超越沃尔玛。2006年,淘宝网成为亚洲最大购物网站,就在这一年,淘宝网第一次在中国实现了一个可能——互联网不仅仅是作为一个应用工具存在,它将最终构成生活的基本要素(调查数据显示,每天有近900万人上淘宝网"逛街")。2007年,淘宝网不再是一家简单的拍卖网站,而是亚洲最大的网络零售商圈。这一年,淘宝网全年成交额突破400亿元人民币,成为中国第二大综合卖场。一开始,淘宝是阿里巴巴旗下C2C的交易平台,到了2008年,淘宝成立B2C新平台——淘宝商城(天猫前身)上线;汶川地震捐款平台上线,共筹得网友捐款超2 000万元人民币;9月份,淘宝网单月交易额突破百亿大关。2009年,淘宝已成为中国最大的综合卖场,全年交易额达到2 083亿元人民币。

2012年1月,淘宝商城正式宣布更名为"天猫"(见图2-27)。天猫商城由知名品牌的直营旗舰店和授权专卖店组成,提供100%有品质保障的商品,另外,还包括7天无理由退货、购物积分返现等贴心服务。回顾淘宝从无到有,再到如今的成就,从只有单个产品到一种服务再到一个属于自己的生态与平台的进化,使得淘宝成为了

许多想要学习、想要了解电子商务相关知识的人的重要内容。

图2-27 天猫首页

### （二）C2C模式的优点

随着电子商务时代的到来，网络被作为商业交易的手段，更加突出了诚信建设的重要。特别是在C2C交易平台上，交易的数量虽小，但是很频繁，欺诈行为让人防不胜防，因此需要一种信用模式控制和避免这样的事情发生，而C2C的信用模式则主要包括注册认证、交易实名认证、交易记录备案。

注册认证：确认用户的真实身份防止不法用户趁机混入C2C平台从事商业欺诈行为，也可对用户的交易进行监督，用户的所有交易都记录在案，对用户的商业行为起约束作用。

交易实名认证：在交易的时候应该对交易双方的身份进行核实，即交易实名认证，以确认交易双方是不是其本人。如淘宝网主要采用身份证认证和商家认证的方式。

交易记录备案：买卖双方的每笔交易都应该记录下来，用评分标准把交易结果转变成可衡量的诚信指数。

这种C2C的赢利方式便是从交易中提取费用：交易提成不论什么时候都是C2C网站的主要利润来源。因为C2C平台就好比大卖场，只是一个交易平台，它为交易双方提供机会从中收取提成。C2C的交易额也许不像B2B平台那样大，但是C2C客户众多，交易频繁，C2C将来应是电子商务中最活跃的。

另外,C2C 网站在网络中的地位就像超市,网民的大量流量、频繁的点击率和数量庞大的会员,其中蕴藏的商机是所有企业都不想错过的,由此为网站带来的广告收入也应该是网站利润的一大来源。

## 二、微信电商平台——微店

提到"微店"那么一定不会避开微信,2011 年腾讯推出了微信这款即时通信服务软件,伴随着微信的用户不断增长,越来越多的商家也把微信作为了拓展产品销售、提高自身价值的重要渠道。2013 年微店网上线运营至今,微店网注册用户突破 320 万人,并以每天 3 万~7 万人的速度增长。数以万计的网民还在不断涌入这个不到 2 000 件上架产品的电子商务平台。

微店的出现,究其原因很大一部分是因为伴随着电子商务的快速发展,在一些知名而成熟的平台上开设店铺,如淘宝、京东等,竞争过于激烈,盈利空间越来越有限,进入门槛很高,需要很高投入,还存在垄断的情况,因此想要进入电子商务创业变得越发艰难。而微信的出现仿佛有了一个新的机会。所谓的"微店"狭义上来说就是在微信上开设店铺,它具有成本低、流程简单,可利用人们日常碎片化的时间和朋友圈进行推广的诸多优点,从而进行营销推广的活动,是当前被多数人看好和热捧的新兴电子商务平台(见图 2-28)。

图 2-28　手机微店

天猫、京东、苏宁的特点是"强品牌、强平台",市场认同度高,成交转化率远远高于微店。然而,它们有4块共同的短板,成为它们共同的痛:供应商竞争白热化、平台同质化、消费者松散化、推广费用高。而相较之下,微店是一个新兴事物,品牌影响力较弱,但它把握住了消费者,与消费者的距离更近,更容易产生购买的想法和机会。此外,就是大型电商所面临的共同问题——广告,除了各种资源背景的不一样,京东、苏宁、天猫、易迅,给消费者的感觉并无区别,消费者可以游走在这些平台间随意购买;京东、苏宁、易迅的线下广告成本自不必言,淘宝的平面广告也是如此,相比之下,微店上几乎很少看到广告内容,这样就提升了整体购买环境的舒适性和美观性。

除此之外,微店本身依托微信平台而建立有以下几方面的优势(见表2-4)。

表2-4 微店的优势

| | | |
|---|---|---|
| 优势一 | 微店更接近用户 | 对于大多数的移动用户来说,微信是一天当中使用最多的手机APP,因此以微信公众号形式而形成的商家可以有更多的机会与用户亲近,真正成为用户身边的移动电商。同时,微信更易于维护商家与用户的关系,对用户进行有效管理 |
| 优势二 | 拥有巨大的市场 | 就目前的数据而言,微信用户已经超过8亿,覆盖全球200多个国家和地区,用户活跃度高,而且用户多为中产阶层,属于社会大众消费主体,有较高的消费能力,所以每一位微信用户都可以成为微信电商潜在的消费者 |
| 优势三 | 便于开辟海外市场 | 微信的发布超过20种语言版本,也拥有较多的国外用户,对于中国商家来说,通过微信电商有利于开辟海外市场,比起传统电商来说,开拓海外市场会更加方便、省时、省事、省力 |
| 优势四 | 极具便捷性 | 微信是目前基于社交最为简捷的一款APP,其对公众号进行了订阅号和服务号的分类,形成了用户通向商家的便捷渠道,而且,对于商家来说公众号操作形式简单,容易让用户接受,方便上手 |
| 优势五 | 微信可提供良好的竞争环境 | 相较于传统的电商,对于潜在消费者用户来说,在微信上的每一个竞争者都是公平的,没有所谓的流量分配以及各种排名的特权,大家都从同一起跑线开始。微信的封闭性也使得潜在消费者不会受到竞争者的骚扰 |

那么和电商巨头淘宝相比,无疑微商还很渺小,但我们仍可以从不同维度来对比两者的情况,由此也可以对微店目前的处境有一个较为基本的认识,如表2-5所示。

表 2-5　两者不同维度对比

| 类型<br>维度 | 淘　　宝 | 微　　店 |
| --- | --- | --- |
| 成本 | 前期需要押金、店铺内容设计成本、店铺推广成本等 | 前期无须投入资金，店铺内容设计简单，成本低 |
| 传播方式 | 主要依靠自身平台进行推广 | 可通过微博、腾讯 QQ、微信等社交平台引流 |
| 基本模式 | 中间化电商模式 | 发散式（去中心化）商业模式 |
| 用户关系状态 | 弱 | 强 |

# 第六节　从手机报到移动新闻客户端

## 一、手机报

### （一）手机报的概念

"手机报"是依托手机媒介，由报纸、移动通信商和网络运营商联手搭建的信息传播平台，用户可以通过手机浏览当天发生的新闻，因而手机报被誉为"拇指媒体"。它的实质是电信增值业务和传统媒体相结合的产物。具体来说，手机报是将传统媒体的新闻内容通过无线技术平台发送到彩信手机上，从而在手机上开发发送短信新闻、彩图、动漫和 WAP（上网浏览）等功能。手机报已经成为传统报业继创办网络版、兴办网站之后，跻身电子媒体的又一举措，是报业开发新媒体的一种特殊方式，是电信增值业务彩信与传统媒体相结合的产物，可实现用户与咨询零距离的接触（见图 2-29）。

图 2-29　手机报

### （二）盈利模式

从手机报的实践看，手机报主要通过三种手段实现盈利。

（1）对彩信订制用户收取包月订阅费。如《中国妇女报》手机版用户，每月的包月费用为 20 元。

（2）对 WAP 网站浏览用户采取按时间计费的手段。如重庆联通对其手机报用户制定的最低价为5元看40分钟(600K)。

(3) 借鉴传统媒体的盈利方式,通过吸引用户来获取广告投放。

### (三) 没有得到普及的原因

(1) 手机报出现的时间过早,用户没有形成使用习惯。

(2) 手机的宽带流量不足,速度慢,用户体验感不佳。

(3) 更多的是传统媒体将网站的内容复制过来,而不是针对移动式阅读打造产品。

(4) 受订阅价格的影响。彩信手机报的包月价在10～25元不等,一年定价在240元左右,相比于传统媒体全年几十元的定价,手机报在价格上没有优势。

(5) 受阅读习惯的影响。当时能够收发多媒体短信的手机,一般一个屏幕只能显示100个左右的汉字,而一个版面的报纸通常都在5 000多字,要想看完一张报纸,读者需要翻阅50页左右,阅读起来十分麻烦。人们习惯于宽屏和浏览式阅读,而对狭窄视觉范围内的频繁翻页阅读,人们还需要一个适应过程。

## 二、移动新闻客户端

在当今社会背景下,移动媒体是主流态势,而为了适应这种态势,许多新闻门户网站推出了自己的客户端平台,早在2011年2月15日,人民搜索自主研发的移动新闻客户端"GOSO移动新闻2.0版"已正式上线,这一产品在提供新闻内容的同时,还提供了财经预测等模块。

2012年5月14日上午,"人民日报"安卓客户端正式面向全球用户发布。还有之后推出的如网易新闻客户端(见图2-30)、腾讯新闻客户端、搜狐新闻客户端,等等。比达咨询(BigData-Research)数据中心监测数据显示,2018年第1季度主要手机新闻客户端APP同领域用户覆盖率方面,今日头条占比最高,为53.2%;腾讯新闻和UC头条分别以50.6%和34.2%排名第二、第三位。平均单次运行时长方面,今日头条用户黏性最强,以15.2分钟平均单次运行时长居于首位。

### (一) 新闻客户端的创新点

(1) 碎片化阅读。排版适应手机载体,受众可随时随地地阅读相关信息。

(2) 突出头条新闻,引入独家原创内容,围绕精准定位用户推送文章,牢牢抓住目标人群。

图 2-30　腾讯新闻客户端

（3）强化个性化推送，依据用户阅读习惯智能推送用户感兴趣的相关文章。

（4）订阅简单、安装方便，可以自动弹出最新消息提示，保证新闻新鲜度。

（5）鼓励转发分享至社交媒体，低成本推广，强化交流互动属性。

### （二）手机报与移动客户端的区别

手机报与移动新闻客户端虽然同是从手机中获取新闻资讯内容，但不难发现两者还是存在着很大的区别，通过表 2-6 可进行对比分析。

表 2-6　手机报与移动新闻客户端的对比

| 类型<br>异同 | 手　机　报 | 新闻客户端 |
| --- | --- | --- |
| 展示形式 | 单一图片结合文字 | 焦点图 Banner、图文、信息流、视频、直播等 |
| 展现渠道 | 短信或彩信形式 | 移动新闻 APP |
| 传播方式 | 短信、彩信的转发 | 微博、微信朋友圈的转发 |
| 交互形式 | 单向推送 | 可点赞、评论、分享智能推个性内容 |
| 营销模式 | 广告信息植入 | 品牌广告位、活动导流、产品导购、软文嵌入、公关文章 |

### （三）新竞争者的加入

除了传统门户网站与传统媒体纷纷加入新闻客户端的行列以外，像今日头条这样专门针对内容聚合推送的阅读客户端也有所作为。今日头条是一款基于数据挖掘的推荐引擎产品,为用户推荐有价值、个性化的信息,提供连接人与信息的新型服务,是国内移动互联网领域成长最快的产品服务之一(见图 2-31)。它由国内互联网创业者张一鸣于 2012 年 3 月创建,截至 2016 年 5 月,今日头条累计激活用户数已达 4.8 亿人,日活跃人数超过 4 700 万人,月活跃人数超过 1.25 亿人,单用户每日使用时长超过 62 分钟。其中,"头条号"平台的账号数量已超过 12 万个,"头条号"自媒体账号总量超过 8.5 万个,与今日头条合作的各类媒体、政府、机构等总计超过 3.5 万家。

当用户使用 QQ、微博等账户登录今日头条时,客户端会根据算法得到使用者感兴趣的阅读内容,而这个时间仅仅需要 5 秒钟就可以完成,并且每次用户操作后,10 秒钟之内再次形成新的用户模型,客户端通过这样的方式可以了解每一个用户阅读兴趣从而实现精准的新闻咨询推送,而这种智能搜索新闻引擎也将会在未来发挥越来越重要的作用。

图 2-31　今日头条

随堂小问题:今日头条这种根据用户信息进行数据挖掘的模式还能应用于哪些领域?谈谈你的看法。

## 本 章 小 结

本章的主要内容是关于新媒体的类型。首先,介绍了六组不同时期出现的媒体类型。其次,要熟悉这些新媒体类型的特点以及所应用的策略。最后,希望大家了解以上内容并能够清晰、明确地了解当今新媒体时代企业所广泛采取的营销手段。

## 营 销 实 例

### 互联网思维下黄太吉煎饼的社会化营销

在北京有这样一家叫黄太吉的煎饼果子店,张贴着"所有汉堡、比萨都是纸老虎!""在这里,吃煎饼、喝豆腐脑思考人生"的广告语。逢节日的各种推广使之与消费者互动频繁；儿童节店员COSPLAY、"端午节不啃不快乐"的猪蹄广告、"爸气十足""父亲节带老爸来送煎饼"，这些都成为微博玩家分享新奇的"素材"，让吃煎饼果子、喝豆腐脑、啃猪蹄成了一种时尚。10多平方米的煎饼店，13个座位，煎饼果子能从早卖到晚，猪蹄需提前预约限量发售，黄太吉的店面不在国贸CBD最醒目的位置，这个不起眼的小店大多数客人都是慕名而来，经常出现周末排队的情况。在成立不足一年的时间里，拥有近500万元的年销售额，风投给出了4 000万元的估值。黄太吉和普通煎饼果子店有什么不同呢？

## 一、用互联网的思维来营销

### （一）别具一格的微博营销

关注微博—饭前互动—垂涎三尺—跃跃欲试，是很多人来到这里的过程。"@黄太吉传统美食"这一微博是赫畅自己在经营。"@黄太吉传统美食"的粉丝数量10万多人，大概六万条评论，7万条@，13万条互动，但其活跃度长期保持在97%以上，没有所谓的僵尸粉，80%的粉丝都曾是消费者。互联网与其他媒介相比最显著的优势在于用户体验，赫畅也借鉴这一思路，除了好玩和具有话题性，和消费者之间是否存在积极紧密的互动也是成败的关键。食客在饭前、饭后与老板微博互动，第一时间将意见和感受反馈给商家，这是难能可贵的。同时，食客利用互联网分享照片美图，等于免费为黄太吉做了宣传。郝畅认为"好奇才是生产力"，微博营销的第一关键词是好奇心，当你能感染别人的好奇心的时候，粉丝对你的互动是很真诚的。在他看来，做微博不是"TO"或"FOR"你的消费者，而是为了"BE WITH"，真正做到和你的消费者在一起，微博的力量才能真正爆发出来。和传统的商业气息浓重的营销不同，赫畅总是在其微博上发布一些看似不相关的东西。赫畅喜欢像许多个人微博一样分享自己的生活，比如，去韩国吃大排档，去纽约学神秘和对《心经》解析等。最近一段时间的微博则分享的是去华盛顿参加"外星人解密"听证会的事情，许多粉丝在其后回复留言。网友纷纷回复："特喜欢看你的长微博，可以从中汲取营养。"也有网友说："惊叹你的知识面。"就这样，明明是赤裸裸的商业关系变得有了人情味，网友也就更愿意关注黄太吉的微博。赫畅说，黄太吉开业至今一共收到了大概7万多条微博评论，郝畅对每一条微博的评论都会在第一时间回复，以让粉丝体会到"存在感"，感觉到黄太吉对他的重视。赫畅认为，也只有这样，消费者才能更重视黄太吉。除了在微博平台上，黄太吉在微信等平台上也进行了营销，恰恰是因为营销内容极富人情味，黄太吉才获得了无数"铁粉"，粉丝总数达3.6万多人。

在互联网营销时代,建立相同的价值观、相同的兴趣取向、相同的社群,粉丝就会产生"病毒式"传播效应,从而给黄太吉带来的是范围越来越大的"磁场"。借助互联网,黄太吉将"辐射"的效应逐步放大。比如,黄太吉曾经在微博上公布 kabam 公司是外卖冠军,定了 4650 元的煎饼。不多久,黄太吉就收到 Zynga 的回复,称要超过 Kabam 的订单。第二天,德勤也发来消息说也要订。就这样黄太吉的外卖冠军持续地翻新记录,一次会议上,赫畅遇到了依文集团董事长夏华,当场她就订了 1 万元的外卖。

（二）花样百出的话题营销和促销方案(见图 2-32)

图 2-32　黄太吉微博话题

黄太吉认为现在的消费者所消费的再也不仅仅是进店后的吃喝,他们的需求更复杂,更合适的称呼应该是"用户"。黄太吉正是将他们当作一个个的用户来看待,了解他们、满足他们、引导他们,于是每一件不经意的小事都能被拿来营销。

"开奔驰送煎饼外卖"一度是微博上被炒热的话题,"黄太吉"的知名度也被打响。赫畅还借用了很多其他互联网方法进行营销,比如,互联网产品有测试版本,注重用户反馈。黄太吉几乎每一款新菜都会有试吃,比如,最近推出的"金榜题名",坚持做试吃 3～5 天,根据食客反馈来调整口味,再正式推出。而推出时结合类似网络赢家的手段,限量限时、提前预订,这是很知名的"饥饿营销"方式,但很少有人会在快餐店上使用饥饿营销,这是典型的互联网营销模式。"80 后"们都有一颗未泯的童心,儿童节那天,黄太吉又一次展现了它的酷:成人戴红领巾入店用餐赠煎饼果子,而店员们有扮蜘蛛侠的,有扮超人送餐的,赫畅则戴了个星球大战的大头盔。将煎饼果子卖出这么多花样来。

七夕是中国传统情人节,黄太吉就推出了和爱人亲一下就送一个豪华版煎饼的活动;光棍节是单身人士的节日,去年光棍节黄太吉就推出了允许拍照即买油条买一送一的活动;黄太吉三里屯店开业的时候,顾客可以与五个"当家"(合伙人)玩剪刀、石头、布的游戏,赢了可以"白吃"煎饼(见图2-33)。虽然3天下来,黄太吉送出1 500多张煎饼,但是造成的话题效应是巨大的,不少粉丝都在网上分享当时的心情;最近开着特斯拉送外卖也是网友津津乐道的话题。黄太吉不断根据社会热点事件举办活动,制造噱头,成功吸引了消费者和媒体的注意,"黄太吉"的粉丝越来越多,关于"黄太吉"的新闻也开始屡屡见诸报端,黄太吉充满创意花样百出的话题营销和促销方案总是能够吸引消费者的眼球。

图 2-33　黄太吉营销活动

**问题思考:**

1. 简单评价"黄太吉"微博营销策略的实施。
2. 运用新媒体给"黄太吉"带来了什么样的优势?
3. 你认为还可以有哪些方面的创新?

# 参 考 文 献

1. 秋叶. 刘勇编著:《新媒体营销概论》,北京,人民邮电出版社,2007(2018年重印)。
2. 徐红:《互联网思维下黄太吉煎饼的社会化营销》,中国管理案例共享中心。
3. [美]科特勒、[美]阿姆斯特朗著:《市场营销:原理与实践》,第16版,楼尊译,北京,中国人民大学出版社,2015。
4. 张再生,赵兴晨:《新媒体时代下碧桂园的品牌传播》,中国管理案例共享中心。

# 第三章 构建用户画像是新媒体营销的关键

**案例导读**

我有酒,你有故事吗?——江小白的内容营销之路

"每个吃货,都有一个勤奋的胃和一张劳模的嘴""吃着火锅唱着歌,喝着小白划着拳,我是文艺小青年",这是一个坚持称自己为"传统白酒企业"的宣传语,是不是跟脑海中的白酒企业有些大相径庭?这是属于一个出生在北纬29度的屌丝青年——陶石泉的故事。

江小白是谁?

是喜欢旅游、乐于助人、热情大方的"70后";

是喜欢摇滚、网络、憨厚可爱、幽默搞笑的"80后";

是个性时尚、热性过度、情感生活丰富的"90后"。

是有些叛逆的摇滚青年;

是有些冒险的旅行者;

是热衷环保的都市白领……

2012年,"江小白"在整个白酒行业大幅萎缩的背景下横空出世,它是江记酒庄推出的一款清香型小曲酒,以红皮糯高粱为单一原料精酿而成。自2012年创立至今,"江小白"短短6年,从一个白酒行业的无名鼠辈,到如今斥资7 813万元收购重庆市重粮酒业有限公司(重粮酒业),实现逆袭成长,销售额每年实现翻番地增长,从0到10个亿,成为红遍全国的酒类黑马,它以自身的创新标签,走个性化突围路线,这就是"江小白",靠品牌定位来驱动内容营销的故事。

江小白的"主人"陶石泉说道:"在传统酒文化里,白酒是和年轻人无缘的,距离很远,高高在上,身份阶层明显。"而随着消费升级,"80后""90后"崛起,时尚化、年轻化、小众化成为这个行业的风口,白酒也将迎来一次新的变革,年轻人需要的是口味轻一些,口感淡一些的白酒,而当时的市场上并没有这样的产品供年轻人选择。

2012年,陶石泉就瞄准了这个行业单一化的现状,瞄准了白酒市场空白,就决定做一款产品来填补市场的空白,于是"江小白"便横空出世。

## 一、得屌丝者,得天下

"江小白"是陶石泉的第一个创业项目,这个生于1980年,爱当代艺术、爱摇滚的"文艺男青年"很爱自嘲,"庸俗的酒Boss""屌丝""草根"这类词,他经常脱口而出。

对刚刚创业的陶石泉来说,品牌名称最重要的就是能够简单易记,有一天,他偶然发现许多知名电视剧主人公都以"×小×"的公式命名,例如,《爱情公寓》中又贱又惹人爱的"曾小贤"、《男人帮》中害羞带文艺范的"顾小白"等人物都非常深入人心,而陶石泉也意识到要将白酒卖给年轻人,名字就得简单通俗而又非常亲切,而这些名字带有鲜明的"80后""90后"印记,十分符合"江小白"的目标消费者,于是,一个二次元的文艺青年——江小白出现在了大众的视野中。

随后他又找到一份关于屌丝的调查,调查显示62.2%的人自我归类为屌丝,37.8%的人不认为自己是屌丝,从性别上看,男屌丝更爱自嘲。他们内心寂寞孤单,渴望社会交往,如今发达的网络正好给这群人提供了社交空间,而且越来越多的年轻人开始自称为"屌丝",他们主动接受这个称谓,以此来对现状自嘲,并从中获得了共鸣和温暖。收入有限的他们对高端产品消费不足,主要消费能力集中于中端产品,这些年轻一代追求的不再是"高端、大气、上档次",而是"优质、平价、有创意"。于是,陶石泉得出结论"得屌丝者,将得天下!"。

而2012年刚刚成立的"江小白",也是打着"屌丝"的噱头出现在大众的视野中。"大众脸、屌丝型、文艺心,既不是高富帅也不是纯屌丝——我是江小白,生活很简单。"这是江小白的台词,是很多"80后""90后"的生活写照。

## 二、精准定位,文艺青年

"江小白"在传统白酒行业找到了轻口味白酒这一空位,借助背靠重庆的地理优势,用pH值6.8~7.2之间的清冽软水,制作低度化蒸馏酒,以单纯酿造法在青石板窖池中纯净发酵,再传承古法蒸馏工艺提香去杂,精心打造纯净清香的轻口味白酒。

陶石泉将"江小白"品类定位在轻口味(小曲清香)休闲型小包装高粱酒,主张入口清爽,喝过不头疼,微醺不大醉。同时,他还将高粱酒的利口化总结为"SLP产品守则":SMOOTH是入口更顺;LIGHT是清爽;PURE是纯净产品。

"江小白"是针对"80后""90后"消费者特点,推出定位朋友之间时尚休闲的青春小酒品牌,是每一个当下热爱生活的文艺青年的代表,根据这群人的思想特征,陶石泉提出了"我是江小白,生活很简单"的品牌理念。它是江小白追求的生活态度,也是肆意青春、真我性情的一种表达。

品类定位解决了,陶石泉意识到"江小白"需要一个形象,一个能够展现"80后""90后"这代人的想法和生存状态的形象。

接着,一个长着大众脸,戴着黑框眼镜、黑白格子围巾,休闲西装的文艺青年形象出现在大众视野中。这样的文艺男青年在我们身边随处可见,受过高等教育,有点文艺青年,喜欢简单的生活,不喜欢人情世故,爱护环境,有点文艺小资,这样一个鲜活的形象像"80后""90后"当中的很多人,也体现了江小白鲜明的品牌个性:时尚、简单、我行我素、善于卖萌、自嘲,却有着一颗文艺的心。精准定位的江小白,得到了消费者的认同。"他是那样拉风的男人,不管在什么地方,就好像黑夜中的萤火虫一样,那样的鲜明,那样的出众。他那忧郁的黑框眼镜,唏嘘的胡楂子,略带英伦风的围巾,还有那杯DryJiangxiaobai,都深深地迷住了我们。"这是江小白的"小白粉"们对江小白的品牌形象代言人的深情描述。

开局大吉的江小白该如何靠着准确定位进行品牌的内容营销及传播,让江小白的品牌形象牢固树立在消费者心中,实现到位,是陶石泉下一步应该考虑的重点内容。

## 三、卖"场景化"青春小酒

### (一)小聚餐得三五挚友

在江小白的"表达瓶"上市之后,人们逐渐意识到,原来白酒也可以成为三五好友小聚小饮,或者一个人自斟自酌的饮品,简单纯粹。江小白的产品主要是归类于四种消费场景:小聚、小饮、小时刻、小心情。

小聚,指的是三五同事之间、朋友之间、同学之间的非商务应酬;

小饮,就是不拼酒,点到为止,讲究适度;

小时刻,指的是时刻的经常性与偶然性;

小心情,是指酒这个产品是和心情、情绪所挂钩的,而不仅仅是一种功能性需求。

"出来混谁没有几个死党",基于对消费场景的洞察,陶石泉这样解释对产品的理解,"休闲聚会一般需要饮酒,这个时候每个人都会因为酒而产生表达的欲望,喝酒就是为了更好地说话,而两三个人之间、兄弟之间喝酒最讲究公平,所以二两的小瓶解决了天底下一直以来打酒架的痛点。"

针对以上的四种消费场景,"江小白"都有相对应的不同产品战略。比如,江小白经典的小瓶装产品,就是为三五个同学、朋友小聚所打造的,满足这种小型的社交需求;江小白的"表达瓶",就是去满足用户情绪表达方面的需求。

陶石泉回忆道:"2014年做北京市场的时候,我带着小伙伴出去吃饭,发现旁边桌上的一位男孩在帮女孩擦杯子、献殷勤,又点了一瓶啤酒坐那儿看着女孩,而女孩却很矜持地坐在那儿。当时我就拿了一瓶江小白的'表达瓶'酒放在他们桌子上,当我松开手的瞬间,女孩看着这瓶江小白突然脸就红了,上面文字写着:'我是我,你是你,最后我们在一起。'"

### (二)大团队的"拾人饮"

在江小白的"表达瓶"受到热捧后,陶石泉也一直在思考这样一个问题:"有没有一款这样的产品,能够抢占即饮终端黄金陈列位,在与消费者零距离接触时能引发自主传播,稀缺、终端和消费者都喜欢,而且足够十个八个兄弟在一起时开一瓶畅怀痛饮?"

于是,2016年8月,江小白入驻京东,历经3个月联手精心打造了新一代团队管理利器清淡型高粱酒——"拾人饮"。同时,江小白打出"25度柔和甜香口感,入口易、不上头、不易醉,4斤超大容量、分量足、易分享、更尽兴"的口号。

单瓶重达4斤,只有25度的清淡型高粱酒"拾人饮"的上市,针对的则是单位的团队建设、年会、部门聚餐等需要清淡的酒来满足团队在一起沟通感情的场景,其文案也更简单、立志、具有激励性。

陶石泉说道:"我觉得在这个场景下江小白可以做得更好,公司从几十人到上百人到几千人,团队管理肯定是很难跟上,这就需要像'拾人饮'这样的产品来解决,三款产品代表必胜、召唤、齐心。"

### (三)会说话的"表达瓶"

2016年江小白推出100毫升的"表达瓶",通过一物一码技术,为每瓶产品赋予一个二维码,用户通过扫描瓶身上的二维码,进入"我有一瓶酒,有话对你说"的H5界面,消费者扫码点击"我要表达",可以根据用户自己所在场景和想说的话,输入想表达的文字,上传照片,并DIY背景卡片,然后提交,便可自动生成一个专属你的酒瓶,用户可以在朋友圈分享自己制作的外包装,页面标题就是"江小白的文案,其实是我写的"。

每个人都可以成为江小白的内容创造者,如果内容被选中,江小白将会打在瓶身上批量生产。表达瓶让用户自己表达人生,"80后""90后"步入社会后,压力很大,尤其是普通人特别需要倾诉、表达。

新版表达瓶自2016年1月开放征集以来,得到广大消费者的喜爱,收到了来自重庆、上海、北京、西藏、东京、澳洲等世界各地数以万计的文案。

类似于"我把所有人喝趴下,就为和你说句悄悄话;把自己灌醉,给别人一个机会;我们那些共同的记忆,是最好的下酒菜"等走心的文案都是来源于每个消费者。

## 四、办"社交化"线下活动

### (一)小约在冬季

2016年1月16日,江小白"约酒大会"在南昌699文化创意园内举行,倡导发动面对面的社交场景。

活动现场超过320位来自不同圈子的嘉宾,他们始终在和身边的朋友沟通,使现场的氛围不断升高。江小白铁杆粉丝陈晔讲道:"一听说是江小白的约酒,就立马前来赴约了,因为我知道它总能带给我们不一样的感觉!"

### (二)喝掉"情绪"的小酒馆

"工科男辞掉国企稳定工作只为拍星空""'80后'夫妻卖掉北二环房子去大理开民宿"的报道越来越多。在"城市焦虑症"被热议的时代,挣脱当下、勇敢追求梦想的故事愈发成为许多年轻人的向往。

2017年6月17日,世上只存在一天的移动酒馆——江小白小酒馆,在苏州新光天地迎宾广场开张。在持续近7个小时的营业时间里,酒馆共吸引了近1 000名年轻人来体验他们所向往的生活。

小酒馆设计了3个主题环节:解忧酒馆、音乐酒馆和父与子酒馆。

"解忧酒馆"会根据你的情绪来调酒,标题为"你在烦恼什么?"的解忧墙上,贴满了"身体被掏空""王者荣耀十连跪"等20种令人焦虑的场景。此外,音乐酒馆特别定制了5款歌词酒签:"理想三两""我来过苏州""等你来信""在路上""一杯年少味道"。"父与子酒馆"的初衷则是鼓励成年的父子用酒打破隔阂,表达感情。

到2019年,"江小白"已经成立整整7年,从当初不被看好到后来轰动全国,江小白成功演绎了它的爆红之路,然而在经历了狂欢之后,遭遇市场遇冷、产品同质化严重、消费者黏性不高等一系列问题开始显现,如今,陶石泉的"白日梦"还能做多久?江小白应如何通过内容营销持续吸引消费者的关注,唤醒消费者的品牌感知,提升消费者品牌态度,这将是陶石泉未来的思考方向。

**问题思考:**

1. "江小白"的目标客户和市场地位是否符合其产品形象?
2. "江小白"一系列的营销策略是否达到了其预期效果?
3. 针对"江小白"的新媒体营销,哪些是可以进一步完善的?

"江小白"正确的市场定位决定了它可以吸引足够的目标客户,因此正确的定位是至关重要的,下面我们将会对这一内容进行讲述。

# 第一节 定 位 理 论

## 一、定位理论的概念

"定位理论"由美国著名营销专家艾·里斯(Al Ries)与杰克·特劳特(Jack Trout)于20世纪70年代提出。里斯和特劳特认为,定位要从一个产品开始。那产品可能是一种商品、一项服务、一个机构甚至是一个人,也可能就是你自己。但是,定位不是你对产品要做的事,而是你对预期客户要做的事。换句话说,你要在预期客户的头脑里给产品定位,确保产品在预期客户头脑里占据一个真正有价值的地位。

定位理论的核心是"一个中心两个基本点":以"打造品牌"为中心,以"竞争导向"和"消费者心智"为基本点。

**知识延伸**

1969年,杰克·特劳特先生提出了"定位理论",当时杰克·特劳特先生任职于GE(通用电气,一家B2B企业)的广告部,GE正是如日中天。电脑行业非常红火,IBM成为了电脑行业的霸主,GE认为自己有资源有人才,也准备进入电脑行业,但是特劳特却向董事会提出GE做电脑肯定不成功,而董事会并没有采纳他的建议,特劳特先生也自此离开了GE公司,并且写了一篇文章说明自己的理由。一年之后GE宣布撤出电脑行业,美国社会都在讨论"GE失败的原因",美国《广告时代》杂志发现一年前有篇一个年轻的小伙子曾经说过GE做电脑不能成功的文章,于是开始联系他。联系上了特劳特之后,为他专门做了采访,自此特劳特先生的"定位理论"被越来越多的美国企业界人士所知晓,并渐渐被应用在美国企业中。

## 二、定位理论的基本内容

定位要从一个产品开始。那产品可能是一种商品、一项服务、一个机构甚至是一个人,也可能就是你自己。但是,定位不是你对产品要做的事,而是你对预期客户要做的事。换句话说,你要在预期客户的头脑里给产品定位,确保产品在预期客户头脑里占据一个真正有价值和重要的地位。

### (一)五大心智模式

(1)消费者只能接收有限的信息;

(2)消费者喜欢简单,讨厌复杂;

(3)消费者缺乏安全感;

(4)消费者对品牌的印象不会轻易改变;

(5)消费者的心智容易失去焦点。

### (二)定位理论的九大差异化

定位理论有九大差异化,它们分别是:成为第一、拥有特性、领导地位、经典、市场专长、最受青睐、制造方法、新一代产品、热销。

**1. 成为第一**

人们认为第一是个原创,其他都是仿冒者。原创意味着具备更多知识和专业化程度,这就是可口可乐"正宗货"获得消费者响应的原因。成为第一,你自然就会与众不同。如果你能坚持住,并击退模仿者,就会获得巨大成功。

**2. 拥有特性**

拥有一个特性可能是为一个产品或一项服务实施差异化的第一方法。企业试图模仿领导品牌的情况时常发生,但正确的方法是找一个相反的特性,并以此和领导品牌竞争。给竞争对手加上"负面"特性,是建立自己特性行之有效的方法,我们把这种方法叫作为你的竞争对手重新定位。比如,宝马针对奔驰就是这么做的:顶级驾驶机器对抗顶级乘坐机器。

**3. 领导地位**

领导地位是一种为品牌确立信任状的最直接方法,你的预期顾客可能因此相信你说的关于你品牌的所有言论。一些领导品牌不想谈论它们的领导地位,这对于它们的竞争对手来说是再好不过的事情了。一个企业的强大凭借的并非是产品和服务,而是它在顾客脑海中占据的位置。

**4. 经典**

经典具有让你的产品脱颖而出的力量，因为拥有悠久历史看起来天然地具有心理上的重要性，这让人们选择时有安全感：如果这家企业不是最大的，它也肯定是资历上的领导者。比如，百威时不时地谈论自己的经典，称自己是"始于1876年的美国经典窖藏啤酒"，这听上去就很吸引人。经典的一个重要方面是你来自何处，你应该学会利用地域经典的力量。

**5. 市场专长**

人们把专注于某种特定活动或某个特定产品的公司视为专家，会认为它们必定有更多的知识和经验（有时超过它们的实际水平）。成功的专家品牌必须保持专一性，不能追求其他业务，否则会侵蚀在顾客脑海中的"专家"认知。一旦开始迈向其他业务，专家地位就可能让位于人。大众汽车公司曾经是小型汽车专家，后来推出了大型车、开得更快的车以及休闲车。如今，日本车主导了小型汽车市场。

**6. 最受青睐**

当顾客面对众多相似的商品种类时，他们往往不知道自己想要什么。更多情况下，他们好比是跟着羊群移动的羊。利用"最受青睐"作为差异化，就要向顾客提供"别人认为什么是对的"的信息。耐克是运动鞋第一品牌，主要凭借的就是大量著名运动员最爱穿它的运动鞋；雷克萨斯是热销的豪华车，凭的就是 J.D.Power 的顾客满意度调查对它的青睐。

**7. 制造方法**

很多人认为："人们关心的不是产品的制造过程，而是产品能给他们带来什么用处。"问题是，在很多品类中，有大量的产品能给人带来一模一样的好处，但产品的制造方法往往能让它们变得与众不同。正因为如此，我们喜欢关注产品本身并找出那项独特技术。产品越是复杂，你就越需要一个神奇成分把它同竞争对手的产品区别开来。并且，一旦找到了差异化，就要不遗余力地炫耀它。曾有这样一个案例，委内瑞拉曾有一个大品牌番茄酱叫"潘派罗"，在被竞争对手挤出第一的位置之后开始走下坡路，于是它们请来专家研究对策。它们请来的专家调查后发现，潘派罗的产品其实是因为去除了番茄的皮，才使口味和颜色更好，而它的竞争对手在生产过程中都没有这么做。这是个有趣的概念，潘派罗可以利用"去皮"带来质量和口味认知。当专家告诉公司管理层时，他们非常不安，因为公司为了降低成本正在转向不去皮的自动生产流程。而专家的建议是停止工厂现代化计划，因为"去皮"才是差异化概念，而你的对手终究会因为没有发现和实施差异化而被消灭。

**8. 新一代产品**

新一代产品带来的心理反应是显而易见的,企业应想方设法推出新一代产品,而不是试图推出更好的产品,前者才是差异化之道。多年来我们一直提倡强大的领导者要用新一代产品攻击自己,这方面没有人比英特尔公司做得更好。吉列不断推出新一代剃须刀片的战略,也是采用这种方法主导市场的例子。让新产品"突破"老产品是很重要的,因为这样才能让顾客相信这的确是新技术,新老产品之间的差别越大,新产品就越容易销售。微波炉和传统烤炉之间的竞争就是这种例子。如果你之前推出过"新一代"产品,你在推出后面的新一代产品时,就会有巨大的信任状做后盾。

**9. 热销**

一旦你的产品热销起来,你就该让整个世界知道你的产品是多么火爆。口碑在营销中是一股强大的力量,通常是指一个人把一个热点告诉另一个人。如果你的品牌很热,或者销售的增长幅度高于竞争对手,就能为它抵达一定高度提供所需的推动力。"热销"战略的妙处在于它为品牌建立一个长期的差异化概念做了预备,它让消费者准备好相信你成功背后的故事。

### (三)定位理论的基本假设

定位理论的两大基本假设:一是大竞争时代的来临;二是要从长期效应来看。这是定位理论发挥作用的前提和条件。定位理论体系全球开创者鲁建华先生认为,定位理论的核心是"一个中心两个基本点":以"打造品牌"为中心,以"竞争导向"和"消费者心智"为基本点。

### (四)品牌的定义

定位理论中对品牌的定义与传统科特勒营销或奥美营销有所不同。

以科特勒为代表的传统营销理论认为:品牌是"一种名称、术语、标记、符号或设计,或是它们的组合运用";品牌的目的是"借以辨认某个销售商或某群销售者的产品或服务,并使之同竞争对手的产品和服务区分开来";品牌的要点是"销售者向购买者长期提供的一组特定的特点、利益和服务"。

品牌形象理论的代表者大卫·奥格威对品牌曾作出这样的定义,"品牌是一种错综复杂的象征,它是品牌的属性、名称、包装、价格、历史、声誉、广告风格的无形组合"。

上面的品牌概念曾被大多数人接受,但这是一个自内而外的品牌概念,不能体现品牌的实质：如何在顾客认知中与众不同，应对竞争，赢得顾客。

定位理论认为，品牌就是某个品类的代表或者说是代表某个品类的名字。建立品牌就是要实现品牌对某个品类的主导，成为某个品类的第一。当消费者一想到要消费某个品类时，立即想到这个品牌，我们就说你真正建立了品牌。

我们这里说的是强势品牌，即具有制定标准、左右市场价格、主导某个品类的品牌。传统意义上还有一些所谓的跨品类的大品牌，它们在没有与某个品类紧密联系的专业品牌出现时是强势品牌，但在大竞争时代，它们更多时候只是一个二流品牌，除了知名度外，不代表任何东西，在竞争中更多地依靠价格取胜。

### （五）定位的方式与步骤

找到定位的基本方法有三种，它们是聚焦、对立和分化。而建立品牌，就是要建立定位。建立定位的方法主要是公关和广告：广告塑造品牌，公关保护品牌。

企业一定要切实地厘清自己的区隔，并按照以下四个步骤来建立定位。

(1) 分析行业环境：不能在真空中建立区隔，周围的竞争者们都有着各自的概念，必须要切合行业环境。从系统整体的角度来思考各种因素的相互影响，做到知己知彼，知道自己的优势和弱点才能有效利用自己的优势并隐藏自己的弱点，而知道敌人的优势和弱点才能避开敌人的优势并打击敌人的弱点。不能找到对手的弱点，打击不会有效；不能集中自己的优势兵力，成果不会很明显。而不了解对手的优势，容易被定点反击，被敌人抓住自己的弱点，容易被定点打击。因而，只有知己知彼，才能做到百战不殆。

(2) 寻找区隔概念：分析行业环境之后，你要寻找一个概念，使自己与竞争者区别开来。寻找区隔概念，就是寻找定位点，其本质就是寻找广义动量定理中的作用点，作用点越关键，取得的效果越大。在分析行业环境之后，你需要寻找一个概念来使自己与竞争者区别开来。找到敌人的弱点，这个敌人可以是竞争对手，也可以是消费者。这里可以使用下边介绍的定位方法来完成，比如，发现一个空白的市场，那么赶快占有它，空白市场就是消费者的弱点。

(3) 找到支持点：有了区隔概念，你还要找到支持点，让它真实可信。

(4) 传播与应用：并不是说有了区隔概念，就可以等着顾客上门。最终企业要靠传播才能将概念植入消费者心智，并在应用中建立起自己的定位。传播与应用，在找到了定位和支持力量之后，并不能产生成果，因为这个力量没有打击到消费者，所以消费者的头脑就是力量的作用方向。

## 三、定位理论在中国的发展

2002年邓德隆先生在上海正式成立了特劳特中国公司,开始正式为中国企业界提供"定位咨询服务"。在中国第一批应用定位理论的企业就是加多宝(原王老吉)和劲霸男装。邓德隆先生最初从事于广告行业,无意中读到定位的书,一直将定位理论应用在他所从事的广告行业上,很有成效,后得到特劳特先生的亲自指导和认可,成为了特劳特全球23个分公司之一的中国公司的合伙人,特劳特先生于2017年辞世,邓德隆先生接任特劳特全球伙伴公司总裁职务。特劳特中国公司总经理邓德隆先生,在特劳特先生的基础上进一步明确地将定位理论提升到了企业战略的高度,并以"战略定位"概念强化定位理论:在外部市场竞争中确立优势定位,引入企业内部作为战略核心,在此基础上评估、改进和规划运营活动,以使企业达至最优化经营,获取更佳绩效,同时建立起可持续竞争优势。

### (一)品类战略

里斯伙伴中国公司合伙人张云和王刚先生,在里斯先生《品牌之源》一书的基础上发布《品类战略》,更加明确地提出"品类战略",指出:品牌是主导某个品类的名字,建立品牌就是要利用分化创建新品类,通过推动、发展、主导新品类来打造品牌。

### (二)定位屋

中国本土第一家定位战略咨询机构——鲁建华定位战略咨询公司的首席咨询师鲁建华先生在两个方面对定位理论进行了创新:一是指出定位理论的核心是"一个中心两个基本点",即以"打造品牌"为中心,以"竞争导向"和"消费者心智"为基本点;二是在此基础上用"定位屋"构筑了定位理论体系,使定位理论在全球范围内学习、传播、交流和实践成为可能(见图3-1)。这是全球首次构建定位理论体系的尝试,在定位理论发展史中具有里程碑的意义。

## 四、定位理论的应用

任何一个成功的品牌,都在顾客心中占有一定的位置。法拉利占有"速度"、奔驰拥有"名望"、宝马控制"超级驾驶"、沃尔沃只讲"安全",当我们在顾客心中建立了品牌后,就是掌握了一种标准。一旦定位成功,竞争对手要进入要投入,只会让消费者更加认同于你。最经典的莫过于宝洁公司,旗下几种洗发产品的定位都非常明确且有差异性地定位:海飞丝-去头屑、飘柔-柔顺头发、潘婷-营养头发、沙宣-时尚造型。

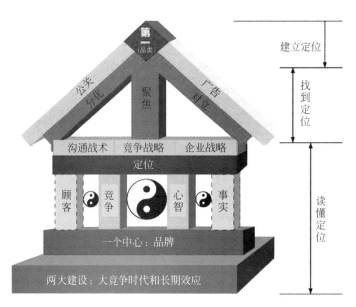

图 3-1 鲁建华的"定位屋"

同时,我们还要注意以下两点。

首先,我们在启动定位战略时,要把消费者的认知当作不可改变的客观事实,并以此来制订战略和营销计划。而定位战略失败的企业往往是以自我为出发,凭空创造出一个在消费者心中并不存在的新品类(而已存在于消费者心中新创的窗口期品类除外,这二者需要我们准确地判断和识别)。

其次,消费者更相信专家型企业,而企业发展的核心则在于聚焦专业方向。所以当企业要进行品类扩展时,启用新品牌才是成长的最佳模式,而想通过原品牌延伸的方式来实现扩展的,往往是行不通的。

### 案例速递

在我们中国的传统文化里,取名字是有一定的讲究的,要么字义好,要么读音好。如果用两个字组成一个名字,大家往往会选择两个字义好,合在一起含义也好的字词。但如果把两个风马牛不相及的字词组合在一起,你就会觉得很别扭。比如说,把一个饭盒的"盒"字和一个牛马的"马"字结合在一起,我相信一般的人都不会用这样的两个字组成一个名字,作为自己企业的商号。另外,在定义自己商场经营的商品是鲜活的时候,一般都会说成生鲜,而很少说成鲜生。把风马牛不相及的一个"盒"字和"马"字,与倒过来的"鲜生"二字组成"盒马鲜生",初听起来,就好像是把非洲的河马叫成"先生"了。就是这么一个令人费解的、古怪的名字,马云却把它用在了他的新零售业态的门店上(见图3-2)。很快,他的这个古怪名字就传遍了中国的大江南北,商业界的同行纷纷前来考察学习,消费者也蜂拥而至前来购物消费。

图3-2 盒马鲜生会员店

那么,马云为什么把他的第一个实体新零售门店取上这么一个古怪的名字呢?据说,当时他们是想尝试做高档海鲜的快餐外卖,也就是做高档盒饭的。这个"盒"字就有了出处,"马"当然是马云的"马"。当时为了做好这份高档盒饭,他们还挖来了很多高级厨师呢,后来业务调整了,改做现在的生鲜门店。当时他们还定下了一个SLOGAN,叫"盒马嘴大,吃遍天下",于是,"盒马"这个古怪的名字就沿用到了今天的新零售门店了。那么,盒马鲜生这古怪的名字背后到底隐藏着怎样的商业玄机呢?

为此,我专程实地考察了阿里在北京的第一家盒马鲜生的门店(见图3-3),这也是"盒马"在上海、宁波之后的第10家门店。这家门店位于北京十里堡的新城市广场的B1层,有意思的是,那里原是日本的知名商业品牌华堂超市所在地,华堂超市由于受阿里电商的冲击,在北京全线关门了。盒马鲜生在它遗址上开了经营面积约1万平方米的门店,经营的SKU约有8 000个,应该是"盒马"升级了的2.0版本,它继承了盒马"生鲜+半成品+熟食餐饮"的经营品类,还引入了如花店和天猫超市等更多业态,是一个融合"生鲜食品超市+电商+餐饮+物流配送"的新零售综合体和体验场。

乘电梯下到B1层,卖场货架上面摆的都是一些包装食品、冷冻食品、新鲜果蔬

图 3-3　盒马鲜生——北京分店

(见图 3-4)、成品餐食、鲜活海鲜等,很多半成品简单加工就可堂食,海鲜区有很多高档的海鲜,现场加工后就可以在就餐区就餐享用(见图 3-5)。如果你想把商品和海鲜送回家,通过 APP 线上下单,在三公里范围内半小时就可以送到你的家。在盒马鲜生的店内,挂着两条金属链条的网格麻绳。据店员介绍,这是盒马全链路数字化系统的一部分。盒马的供应链、销售、物流履约链路是完全数字化的。从商品的到店、上架、拣货、打包、配送任务等,作业人员都是通过智能设备去识别和作业的,简易高效,而且出错率极低。最后的付款结账也很有阿里的特点,它必须要下载一个盒马的 APP,并且只接受支付宝在线支付,不接受现金、银行卡、信用卡和微信支付。

图 3-4　盒马鲜生店内蔬菜区

通过对盒马鲜生实体门店的详细考察和业态研究,我们发现在这个古怪名字的背后隐藏着深度的商业玄机。

盒马鲜生精准锁定青年消费客群,其目标顾客定位就是中高端的消费人群,是"70 后""80 后""90 后"的这些知性、时尚的青年人。马云为什么盯准了这些年轻

图 3-5 盒马鲜生店内

人呢？

我们先来看看这些人有哪些普遍的特点。

第一个特点是购买力比较强。他们年富力强，在职场上冲锋陷阵，收入不菲，普遍财务自由，消费自主。

第二个特点是容易接受新生事物。他们成长在一个日新月异的新时代，知识新、观念新、信息广、视野宽，敢反叛，易创新，愿意尝试新鲜东西，追求新的生活方式。

第三个特点是要求较高的生活品质。他们普遍成长在改革开放之后，社会经济越来越发展，物质条件一年比一年好，他们能挣也会花，不像上一辈人那么有储蓄意识，也不愿意委屈自己。喜欢个性、追求品质，对生活品质要求比较高。

第四个特点是喜欢社交、上网。他们是在互联网下成长的一代，喜欢在网络上进行交流，喜欢网络聊天、网上交友。从小接受互联网的各种信息，熟悉网络的使用和信息的查询、存储。容易受网络舆论的影响，愿意借助网络工具方便生活，网络已构成他们生活的重要部分。

第五个特点，也是他们一个很显著的特点，就是有点懒：喜欢购物、买东西，但不喜欢拿东西；喜欢吃好吃的，但不喜欢做饭。他们经常躺在床上网络购物，定外卖，把购物中心的餐厅当成自己的厨房（见图3-6）。他们在"双十一"光棍节疯狂地"剁手"，在时尚餐厅呼朋唤友。他们也几乎都是淘宝、天猫的用户，是阿里和马云的忠实粉丝。

盒马鲜生就是针对这些年轻人的消费特点，想其所想，供其所需，推出了高档包装食品和海鲜，推出了半成品餐食，推出了海鲜现买现吃，推出了三公里半小时送货

新媒体营销与管理：理论与案例

图 3-6　盒马鲜生外卖配送

到家，推出了支付宝在线支付，等等。盒马鲜生的这种目标定位，充分体现出了它对消费者的精准把握，对目标市场的精确锁定，对竞争制高的快速占领，同时，也是对未来新零售的强力引领。

## 第二节　STP 理论

### 一、"STP 理论"的定义

市场细分（Market Segmentation）的概念是美国营销学家温德尔·史密斯（Wendell Smith）在 1956 年最早提出的，此后，美国营销学家菲利浦·科特勒进一步发展和完善了温德尔·史密斯的理论并最终形成了成熟的 STP 理论——市场细分（Segmentation）、选择适当的市场目标（Targeting）和定位（Positioning）。它是战略营销的核心内容。STP 理论中的 S、T、P 分别是 Segmenting、Targeting、Positioning 三个英文单词的缩写，即市场细分、目标市场和市场定位。

STP 理论是战略营销的核心内容。STP 理论是指企业在一定的市场细分的基础上，确定自己的目标市场，最后把产品或服务定位在目标市场中的确定位置上。

现代市场营销理论的核心就是 STP 理论，它包括三要素：市场细分（market segmentation）、目标市场（market targeting）、市场定位（market positioning）。

### 二、市场细分

"市场细分"是指营销者通过市场调研，依据消费者的需要和欲望、购买行为和购买习惯等方面的差异,把某一产品的市场整体划分为若干消费者群的市场分类过程。每一个消费者群就是一个细分市场,每一个细分市场都是具有类似需求倾向的消费者构成的群体。

市场细分的程序分为调查阶段、分析阶段、细分阶段。

细分消费者市场的基础有以下几种类型的划分。

地理细分:国家、地区、城市、农村、气候、地形;

人口细分:年龄、性别、职业、收入、教育、家庭人口、家庭类型、家庭生命周期、国籍、民族、宗教、社会阶层;

心理细分:社会阶层、生活方式、个性;

行为细分:时机、追求利益、使用者地位、产品使用率、忠诚程度、购买准备阶段、态度。

## (一)市场细分的作用

细分市场不是根据产品品种、产品系列来进行的,而是从消费者(指最终消费者和工业生产者)的角度进行划分的,是根据市场细分的理论基础,即消费者的需求、动机、购买行为的多元性和差异性来划分的。市场细分对企业的生产、营销起着极其重要的作用。

**1. 有利于选择目标市场和制订市场营销策略**

可以根据自己经营思想、方针及生产技术和营销力量,确定自己的服务对象,即目标市场。针对较小的目标市场,便于制订特殊的营销策略。同时,在细分的市场上,信息容易了解和反馈,一旦消费者的需求发生变化,企业可迅速改变营销策略,制订相应的对策,以适应市场需求的变化,提高企业的应变能力和竞争力。

**2. 有利于发掘市场机会,开拓新市场**

通过市场细分,企业可以对每一个细分市场的购买潜力、满足程度、竞争情况等进行分析对比,探索出有利于本企业的市场机会,使企业及时作出投产、异地销售决策或根据本企业的生产技术条件编制新产品开拓计划,进行必要的产品技术储备,掌握产品更新换代的主动权,开拓新市场,以更好适应市场的需要。

**3. 有利于集中人力、物力投入目标市场**

任何一个企业的资源、人力、物力、资金都是有限的。通过细分市场,选择了适合自己的目标市场,企业可以集中人、财、物及资源,去争取局部市场上的优势,然后再占领自己的目标市场。

**4. 有利于企业提高经济效益**

前面三个方面的作用都能使企业提高经济效益。除此之外,企业通过市场细分后可以面对自己的目标市场,生产出适销对路的产品,既能满足市场需要,又可增加企业的收入;产品适销对路可以加速商品流转,加大生产批量,降低企业的生产销售成本,提高生产工人的劳动熟练程度,提高产品质量,可全面提高企业的经济效益。

## 三、目标市场

著名的市场营销学者麦卡锡提出了应当把消费者看作一个特定的群体,称为"目标市场"。通过市场细分,有利于明确目标市场,通过市场营销策略的应用,有利于满足目标市场的需要。即目标市场就是通过市场细分后,企业准备以相应的产品和服务满足其需要的一个或几个子市场。选择目标市场的策略应明确企业应为哪一类用户服务,满足他们的哪一种需求,这是企业在营销活动中的一项重要策略。

那么 STP 理论为什么要选择目标市场呢?因为不是所有的子市场对本企业都有吸引力,任何企业都没有足够的人力资源和资金满足整个市场或追求过分大的目标,只有扬长避短找到有利于发挥本企业现有的人、财、物优势的目标市场,才不至于在庞大的市场上碰壁。

正确选择目标市场是企业得以有效发展的基础。选择目标市场一般运用下列三种策略。

### (一)无差别性市场策略

无差别市场策略,就是企业把整个市场作为自己的目标市场,只考虑市场需求的共性,而不考虑其差异,运用一种产品、一种价格、一种推销方法,吸引可能多的消费者。美国可口可乐公司从 1886 年问世以来,一直采用无差别市场策略,生产一种口味、一种配方、一种包装的产品满足世界 156 个国家和地区的需要,称作"世界性的清凉饮料",资产达 74 亿美元。由于百事可乐等饮料的竞争,1985 年 4 月,可口可乐公司宣布要改变配方的决定,不料在美国市场掀起轩然大波,许多电话打到公司,对公司改变可口可乐的配方表示不满和反对,不得不继续大批量生产传统配方的可口可乐。可见,采用无差别市场策略,产品在内在质量和外在形体上必须有独特风格才能得到多数消费者的认可,从而保持相对的稳定性。

这种策略的优点是产品单一,容易保证质量,能大批量生产,降低生产和销售成本。但如果同类企业也采用这种策略时,必然要形成激烈竞争。闻名世界的肯德基炸鸡,在全世界有 800 多个分公司,都是同样的烹饪方法、同样的制作程序、同样的质量指标、同样的服务水平,采取无差别策略,生产很红火。1992年,肯德基在上海开业不久,上海荣华鸡快餐店开业,且把分店开到肯德基对面,形成"斗鸡"场面。因荣华鸡快餐把原来洋人用面包作主食改为蛋炒饭为主食,西式沙拉土豆改成酸辣菜、西葫芦条,更取悦于中国消费者。所以,面对竞争强手时,无差别策略也有其局限性。

**(二)差别性市场策略**

差别性市场策略就是把整个市场细分为若干子市场,针对不同的子市场,设计不同的产品,制订不同的营销策略,满足不同的消费需求。

如美国有的服装企业按生活方式把妇女分成三种类型:时髦型、男子气型、朴素型。时髦型妇女喜欢把自己打扮得华贵艳丽,引人注目;男子气型妇女喜欢把自己打扮得超凡脱俗,卓尔不群;朴素型妇女购买服装讲求经济实惠,价格适中。公司根据不同类妇女的不同偏好,有针对性地设计出不同风格的服装,使产品对各类消费者更具有吸引力。又如某自行车企业,根据地理位置、年龄、性别细分为几个子市场:农村市场,因常运输货物,要求牢固耐用、载重量大;城市男青年,要求快速、样式好;城市女青年,要求轻便、漂亮、闸灵。于是,这个企业针对每个子市场的特点,制定了不同的市场营销组合策略。这种策略的优点是能满足不同消费者的不同要求,有利于扩大销售、占领市场、提高企业声誉;其缺点是由于产品差异化、促销方式差异化,增加了管理难度,提高了生产和销售费用。目前只有力量雄厚的大公司采用这种策略。如青岛双星集团公司,生产多品种、多款式、多型号的鞋,满足国内外市场的多种需求。

**(二)集中性市场策略**

集中性市场策略就是在细分后的市场上选择两个或少数几个细分市场作为目标市场,实行专业化生产和销售,在个别少数市场上发挥优势,提高市场占有率。采用这种策略的企业对目标市场有较深的了解,这是大部分中小型企业应当采用的策略。

日本尼西奇起初是一个生产雨衣、尿布、游泳帽、卫生带等多种橡胶制品的小厂,由于订货不足,面临破产。总经理多川博在一个偶然的机会从一份人口普查表中发现,日本每年约出生250万个婴儿,如果每个婴儿用两条尿布,一年需要500万条。于是,他们决定放弃尿布以外的产品,实行尿布专业化生产。一炮打响后,又不断研制新材料,开发新品种,不仅垄断了日本尿布市场,还远销世界70多个国家和地区,成为闻名于世的"尿布大王"。采用集中性市场策略,能集中优势力量,有利于产品适销对路,降低成本,提高企业和产品的知名度,但有较大的经营风险,因为它的目标市场范围小,品种单一,如果目标市场的消费者需求和爱好发生变化,企业就可能因应变不及时而陷入困境。同时,当强有力的竞争者打入目标市场时,企业就要受到严重影响。因此,许多中小企业为了分散风险,仍应选择一定数量的细分市场。

三种目标市场策略各有利弊。选择目标市场时,必须考虑企业面临的各种因素和条件,如企业规模和原料的供应、产品类似性、市场类似性、产品寿命周期、竞争的目标市场等。选择适合本企业的目标市场策略是一个复杂多变的工作。企业内部条件和外部环境在不断发展变化,经营者要不断通过市场调查和预测来掌握和分析市场变化趋势与竞争对手的条件,扬长避短,发挥优势,把握时机,采取灵活的适应市场态势的策略,去争取较大的利益。

### 四、市场定位

市场定位是指企业针对潜在顾客的心理进行营销设计,创立产品品牌或企业在目标顾客心目中的某种形象或者某种个性特征,保留深刻的印象和独特的位置,从而取得竞争优势。市场定位(Market Positioning)是20世纪70年代由美国学者阿尔·赖斯提出的一个重要营销学概念。所谓市场定位就是企业根据目标市场上同类产品竞争状况,针对顾客对该类产品某些特征或属性的重视程度为本企业产品塑造强有力的、与众不同的鲜明个性,并将其形象生动地传递给顾客,求得顾客认同。市场定位的实质是使本企业与其他企业严格区分开来,使顾客明显感觉和认识到这种差别,从而在顾客心目中占有特殊的位置。

传统的观念认为,市场定位就是在每一个细分市场上生产不同的产品,实行产品差异化。事实上,市场定位与产品差异化尽管关系密切,但却有着本质的区别。市场定位是通过为自己的产品创立鲜明的个性,从而塑造出独特的市场形象来实现的。一项产品是多个因素的综合反映,包括性能、构造、成分、包装、形状、质量等,市场定位就是要强化或放大某些产品因素,从而形成与众不同的独特形象。产品差异化乃是实现市场定位的手段,但并不是市场定位的全部内容。

需要指出的是,市场定位中所指的产品差异化与传统的产品差异化概念有本质区别,它不是从生产者角度出发单纯追求产品变异,而是在对市场分析和细分的基础上寻求建立某种产品特色,因而它是现代市场营销观念的体现。

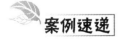

STP理论的应用如今已经变得广泛,"三只松鼠"便是这样一个例子(见图3-7)。

图 3-7 "三只松鼠"产品

中国的炒货行业历经数次发展,一步步从传统家庭小作坊式生产进入了大规模工业化、标准化生产阶段。从商业模式上来看,"傻子瓜子"走的是传统百货批发的道路;"洽洽"采取的是超商模式;后来居上的"来伊份"在每个小商圈中用十几平方米的规划带来商圈的模式。

随着电子商务的发展,"新农哥""百草味"等新兴的电子商务型坚果销售企业占据了当今坚果炒货行业销售的半壁江山。选择网络购物的消费者最重视的不是价格便宜,而是不要给自己带来不愉快:买着太累,不愉快;坏的太多,不愉快;包装太蹩脚,不愉快;外壳太硬,不愉快;吃完了手太脏,不愉快;壳没处理,不愉快……他们希望一点不愉快都不要有。他们希望淘宝上有这么一家坚果店,看见它的招牌,就尽管去买,而不用担心这、担心那。因此,选择了这一群体作为目标消费者的"三只松鼠"迅速在市场上找到了定位。

**"三只松鼠"上市至今面临的竞争**

店铺发展、服务、速度与迅速增加的知名度带来的流量不对等,"三只松鼠"借双十一、腊八节等活动带来巨大的成交量,却由于准备不足,造成缺货、物流过慢等问题,引起店铺评分下降。

**对"天猫平台"流量过多依赖,没有掌握话语权**

"三只松鼠"70%的销售额来自天猫,渠道过于单一,而食品电商市场份额,天猫超市只占28%。所以掌握不了品牌话语权,没有稳固的产品地基。

**差异化自身品牌,取得巨大成功**

(1)正确的定位。无论是早期兴起的森林食品第一品牌,还是后面提出的中国最具用户体验网店,一直宣传互联网食品第一品牌,到现在直截了当提出了全网坚果销量第一,这些都牢牢获取了用户心智,在合适的时间踏出了合适的脚步。

(2) 有别淘宝"亲文化",开启"主人文化"。顾客眼中的"三只松鼠"当然是卖坚果的。但是加入公司不到一年的综合管理专员张成却回答我说:"三只松鼠"的任务是"卖萌"。"萌货、无节操、求包养"已经成了"三只松鼠"的显著符号。"三只松鼠"的客服部叫"全球主人满意中心",客服身为"松鼠星人",专门为顾客"主人"递送一种叫作"鼠小箱"的包裹,里面附赠的赠品袋叫"鼠小袋",拍下产品叫"领养一只鼠小箱"。

(3) 让顾客感受产品流程,拥有参与感。每个产品包装袋上都有二维码,顾客扫描就可以知道自己产品的30个控制点。同时,也通过顾客对产品的反馈,影响到工人的工资,从而提高工人工作效率。

(4) 选取优秀原材料,保证食品新鲜度。从只是经销商到一手掌握产品和供应链,让"三只松鼠"的产品能在15天内从生产到消费者手中,既保持了食材的新鲜,又让消费者对产品产生信心,同时,也杜绝了生产链在产品生产过程中可能出现的供应问题。

(5) 打造卡通形象,植入品牌概念。通过合作动画片等手段,让"三只松鼠"的形象更加深入人心,让品牌的接受度和国民度更高。

**"三只松鼠"的未来**

虽然"三只松鼠"现在正发展得轰轰烈烈,但是未来前景并不容乐观。

(1) 目标消费群体易被取代。据最新市场调研数据显示,坚果等休闲食品的消费人群范围非常广,年龄跨度从15岁到65岁之间。由于"三只松鼠"的销售渠道现在全部集中在线上,而网络消费主力军是"80后"和"90后","三只松鼠"的目标人群也一直定位为这一人群,却忽略了实际家庭采购决策者和购买者的广大成熟消费人群。这些人多数不会上网购物,他们更愿意到实体门店选购产品。"三只松鼠"定位的目标人群更倾年轻化,将更多有消费能力的"80前"成熟人群排除在消费人群之外。一旦其他休闲食品品牌加大线上促销宣传力度,将会大大分流"三只松鼠"的现有消费群体,"三只松鼠"坚果之王的地位或将被撼动。

(2) 卖萌文化易遭复制。"三只松鼠"的主人文化刚开始接触可能会感到有趣、好玩和独特,几次接触之后,这种"主人文化"的吸引力就会大不如前。现在"卖萌文化"对"三只松鼠"品牌传播的积极支撑作用已经大大弱化。"卖萌文化"正遭遇发展的瓶颈,如果"三只松鼠"不再对其有创新突破之举,极易被复制、取代。

(3) 独特服务被模仿,丧失优势。起初"三只松鼠"凭借其"超预期服务"迅速转化成口碑,助其销量收阳放大。然而任何一个好的营销方法都会被竞争对手疯狂地模仿甚至超越,"三只松鼠"的"超预期服务"也不例外。现在几乎所有坚果电商都会在快递包裹中赠送开箱器、封口夹、垃圾袋和湿纸巾等,这些带给消费者的已不再是当初的惊喜与感动。之前,"三只松鼠"凭借"超预期服务"对竞争对手形成的优势已经不在。

面对以上种种挑战,"三只松鼠"的创始人章燎原认为,那些模仿者只能模仿"三只松鼠"最基本的服务态度和形式,但为顾客充分考虑的心是无法复制的。他现在已把目光延伸至了更深、更远的地方,全国范围的仓储物流体系、全球的原材料采购系统,让所有产品从包装到到达消费者手中只需要短短20天,最大程度保证了产品的新鲜,较好契合了"森林食品"新鲜概念的定位。同时,建立产品从原材料采摘到包装完成,再到进入消费者手中的全程可追溯体系,一旦出现消费者投诉等不满意情况,企业能够准确掌握产品任何一个环节出现的细节性问题。种种措施,不是其他店铺简单地复制粘贴就能够完成的,毋庸置疑,"三只松鼠"的未来,一定是慢食快活的休闲食品品牌,品牌只是外功,而产品才是本质。

## 第三节 市场定位的核心是构建用户画像

### 一、用户画像的概念

#### (一)用户画像的定义

交互设计之父 Alan Cooper 最早提出用户画像(persona)的概念:"Personas are a concrete representation of target users."用户画像是从真实的用户行为中抽象出来的典型用户模型,企业通过收集与分析消费者的社会属性、生活习惯、消费行为的主要信息,完整描述产品(或服务)的目标用户特征或者加工成一系列的标签,为企业中所有与用户有关的决策过程提供信息基础,指导企业的产品服务研发和市场营销。其实,所谓的用户画像远没有听起来那么复杂,客户的性别、年龄、喜好等这些都可以作为用户画像的维度。迅雷的产品总监 Blues 认为,用户画像分析的维度,可以按照人口属性和产品行为属性进行综合分析。

#### (二)用户画像的核心

用户画像的核心无疑就是数据,用户画像的数据被划分为以下三个方面。

**1. 用户数据**

静态信息数据:用户相对稳定的信息,主要包括人口属性、商业属性等方面数据。这类信息自成标签,如果品牌社群已经有真实信息则无需过多建模预测,更多的是进行数据清洗工作。

动态信息数据：用户不断变化的行为信息，如用户搜索了什么商品、浏览了哪个页面、赞了哪条微博消息、发布了积极或消极的评论……这些都是互联网上的用户行为，将成为用户画像中偏好特征和消费行为特征的主要依据。

**2. 产品意见数据**

往往来自品牌社群中品牌产品或服务的实际使用者或直接受益者，所以他们对于产品的意见可以认为是社群对于品牌价值的另一种延伸。

**3. 社群用户渠道数据**

信息渠道：通过点击相关信息获取渠道，品牌社群可以为品牌提供用户的主流信息平台，对于内容投放及品牌营销策略可以起到参考作用。

购买渠道：用户的购买渠道数据可以为品牌在产品投放渠道提供指导意见，这也是组成品牌社群用户画像的必要条件之一。

## 二、用户画像的三个阶段

### （一）初创期：产品还未定型

这个阶段往往指的是公司刚刚创立，产品还未成形，需要通过用户画像来定义产品模式与功能的阶段，这个阶段你需要做大量偏宏观的调研，明确你的产品切入的是哪一个细分市场，这个细分市场中的人群又有哪些特点，目标客户的喜好情况，平均消费水平怎么样，每天的时间分配是怎样的，等等诸如此类的问题。

在这个阶段，你做用户画像的意义在于为你的产品定义一个市场，并且你能够清楚地知道这个市场能不能做，能不能以你现有的产品构思去做，做的过程中会不会出现一些与基本逻辑相违背的问题。如果分析之后认为可以做，那就立马做出产品原型，小步快跑、试错迭代；如若不行，就需要转变方向和思路。

所以，这个阶段的用户画像意义在于业务经营分析以及竞争分析，继而影响企业发展战略。

### （二）成长期：产品运营中

在这个阶段你的产品已经被市场认可，各项数据处于一个上升期，这个时候用户画像所承担的责任就又变了。在这个阶段，你需要通过产品后台所反馈的数据（显性、隐形等）进行整理，得出一个详细的用户画像，这里不像在初创期那样做广泛的调查，而是需要改变策略从细节抓起，从每一次和用户的交互中寻找用户的真实需求。

比如,你是做产品运营的,那你就要知道每天的访问数据、打开频率、登录次数、活跃时间等,把这些结合起来分析用户的需求会更加明确。

所以,这个阶段的用户画像意义在于精准营销,使产品的服务对象更加聚焦、更加专注,能更好地满足用户的需求,优化运营手段,并提升你的经营效益。

(三)成熟期:寻求突破

这个阶段,产品已经成熟,也有了稳定的运作模式,市场地位趋于稳定,日常工作也大多以维护为主。这个时候,用户画像的作用就是寻找新的增长点和突破口。

如果产品转型,老用户的接受能力和新产品用户数量预估,以及进行合理的调整,这都是你要考虑的问题,这个阶段的用户画像建议将初创期的泛调查与成长期累积的用户画像结合起来做,这样,对于新产品来说,才会有一个更好的保障。

## 三、用户画像的四维度

随着产品功能的增多和用户的增多,用户需求的多样化和产品服务的多样化之间就存在着匹配与不匹配、选择与不选择、喜欢与不喜欢之间的矛盾,新用户的选择,老用户的活跃、流失带来了各种各样的局面。而精细化的运营就是通过用户分群,对不同需求的用户匹配不同的服务和内容,从而满足其个性化的需求,以更好地完成运营中拉新、促活和激活的工作。既然要给用户分群,我们就要给用户建立画像,更好地区别不同特征用户的不同需求。用户画像可以从多个维度来描绘,不同的产品类型,用户画像的维度也有不同,一般来说我们可以从四种维度来建立用户画像。

第一维度:自然属性(或自然特征)。如姓名、性别、出生日期、学历、年龄段等等的基本个人信息。

第二维度:偏好属性(或偏好特征)。如兴趣标签、关注领域、关注的频道以及每日学习的时间段等信息;

第三维度:社会属性(或社会特征)。如所在的城市、职业、社交活动区域、活跃度、互动性、传播性、使用渠道等信息从用户的生活、工作、感情、社交入手,分析客户的价值观,并针对性地改良产品。

第四维度:消费属性(或消费特征)。如对知识的付费情况、参与的活动、关注的产品以及所使用的手机品牌等消费水平、消费心理、消费嗜好等信息,可反映用户对于消费的观念和想法。

那么当我们搜集和整理了这些信息之后,我们就能为每个人建立起一个准确的画像,从而能精准地为每个用户推送不同的内容和服务,以满足用户不同的需求。最熟悉的例子就像知乎在用户注册时会根据用户的兴趣、爱好和关注的领域给用户进行推荐。

## 四、构建用户画像的原则

### （一）标签化

"标签化"是指企业根据用户浏览、消费等行为推断出这个用户的自然特征、社会特征、偏好特征、消费特征等信息，然后将信息进行归类，建立多元化、动态的客户标签（见图 3-8）。而标签化的目标其实是基于大数据的采集，用电子化的方式将用户属性抽象出来，以方便数据统计，构建大数据池，后续进行数据挖掘和聚合分析。但用户标签化切忌不要以偏概全，拍脑门给用户贴标签，一定要根据实际数据对用户进行分类整理。

图 3-8 用户特征

### （二）低交叉率

用户画像的目的是用透明直观的标签对目标用户进行数字化的聚合和描述。在进行聚合时，要注意低交叉率的原则。就是如果两组画像中的标签几乎一致，只有个别、并且对用户需求影响不大的标签因素是可以被弱化的。

另外，用户画像也要尽量保证其完整性和独立性。"完整性"是为了尽可能大地包含用户群体；"独立性"又要求这些群体里没有重叠。这两点对于分析市场，优化产品业务都有很大作用。

## 五、构建用户画像的步骤

构建用户画像主要分为三个步骤：样本筛选＋信息收集＋构建画像。

## （一）用户样本筛选

首先，前期需要根据产品特性确定出产品目标用户群所具备的基本特点，然后，才能让调研公司根据需求去搜集用户样本。

以阅读产品用户为例，我们需要限定年龄范围、城市分布、使用频次、使用时长、使用设备、阅读习惯等，最终确定一个用户样本范围。

## （二）用户访谈

确定好范围之后，针对性地挑选用户作访谈，数量不一定要多，但是要尽可能地涵盖不同的性格类型。访谈中需要注意的是：尽量不要问用户封闭式问题和带有引导性的问题，并且注意不要忽略产品相关的问题。将用户的习惯与对你们产品的意见结合，那得出的结论是非常有效的。

## （三）构建画像

这一步是将收集到的信息进行整理和分析并归类，创建用户角色框架（更全面地反映出用户的状态），然后根据产品侧重点提取出来，进行用户评估分级，并结合用户规模、用户价值和使用频率来划分，确定主要用户、次要用户和潜在用户。

这就是构建用户画像的步骤，最后，你可以根据这个进行用户评估、精细化运营和分类运营等，做有针对性的运营，提高运营效率。

# 六、用户画像的应用

用户画像的应用主要是以下几个方面。

（1）精准营销：分析产品潜在用户，针对特定群体利用短信邮件等方式进行营销；

（2）用户统计：根据用户标签，统计和分析用户消费情况；

（3）数据挖掘：构建智能推荐系统，利用关联规则计算。

例如，喜欢旅游的人群通常喜欢什么样的运动品牌，利用聚类算法分析喜欢旅游爱好者的年龄段分布情况等，进行效果评估，完善产品运营，提升服务质量。其实，这也就相当于市场调研、用户调研，迅速定位服务群体，提供高水平的服务。对服务或产品进行私人定制，即个性化地服务某类群体甚至每一位用户（个人认为这是目前的发展趋势，是未来的消费主流）。比如，某公司想推出一款面向30～40岁女性的化妆品，通过用户画像进行分析，发现形象＝"艾薇儿"、价格区间＝"中等"的偏好比重最大，那么就给新产品提供此类非常客观有效的决策依据。

业务经营分析以及竞争分析，可直接影响企业发展战略。但用户画像不是万能的，也不是必不可少的，而建立用户画像、用户场景是产品经理不可忽略的工作任务之一。用户画像越精确，我们的产品便越会稳步前进，不会出现什么大的差错。用户画像是用户需求的具体化、形象化，构建用户画像和利用用户画像是我们打造产品不可或缺的一项工作。

### 招商银行：借力京东金融，实现营销创新

大数据技术是金融科技的一大重点，京东金融很早就在布局金融大数据，通过零售领域突破包括用户画像、反欺诈和大数据风控在内的数据金融。从系统入口到出口，京东金融已经布下密集的数据收集节点，用户画像的收集一方面能够分析用户需求；另一方面能够帮助用户更好地完成整个消费过程。

如图3-9所示，2017年7月，招商银行信用卡中心与京东金融联合，推出业界首张以"信用"作为主题权益的联名卡——"招行小白信用联名卡"，该卡的出现打破了联名卡的固有定位，新鲜感和体验感更强。这种信用卡覆盖了更广的线下使用场景，能够帮助年轻人建立属于自己的信用体系，既让银行获得了更多年轻并具有消费力的客户，又帮助京东金融拓展了更丰富的线下业务。除招商银行外，华夏银行、上海银行、北京农商银行、广州银行也与京东金融联合推出了"白条"联名卡。

图3-9 "招行小白信用联名卡"手机申请界面

# 本 章 小 结

市场定位的核心是构建用户画像,首先,我们要明确什么是定位,什么是 STP 理论以及如何进行定位等。其次,要了解构建用户画像的含义和流程。最后,要理解和掌握如何运用定位理论进行构建用户画像并实施。

# 营 销 实 例

## 颠覆风潮、俘获世界——vivo 的营销之道

### 一、大道至简:回归本源

#### (一)追根溯源:分析消费者市场

由于中国智能手机市场的快速发展,导致消费者的偏好日趋多样化,因而 vivo 无法做到满足所有消费者的需求,所以,沈炜认为需要对消费群体进行有效的细分,以制订有针对性的手机型号与营销策略。于是,vivo 进行了大量的市场调研,发现对消费者来说智能手机消费影响因素较大的主要包括年龄、收入和消费者对于智能手机的使用及其偏好情况等,并以此为依据 vivo 将市场细分为三类。

第一类:实用型用户。这部分群体的购买能力较低,在购买智能手机时更加注重其性价比和使用性,尤其是手机的性能参数情况,一般而言的大屏、高像素以及多核手机容易得到这类消费者的青睐,他们对于智能手机的细节和精致性的关注较少。

第二类:品质型用户。这部分用户具有较强的经济实力,他们的消费能力很高,但是数量较小,对于手机的细节精致性、安全性具有很高要求,对于价格则不太敏感,其消费时更为注重的是产品的质量与形象。

第三类:时尚型用户。这部分群体主要包括家庭经济条件较好的学生和月收入较高的年轻上班族,其经济实力处于实用型用户和品质型用户之间,但其对于智能手机的时尚新潮性,以及上网、拍照、视频、游戏等娱乐功能具有较高要求,有很强的追赶潮流心理,因而对于智能手机的消费欲望很强,并愿意为之支付较高的价格。

#### (二)有的放矢:确定目标市场

那么到底该进入哪个市场?哪个市场更有潜力?

（1）对于实用型用户。有出众的硬件配置且定价较低的中端智能手机更符合这类群体的要求。当时，华为、中兴、小米等国产手机厂商通过价格战的方式在中端和中低端智能手机市场激烈厮杀，产品利润空间已经被压至很低，vivo 主攻这个市场没有很大的优势。

（2）对于品质型用户。他们对产品的各个方面要求较高，功能齐全、设计感强的产品更能吸引该类群体。在价格接受方面，由于该类消费者有一定经济基础，因此更愿意购买具有身份和地位象征的高端手机品牌。这个市场获取了行业中绝大部分的巨额利润，然而苹果、三星等海外品牌已经在高端智能手机市场形成垄断，凭借 vivo 当时的资源和能力无法与它们发生正面竞争。

这种看似进退两难的格局实质上给智能手机市场留下一个巨大的缺口，也就是针对时尚型用户的市场。对于这类群体，低端手机同质化严重，无法满足他们的个性需求，而苹果、三星等高端手机昂贵的价格又将他们排除在外。同时，这个市场还极具潜力，时尚型用户具有三重消费能力：首先，他们具有现时消费能力，对时尚潮流有较高的敏感度，对新的生活方式的反应接受较快，愿意接受新的事物，无论是在智能手机上的消费还是手机的更换速度都是在消费者中最高的；其次，他们乐于分享，在群体间的购买决策会相互影响；最后，他们是未来的主力消费群，有很大的市场空间。而功能机时代的"BBK"标识基本上大部分人还有印象，使得 vivo 的前身在年轻人心中已经有了一定的形象积累，进入这个市场无疑是 vivo 最好的选择。

最终，沈炜以及其团队将目标市场锁定在 18~35 岁中高端消费群体、追求现代生活方式的年轻人，主要针对时尚型用户。vivo 首先进入时尚型消费者市场，然后慢慢陆续开发实用型用户和品质型用户市场，目前已达成该年龄段市场的全覆盖，并围绕这个群体持续不断地去经营自己的品牌，为该群体打造拥有卓越外观、专业级音质享受、极致影像、性价比高的智能手机产品。针对目标市场，vivo 推出了不同的手机系列（见表 3-1）。

表 3-1　vivo 手机系列

| 手机系列 | X 系列 | Xplay 系列 | Y 系列 |
| --- | --- | --- | --- |
| 消费者群体 | 时尚型用户 | 品质型用户 | 实用性用户 |
| 价格 | 2 000~3 500 元 | 3 500~4 000 元 | 2 000 以下 |
| 主打功能 | HIFI 音质、超薄设计、畅快体验 | 极致 HIFI 与极致影音 | 型号众多、外观漂亮、价格低 |

(1) Y系列手机。vivo发行的Y系列产品,价格低廉、型号众多、外观漂亮,且音质好,这一系列主要针对实用型群体。Y系列部分产品如图3-10所示。

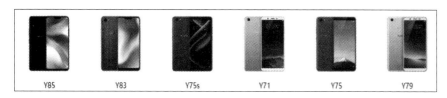

图3-10　Y系列产品部分展示

(2) Xplay系列手机。vivo发行的Xplay系列产品,主打极致HIFI和极致影音。例如,主要产品vivoXplay6搭载了全新一代的SuperAMOLED曲面屏,5.46英寸2K分辨率,拍照方面,搭载了索尼旗舰传感器IMX362并支持双核对焦,对焦速度达到0.03S,配合双摄像头,可以虚化背景,突出主体;vivoXplay5国内首次采用双曲面屏,并针对双曲面屏设计了侧屏来电提醒和解锁,同时配备了分屏多任务,在用户观看视频时遇到微信或QQ等信息,屏幕可以一分为二,边看视频边处理信息,这一系列主要针对品质型用户。Xplay系列产品如图3-11所示。

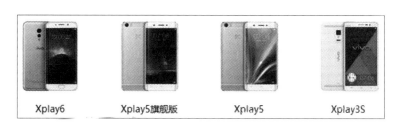

图3-11　Xplay系列产品展示

(3) X系列手机。vivo发行的X系列产品,提供极致HIFI、极致薄的产品,主打HIFI音质、超薄设计和畅快体验。例如,X系列产品vivoX21,主打刘海全面屏、屏下指纹识别以及逆光人像;vivoX20、vivoX20Plus是vivo首款全面屏手机,前后摄像头均采用双核像素对焦;vivoX9s、vivoX9sPlus则采用了前置2 000万像素镜头配合专业虚化传感器让虚化效果更突出,同时配合全新的全局柔光灯以及改善的美颜算法,提升整体自拍效果,同时机身将更为轻薄,背面采用大小弧面过渡的设计方式,让机身在轻薄的同时保持更好的握持感。这一系列主要针对时尚型用户,X系列部分产品如图3-12所示。

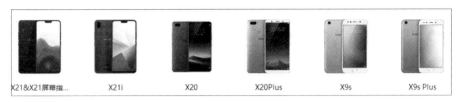

图 3-12　X 系列产品部分展示

### （三）别具一格：定位市场

由于智能手机市场竞争激烈，许多知名品牌已赢得众多消费者的信赖，vivo 作为从步步高改名后的新兴品牌，在起步阶段就没有优势。根据 vivo 确定的目标市场，vivo 的竞争对手有诺基亚、华为等，但其中最大的竞争对手是功能和价位都与 vivo 非常相近的国产手机品牌 OPPO。

诺基亚主推 Windows 系统，华为主推云计算功能以及拍照功能，OPPO 主打拍照和闪充功能。由于竞争对手中没有人主推音乐 Hi-Fi 音质这一功能，沈炜为了让 vivo 手机能在目标市场的消费者心中形成区别于竞争对手的印象，有一定的竞争优势，决定从 5 个最热门的手机功能领域中挑选出音乐和拍照这两项作为 vivo 的主打功能，以此作为市场切入点。利用原"步步高"音乐手机的领先技术，将音乐功能优化，并且手机音质纯净，加上外观时尚、清新自然，深受年轻消费者的喜爱，同时也强化了目标市场以及潜在消费者心目中"年轻"的品牌形象。

另外，vivo 又针对不同类型的消费者制定了不同的手机系列，以满足不同消费者类型的需求。

**问题思考：**

1. vivo 是如何实施 STP 战略的？
2. vivo 哪些方面值得其他手机企业学习？
3. 你能为 vivo 提些什么样的建议？

# 参 考 文 献

1. 王秀宏、王景景、马向阳：《我有酒，你有故事吗？——江小白的内容营销之路》，中国管理案例共享中心。

2. 曲洪敏、刘腊梅、赵婧文:《颠覆风潮、俘获世界——vivo 的营销之道》,中国管理案例共享中心。

3. [美]科特勒、[美]阿姆斯特朗著:《市场营销:原理与实践》(第 16 版),楼尊译,北京,中国人民大学出版社,2015。

# 第四章 新媒体营销产品策略的趣味性原则(Interesting)

## 案例导读

### "1 到 100,还是 100 到 1"
### ——圣迪乐村品牌鸡蛋的产品策略

圣迪乐村成立于2001年5月,从2万只蛋鸡起步,专注于高品质鸡蛋的生产与销售(见图4-1、图4-2)。截至2017年12月,圣迪乐村的蛋鸡养殖规模逾700万只,全国建有10个基地;其产品畅销30余个大中城市,已初步形成华西、华东、华南、华北、华中5大区的中国销售网络,并从2012年起连续4年获得中国综合市场占有率第一位。

图 4-1 圣迪乐村品牌鸡蛋

图 4-2 圣迪乐村孕婴鸡蛋

2017年8月3日,圣迪乐村各片区和各部门的负责人齐聚成都总部会议室,董事长冯总正在发言:"圣迪乐村成立至今16年,规模越做越大,产品也越做越多。尽管每一种产品都有消费者愿意购买,但每一种产品都是要投入人力物力去经营的。在消费升级的这个时代,我们要有勇气减掉那些中低端产品。真正伟大的公司,就只有一个极致产品!"

话音一落,各部门的管理者们便坐不住了。从年初到现在,鸡蛋市场行情低迷,5月份的鸡蛋价格甚至跌至5年来的最低点,为什么冯总在这么一个节骨眼上提出这个想法?

财务部王总抢先发言:"今年鸡蛋市场的整体状况很不好,尽管今年上半年营收3亿多元,比去年同期增长6.65%,但最终所获得的利润有限。如果在当前削减产品,很可能会影响公司的资金链。我认为当前要考虑的首要问题不是减掉产品,而是如何稳住公司的经营绩效。"

听完王总的话,大家都没有作声,等了好一会,市场部的何总接着说道:"当前,公司的亏损主要源于食粮价格的上涨,以及市场波动对中低端产品的影响,如果我们减去这些中低端产品,正是一个改善公司经营绩效的可行方法。从另一个角度看,如果我们把有限的资源投入到能给公司带来最大收益的产品上,尽全力在我们所构建的全国性销售网络中营销这些核心产品,公司才能迅速'回血'!"

听到何总这一番话,生产中心的负责人老李点点头,接着说道:"与去年上半年相比,鸡蛋的销量增长了30.96%,其中中高端产品销售量增长15.08%。更值得一提的是,从2015年至今,在全国24个主要城市大型卖场,我们的高品质鸡蛋在高端鸡蛋市场占比最高达67.9%。这实际上是中国消费者消费能力提升的一种体现,因此我认为我们应该减掉中低端产品,主攻中高端产品,抓住这一部分有消费能力的中高端消费者。"

"但是,中低端产品的销量增长与中高端产品不相上下。"财务部王总不满地说道,"纵使减掉部分中低端产品可以增强公司的抗风险能力,但也意味着会失去不少顾客,同时也相当于给了竞争对手进攻的机会,将这一市场拱手让给竞争对手。"

空气中的火药味越来越浓,会议室中18℃的空调也无法让大家冷静下来。看到这一情形,冯总抬头说道:"大家还记得公司的定位吗?公司从成立之日起就致力提供高品质鸡蛋给中高端顾客。在圣迪乐村成长的这十几年中,为了能吸收更多的顾客,我们逐渐涉足中低端。尽管公司销售额提升了,但却拉低了公司整体的品牌定位,这不是与我们的目标——成为'高品质鸡蛋领导品牌',打造'世界级蛋品企业'背道而驰吗?"

听了这一番话,一直沉默的品牌总监老邓道出了自己的观点:"圣迪乐村当前急需将目标顾客回归中高端消费者,才能传递'高品质'的理念和特征。品牌蛋市场目前尚未形成具有领导地位的强势企业,谁先获得消费者的认知,谁就能成为品牌鸡蛋高端市场的领导者!"

市场部何总听了这番话,微微点头说道:"鸡蛋是不可或缺的蛋白质来源,只要我们能抓住这部分高端消费者,他们很可能会成为我们的终身顾客。这些年我们围绕中高端产品研究食粮配方、母鸡基因和饲养环境等,打造了鸡蛋全产业链,这些在行业中都是领先的,能够提升消费者对圣迪乐村的质量认知。如果我们利用蛋鸡研究院的研发能力进一步提升品牌蛋'绵、软、糯'的口感,我相信一定能抓住这部分高端消费者。"

"但是这一块儿肥肉谁不想呢?目前的老牌鸡蛋企业和新企业都开始走品牌蛋的路线,瞄准的也都是这一部分消费者。与老牌的德青源、正大等企业相比,我们的资源不够雄厚;与新成立的徐鸿飞小鲜蛋等企业相比,我们在消费者体验方面做得不足。如果我们贸然减掉产品,很可能既没能获取中高端消费者的青睐,又丢了现有的消费者。"事业发展部部长老王若有所思地说道,"情怀很重要,但是成本和代价也需要考虑。"

"资源终究是有限的,集中使用资源才能做到精益求精。"市场部何总看了看大家,继续说道,"我们一直以为根据不同目标客户群的需求细分产品品类是一个正确的发展思路,但是不知道大家发现没有,我们的主品牌和副品牌之间本身就构成了竞争关系。与其如此,还不如集中火力对付其他的竞争对手。"

"多产品也是能够集中使用资源的。就拿产品配送来讲,多产品配送可以降低产品的打包配送成本,产品减少将会大大提升配送成本。"事业发展部部长老王反驳道,"瞄准中高端客户听起来确实很美,但是如何精准地把这个群体寻找出来?又如何让我们的产品精准地到达这个群体?这个代价到底有多大,大家有没有测算过?"

老王的这番话再次让气氛变得紧张起来,原本持支持态度的管理者们也纷纷倒戈。品牌总监邓总倒是没有理会这紧张的氛围,说道:"我们这些年,与肯德基、麦当劳等世界级餐饮集团开启了合作,与万豪酒店等400家五星级酒店、山姆会员店等大型商超成为战略合作伙伴,甚至走进了G20、金砖峰会等世界性论坛,并连续四年全国销量第一。这些都是对圣迪乐村品质的认可,也是获取中高端消费者的有效工具,更是竞争对手无法模仿的竞争优势。对于大家担心的失去部分市场的问题,我认为需要首先根据财务数据进行分析;其次,进行市场调查,试探消费者对我们中高端产品的接受程度,并在正式减掉中低端产品之前,先把这些消费者变成我们的中高端消费者,从而把顾客损失降到最低。"

"把中低端消费者变成中高端消费者,着实不太可能。按照中国消费者的收入和消费习惯,有多少人愿意购买昂贵的鸡蛋呢?正是因为鸡蛋是人所需要的必需品,消耗量大,消费者才更愿意购买中低端价位的鸡蛋。"事业发展部部长老王肯定地说道,"还有一个问题,虽然消费者的消费能力在提升,但是消费者的消费需求也在变化。当下消费者需求侧重于安全有保障,但是那些对鸡蛋有特殊需求的消费者也在慢慢崛起,将来我们很有可能同样会顺应消费者的需求生产出多种不同的产品。"

大家愈说愈激烈,原本缓和过来的气氛不知不觉中又变得紧张起来。

会议就这样一直持续到下午6点,但最终仍然没有能够达成一致,冯总叫停了这一场没有硝烟的战争,宣布过几天再议。大家逐渐离去,留下冯总独自一人留在空荡荡的会议室中。看着偌大的房间,冯总脑海里面又浮现出会议争论的画面。就现在公司的状况而言,是坚持原有"1到100"的发展态势,还是应该"从100到1",聚焦回归核心呢?冯总陷入了沉思。

**问题思考:**

1. 你认同哪个部门负责人的观点,为什么?
2. 如果你是冯总,你会如何决定?
3. 结合国内市场和消费者的情况,谈一谈针对生鲜产品的策略与一般产品有何不同?

好的产品策略可以让产品深深植入消费者的脑海中,在新媒体时代,我们更需要关注产品的各个方面,以采取最合适和效果最佳的策略进入市场,下面就来了解一下相关的知识内容。

# 第一节　产品与服务

## 一、产品的定义

我们把产品(product)定义为向市场提供的,引起注意、获取、使用或消费以满足欲望或需要的任何东西。产品不仅仅包括有形产品,如汽车、电脑和手机,广义上,产品还包括服务、事件、人员、地点、组织、观念或者上述内容的组合。这里,我们用产品这个术语来包含以上任何一项或全部。因此,华为手机、上海大众汽车、星巴克的摩卡咖啡是产品,拉斯维加斯的旅行、金融投资服务、医生的建议同样也是产品。

在市场提供物中,产品是最关键的因素,营销组合策划就是从为目标顾客设计他们需要的有价值的东西开始的。这些提供物是企业与顾客建立可盈利关系的基础,企业的市场提供物既包括有形产品,也包括服务。在一个极端,提供物可能由有形商品组成,如肥皂、牙膏或者食盐,无须提供与产品配套的服务,另一个极端则是纯粹的服务,提供物主要是由服务组成,如体检和金融服务。在这两个极端之间存在许多可能的产品和服务的组合。

今天,随着产品和服务商品化的程度越来越高,许多企业正不断努力为顾客创造更多、更好的价值。为了使提供给顾客的产品能够差异化,除了简单地制造产品和传递服务,企业正致力于创造和管理顾客对企业与品牌的体验。对于一些企业而言,体验通常是其市场营销的重要组成部分。例如,迪士尼一直致力于通过它的电影与主题公园的方式为消费者制造一个独特而美丽的回忆,以及宜家通过对实体店的精心布置装潢所带来的视觉、听觉等多重效果达到极致的客户体验。

### 案例速递

宜家最大的特点,就是它所有的策略都围绕着一点在运转,那就是带给客户心动的体验。

**利用视觉影响**

利用视觉影响,就是利用场景影响法。宜家的营销,其实从你准备进入店门的那一刻就已经开始了,到了宜家你就会发现那个简洁而醒目的 LOGO(见图 4-3)。

图 4-3　宜家门店

当你踏入店内,你会发现宜家的商品布置,不是把同类产品罗列在一起标价,让消费进行对比和选择,而是将产品的使用环境模拟出来,通过设计师的布置打造出一个小房间。在那里,你能看到这件商品摆在家里是什么样的效果,你能考虑选择其他什么样的产品来和它一起搭配,它们表达出了产品的使用效果,你所看到的,就是你将来会得到的。这里还有其他优势所在,宜家通过优化资源,选点艺术,全面营造出最佳的状态来刺激消费者的眼球神经,激发消费者购买的欲望。

从色彩缤纷的客厅,到风情万种的卧室,还有宜家那随着新产品上市,随着季节不断变化的样板间产品,让消费者感觉到原来家居可以这样布置。从消费者进入宜家的那一刻,就被产品所吸引了,欲罢而不能。这就是视觉冲击的力量所在。

**利用听觉影响**

利用听觉影响,就是利用口碑影响法。

视觉影响更多的是消费者受到外界感官刺激,而听觉影响因素更多的是来自外界的语言魅力。

这种影响必须来自与消费者相关联的人,可以是朋友推荐的影响、明星代言人的影响,或者是同一产品的用户的评价影响等,只有这些具有影响力的声音才能让消费者产生消费这个产品的欲望。宜家在这一点上最突出的就是消费者的口碑效应。这其实也和宜家的目标群体有很大的关系,在更多的情况下,设计精美的家居用品是为贵族服务的,但是宜家却不同。

从一开始宜家就走上了另外一条道路,它的目标群体是中等收入的家庭,它坚定地站在"平民消费"这一边,让他们不用花过于奢侈的钱就能得到高性价比、惊喜的产品。不论是在这一点上,还是在购物的体验上宜家的口碑是相当不错的。

**利用感受到的影响**

利用感受到的来影响,其实就是利用体验影响。宜家的营销方式还有一个非常显著的特点,就是体验感觉第一。在这一点上,跟国内其他的家具厂动辄就在沙发、席梦思床上标出"样品勿坐",或者标示"损坏赔偿"等警告相反。

在宜家,所有能坐的商品,消费者都可以亲自去体验感受,所有能够触碰的商品,都可以拿起来好好端详,可以打开抽屉、可以在地毯上走走(见图4-4)。宜家还特别地鼓励消费者,"坐上去感受一下吧,看看它有多舒服!"并且,你可以随心所欲地浏览自己感兴趣的商品,不会有喋喋不休的销售人员追问、推荐,他们通常都是非常安静地站在一边,除非你主动需求店员的帮助,否则他们不会轻易地打扰你,消费者在宜家能够体会到一种别的家居店不能体会到的轻松、自由。

宜家这种让消费者尽管体验,尽情体验的方法,都是在增加与消费者之间的一种互动、体验的营销。目的就是让消费者感觉到这里的产品不错,而且对产品和品牌产生信任感。慢慢地,消费者甚至会感受到宜家销售的不是一种产品,而是一种文化,一种生活态度,在潜移默化之下,一旦有了购买需求,很多人都会毫不犹豫地去购买。

体验式营销,这也许是未来的一种趋势。在互联网经济成为时髦的今天,不少企业削尖了脑袋往里钻,但宜家却根据自身产品的特性,抓住了线上所不具备的体验性,强化体验式营销的方法,不仅为自己创造了不错的营业额,还以其独特之处而为人津津乐道。

图 4-4　宜家的顾客体验

## 二、产品整体概念

人们通常理解的产品是指具有某种特定物质形状和用途的物品,是看得见、摸得着的东西,这是一种狭义的定义。而市场营销学认为,广义的产品是指人们通过购买而获得的能够满足某种需求和欲望的物品的总和,它既包括具有物质形态的产品实体,又包括非物质形态的利益,这就是"产品的整体概念"。整体产品的概念包括三个方面的内容:实质产品(又称核心产品)、形式产品和延伸产品(见图 4-5)。

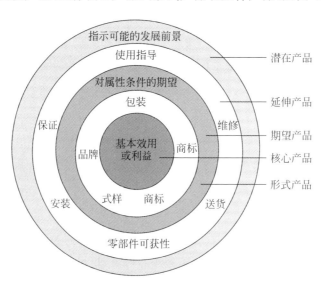

图 4-5　产品整体概念

## （一）实质产品（或核心产品）

实质产品是指产品的基本需求效用和利益。从根本上讲，每个产品实质上都是为解决问题而提供的服务。例如，消费者购买口红的目的不是为了得到某种颜色、某种形状的实体，而是为了通过使用口红提高自身的形象和气质。

## （二）形式产品

形式产品是指产品的实体外在形态，或核心产品借以实现的形式，或目标市场对需求的特定满足形式。形式产品一般有五个特征构成，即品质、式样、特征、商标及包装。核心产品必须通过形式产品才能实现。

## （三）延伸产品

延伸产品是指针对产品本身的商品特性而产生的各种服务保证，或者是顾客购买形式产品和期望产品时，附带获得的各种利益的总和，包括使用指导、保证、安装、维修、送货、零部件可获性等。

# 三、服务的本质与特点

服务具有无形性、不可分性、可变性、易消失性四种特性。

## （一）服务的无形性（service intangibility）

"无形性"意味着在购买之前看不见、尝不到、摸不着、听不见、闻不到。例如，做美容的人在购买美容服务之前，并不能看到结果；民航乘客除了一张机票和关于他们及其行李会安全、有望准时到达目的地的承诺之外，什么也没有。为了减少不确定性，购买者会寻找表明服务质量的"标志"——他们通过自己所观察到的地点、人员、价格、设备和沟通材料，得出有关服务质量的判断。因此，服务提供方的任务就在于通过一种或多种途径让服务变得有形，同时发送正确的服务质量信号。实体产品先是被生产出来；然后经由储存、销售；最后被消费。与此相反，服务先是被销售，在生产的同时被消费。

## （二）服务的不可分性（service inseparability）

"不可分性"意味着服务与其提供者是分不开的，不论提供者是人员还是机器。如果服务是由人员提供的，那么这个人就是服务的一部分。由于在服务的生产过程中，顾客也在场，因此这种"服务提供者——顾客互动"的关系构成了服务营销的独有特征。服务提供者和顾客都会影响服务的结果。

### (三)服务的可变性(service variability)

"可变性"是指服务的质量取决于提供服务的人员时间、地点和方式。例如,一些酒店,如"万豪"——以提供优于其他酒店的服务而著称,即使是在某一家万豪酒店内,可能前台的工作人员心情愉快,效率很高,而站在几英尺外的另一位工作人员就可能心事重重、行动迟缓;即使是同一位万豪员工的服务,也会随着接待顾客时的体力和心情而变化。

### (四)服务的易消失性(service perishability)

"易消失性"是指服务不能够被储存起来,留待日后销售或使用。一些医生对于错过预约时间的病人也要收费,因为服务的价值仅存在于那个时点,如果病人在那个时候不来,服务的价值也就不存在了。当需求很稳定的时候,服务的易消失性还不算什么大问题,但是,当需求发生波动的时候,服务企业经常面临难题。例如,由于高峰期的需求量大,公交企业就必须增加更多的交通设施。因此,服务企业在制订战略的时候,经常要考虑如何实现需求与供给之间更好地匹配。比如,酒店和旅游胜地在淡季以低价吸引更多的游客;餐馆雇用一些兼职人员来补充用餐高峰期的服务供给能力。

## 四、产品与服务的层次

产品策划者需要考虑产品和服务的三个层次,每个层次都会增加顾客价值(见图 4-6)。最基础的一层是核心顾客价值(core customer value),它提出了这样一个问题:购买者真正购买的是什么?因此,企业在设计产品时,必须首先确定顾客所追求的那些能够解决问题的核心利益或服务。例如,消费者购买平板电脑时,想要获得的核心利益和诉求或许是为了娱乐、自我表达、效率以及与亲朋好友感情联络的需要。

在产品的第二层次,产品策划者必须围绕产品的核心利益构造一个实体产品(actual product)。他们需要构建产品和服务的特征、设计、质量水平、品牌名称和包装及实体产品。比如,iPad 就是一个实体产品。它的名称、构件、风格、特征、包装以及其他属性被精心地组合在一起,用以递送保持联系这一核心顾客价值。

最后,产品策划者还要向顾客提供一些附加服务和利益,以便围绕核心利益和实体产品构造扩展产品(augmented product)。

顾客往往把产品看作满足需要的各种利益的复杂组合。在开发产品的时候,营销人员必须首先识别顾客希望从产品中寻求哪些核心顾客价值,然后设计实体产品,

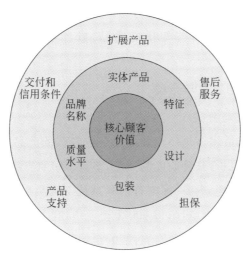

图 4-6　产品的三个层次

并且找到扩展的途径,以创造顾客价值和最满意的顾客体验。

## 五、产品与服务的分类

我们可以将产品与服务分为消费品与产业用品。

### (一)消费品的定义与分类

我们这里提到的消费品是指个人消费的产品和服务。根据消费者的购买习惯及使用方式产品可分为便利品、选购品、特殊品和非渴求物品四类。

(1)便利品(快销品):指消费者通常购买频繁,希望一需要即可买到,并且只花最少的精力和最少的时间去比较品牌、价格的消费品。

(2)选购品:指消费者为了物色适当的物品,在购买前要去许多家零售商店了解和比较商品的花色、式样、质量、价格等消费品(见图 4-7)。

图 4-7　选购品示意图

(3)特殊品:指消费者能识别哪些牌子的商品物美价廉,哪些牌子的商品质次价高,而且许多消费者习惯上愿意多花时间和精力去购买的消费品。

(4) 非渴求物品:指顾客不知道的物品,或者虽然知道却没有兴趣购买的物品。

### (二) 产品与服务的层次与分类

**1. 产业用品的定义与分类**

"产业用品"是指购后用于进一步加工或企业经营的产品,不用于个人和家庭消费,而用于生产、转售或执行某种职能的产品,多属于中间产品或技术产品,一般分为原材料、耗材、工具、零部件、设备、固定资产和系统7大类别。产业用品在全部工业产品中占有相当大的比重(据统计,每100家企业中,有大约40家企业是生产产业用品的,而它们的销售额占所有企业总销售额的比例则要超过40%)。

**2. 我们可以按所购产品的使用目的进行分类**

(1) 资本项目(capital items)。是帮助购买者生产和经营的产业用品。其本不形成最终产品,价值通过折旧、摊销的方式部分转移到最终产品之中,包括装备和附属设备。

(2) 材料和部件(materials and parts)。其包括原材料以及加工过的材料和部件,通常直接销售给产业用户。完全参与生产过程,其价值全部转移到最终产品的那些物品,又可分为原材料以及半制成品和部件两大类。

(3) 辅助品和服务(supplies and services)。包括运营辅助品和维修维护品,不形成最终产品,是价值较低、消耗较快的那类物品。

## 第二节 产品与服务的决策

### 一、单个产品与服务决策

图4-8显示了开发和营销单个产品与服务的重要决策。我们将把重点放在产品和服务的属性、产品品牌、包装与标签等方面的决策上面。

图4-8 单个产品与服务的决策流程图

## 知识延伸

### "依云"将在 2025 年前实现 PET 瓶 100% 回收

根据工业和信息化部的统计数据,中国 2016 年的包装产业全年产值超过 3 000 亿美元,已经是全球第二大包装市场。食品和饮料行业是包装的使用大户,这个行业中任何环境友好的举动,都有牵一发而动全局的效应。

日前,法国食品和饮料巨头达能集团(Danone)宣布,旗下的高端瓶装水品牌"依云"将在 2025 年前使用 100% 的回收 PET 瓶(见图 4-9)。目前,该品牌的矿泉水瓶平均含有 25% 的可回收成分。此外,达能还将开展一系列旨在促进 PET 回收的教育和推广活动,并将参与一个保护海洋生态的项目,帮助减少并最终消除海洋中的漂浮塑料。

图 4-9 依云 PET 材质瓶装水

与此同时,可口可乐公司也提出了新的回收目标:将可回收材料在其包装中的使用率提高到 50%,甚至更高;到 2030 年,实现饮料瓶和易拉罐的 100% 回收再利用。

各大品牌为了人类的可持续性发展纷纷在行动。越来越多的企业也在积极践行着自己的企业社会责任,正在制订中长期的回收目标和时间表。

随着越来越多的食品和饮料企业增加再生材料和可回收材料的使用,回收材料的需求量将显著增加。因此,提高回收率和确保回收材质的品质纯度,将成为今后回收市场的主导话题。

### (一)产品和服务属性

产品属性是产品或服务的利益。主要分为产品质量、产品特征以及产品风格与产品设计。"产品质量"(product quality)包括水平和一致性。质量水平是支持产品定位的质量;性能质量是产品不出故障而持续发挥一定性能水平的能力。

产品特征是将自己产品与竞争者产品区分开的竞争工具。可将产品特色给消费者的价值与给企业带来的成本进行比较,以评价产品特色。

"产品风格"只是产品的外观。

"产品设计"是产品的有用性和外观性。产品设计是一个将人的某种目的或需要转换为一个具体的物理形式或工具的过程,是把一种计划、规划设想、问题解决的方法,通过具体的载体——以美好的形式表达出来的一种创造性活动过程,通过多种元素如线条、符号、数字、色彩等方式的组合把产品的形状以平面或立体的形式展现出来(见图4-10、图4-11)。

图4-10 利乐包装标识

图4-11 概念车模型

### (二)产品品牌

"品牌"是用以识别产品或服务的生产者与销售者的名称、术语、符号与设计(见图4-12)。

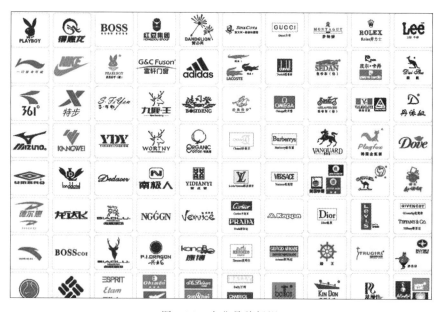
图4-12 企业品牌标识

广义的"品牌"具有经济价值的无形资产,用抽象化的、特有的、能识别的心智概念来表现其差异性,从而在人们的意识当中占据一定位置的综合反映,品牌建设具有长期性;狭义的"品牌"是一种拥有对内对外两面性的"标准"或"规则",是通过对理念、行为、视觉、听觉四方面进行标准化、规则化,使之具备特有性、价值性、长期性、认知性的一种识别系统总称。这套系统我们也称之为 CIS(Corporate Identity System)体系。现代营销学之父科特勒在《市场营销学》中定义:品牌是销售者向购买者长期提供的一组特定的特点、利益和服务。

品牌资产(Brand Equity)也称品牌权益。简单来说,是赋予产品或服务的附加价值,只有品牌才能产生的市场效益,或者说,是产品在有品牌时与无品牌时的市场效益之差。品牌的名字与象征相联系资产(或负债)的集合,能够使通过产品或服务所提供给顾客(用户)的价值增大(或减少)。品牌资产是有关品牌的所有营销活动给消费者造成的心理事实。

(三)包装与标签

"包装"指对产品的容器或包装材料的设计和生产。一般来说,就是给生产的产品装箱、装盒、装袋、包裹、捆扎的事。产品包装对于生产者是最普通的事,现在很多人已经把它看成一种营销手段、名牌战略,在营销谋略中也占一席之地。而标签可区别产品或品牌,描述属性,提供产品信息,并发挥更大的作用。

### 广药与加多宝之间的商标权和包装装潢权之争

谈到产品包装和商标的矛盾,很多人都会想到"王老吉"和"加多宝"这两家企业。自1995年起,加多宝集团通过商标使用权转让协议取得王老吉商标的使用权,将其作为加多宝生产销售的红罐凉茶的商标。2008年,双方发生争执,广药认为其所订立的商标使用协议是因为当时的副董事长李益民收受加多宝集团的母公司鸿道集团董事长陈鸿道的贿赂而订立的,属于恶意贯通损害国家利益的合同,是无效合同,并通过仲裁得以确认,收回王老吉商标使用权。之后,广药和加多宝各自生产红罐凉茶,只是商标不同。加多宝认为红罐凉茶包装的权利应属于加多宝,而广药则认为该包装与商标权一起被广药收回,双方从商标权之争、广告用语之争到包装装潢权之争,进行了一系列的诉讼,涉及合同的无效、商标专用权、虚假宣传和知名商品的包装装潢权等多个法律问题(见图4-13)。

图 4-13 王老吉与加多宝之争

而广药和加多宝之间围绕"王老吉"商标以及凉茶产品外包装所进行的诉讼内和诉讼外的活动,归根结底是一个品牌之争,当一个品牌取得广泛认可度之后,就不仅仅是一个名称,而是实实在在的品牌资产,作为一种无形资产,其价值甚至超过其有形资产,在这方面可口可乐就是一个典型的例子。在广药和加多宝之争中,谁能拥有王老吉商标权至关重要。广药收回王老吉商标的使用权,则意味着广药在竞争中取得了优势性的一步,加多宝失去王老吉,看起来是件很无奈的事,但是在通过转让取得商标使用权的那一天开始,加多宝就面临一个为他人做嫁衣裳的风险,即使商标使用的期限能够延长到2020年,加多宝在与广药的关系中仍处于劣势的地位,主动权仍在广药手中,或者加多宝从一开始就应为此做好准备,培育自己的品牌,并使其取得市场认可度。这次广药和加多宝关于"王老吉"品牌之争,无疑给那些租用他人商标的企业敲响了警钟,应引以为戒,应重视自己品牌的价值,因为虽然把拥有暂时使用权的商标做大做强可以彰显自己的实力,但企业在追求利益最大化时一定要重视知识产权的保护。

但从另一方面说,加多宝所进行的一系列诉讼可能也是一种经营策略。一波又一波的诉讼与仲裁,使社会对这一案件的关注度不断上升,在2013年5月15日的庭审中,就出现过排队旁听的现象。诉讼所持续的时间越长,社会的关注时间就越长,就越容易度过品牌分离期民众对两个品牌的混淆,加多宝就越容易淡化王老吉品牌对自身经营的影响,从而稀释广药所取得的王老吉的品牌价值,因而不论最终的诉讼结果如何,对于广药和加多宝来说,都不存在全赢或者全输,广药取得王老吉品牌,即使可以继续使用红罐包装,也无法完全延续加多宝时期的王老吉凉茶,诉讼的过程和结果使其和加多宝时期的王老吉凉茶分离出来;加多宝即使不能继续使用红罐包装,其影响已比一年前有所淡化,并有时间有条件以此为基础培育自己品牌的认可度。

反过来，如果广药不能生产红罐凉茶，其与原来加多宝生产的红罐凉茶的区别就更加明显，其试图延续的品牌价值就会大打折扣。

## 二、产品线决策

除了单个产品和服务的决策，产品战略还包括建立产品线。产品线（Product Line）就是一组密切相关的产品，它们以相似的方式发挥效用，销售给相同的顾客群体，通过相同类型的渠道分销或者属于既定的价格区间。比如，耐克生产数条运动鞋和运动服的产品线；万豪国际酒店经营数条酒店的产品线。确定产品线的长度最主要的是产品线决策——某条产品线中所包含的产品项目的数量。如果经理人员可以通过增加产品线中产品项目的数量来提高利润，那么产品线就太短了；如果经理人员能够通过削减产品项目来增加利润，那么产品线就太长了。经理人员需要定期分析其产品线，以估计各产品项目的销售和利润情况，同时，了解每个产品项目对其所在产品线的整体绩效所作的贡献。

企业可以通过两种方式扩展其产品线：产品线填充和产品线延伸。"产品线填充"（Product Line Filling）指在现有的产品线范围内补充一些新的产品项目。产品线填充可能出于多种原因：争取更高的利润、取悦经销商、利用过剩的生产能力，成为产品线完备的领导型企业，或者填补市场空缺以阻止竞争对手进入。然而，如果产品线填充的结果会导致各个产品项目之间互相残杀，弄得顾客也稀里糊涂，那么这种填充就做过头了。企业必须确保新产品项目与现有产品项目之间有显著区别，如果企业超出现有的范围来增加其产品线长度，就叫作"产品线延伸"（Product Line Stretching）。企业可以向下延伸、向上延伸或者双向延伸。最初定位于高端市场的企业可能向下延伸。企业将产品线向下延伸填补现有的市场空缺，可能是因为如果不这样做，会引来新的竞争对手，也可能是为了应对竞争者对高端市场的攻击。或者，企业增加低端产品，在低端市场上寻求更高的增长率。

## 三、产品组合决策

拥有数条产品线的企业存在产业组合。企业所销售的所有产品线和产品项目构成了产品组合（Product Mix 或 Product Portfolio）。例如，高乐氏公司（Coro）因其 CLOROX 漂白剂而闻名，但实际上这家销售额达 56 亿美元的公司却制造和营销数十种大家熟悉的产品线和品牌完整的产品组合。高乐氏将其整个产品组合分成 5 条主要的产品线：清洁、居家、生活方式、专业和国际每条产品线包括多个品牌和产品项目。

企业的产品组合包括4个重要的维度：宽度、长度、深度和一致性。

"产品组合的宽度"（Width）指企业经营的不同产品线的数量。

"产品线的长度"（Length）是指企业经营的产品线中所包含的产品项目的总数量。高乐氏公司的每条产品线中都包括好几个品牌。例如，清洁产品线就包括CLORO、FORMULA 409、LIQUID PLUMBER、SOS、PINE SOL、TILEX等品牌。

"产品组合的深度"（Depth）是指产品线中每项产品所提供的型号的数量。高乐氏牌的产品项目和型号非常多，拥有一个非常深的产品组合，包括消毒抹布、地板清洁剂、去污剂等。每一个品种又会有几种形式和配方、香型及规格。例如，你可以买到CLOROX常规漂白剂、CLOROX芳香漂白剂、CLOROX漂白泡泡、CLOROX高效漂白剂、CLOROX特护漂白剂等十多种型号的产品。

"产品组合的一致性"（Consistency）指不同的产品线之间在最终用途、生产要求、分销渠道或其他相互关联的紧密程度。

### 四、产品生命周期

所谓"产品生命周期"（Product Life Cycle，PLC）是指产品从设想、研发开始，直到最终退出市场为止所经历的市场生命循环过程。要注意，产品的生命周期不是指产品的使用寿命，而是指产品的市场寿命。典型的产品生命周期一般可分为产品开发期、介绍期、成长期、成熟期和衰退期五个阶段（见图4-14）。

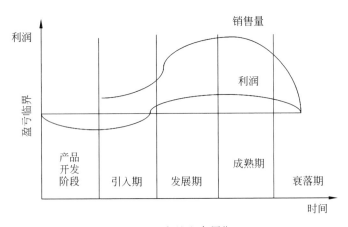

图4-14　产品生命周期

（1）产品开发期。指企业从开发产品的设想到产品制造成功的时期。此期间该产品销售额为零,公司投资不断增加。

(2)产品介绍期。新产品投入市场,便进入介绍期。此时,顾客对产品还不了解,只有少数追求新奇的顾客可能购买,销售量很低。为了扩展销路,需要大量的促销费用对产品进行宣传。在这一阶段,由于技术方面的原因,产品不能大批量生产,因而成本高,销售额增长缓慢,企业不但得不到利润,反而可能亏损,产品也有待进一步完善。

(3)产品成长期。当产品进入市场,销售取得成功之后,便进入了成长期。这时顾客对产品已经熟悉,大量的新顾客开始购买,市场逐步扩大。产品大批量生产,生产成本相对降低,企业的销售额迅速上升,利润也迅速增长。竞争者看到有利可图,将纷纷进入市场参与竞争,使同类产品供给量增加,价格随之下降,企业利润增长速度逐步减慢。

(4)产品成熟期。指产品走入大批量生产并稳定地进入市场销售,经过成长期之后,随着购买产品的人数增多,市场需求趋于饱和,潜在的顾客已经很少,销售额增长缓慢直至转而下降。在这一阶段,竞争逐渐加剧,产品售价降低,促销费用增加,最终造成企业利润停滞或下降。

(5)产品衰退期。随着科学技术的发展以及顾客消费习惯的改变,产品的销售额和利润额迅速下降,产品在市场上已经老化,不适应市场需求,市场上已经有其他性能更好、价格更低的新产品足以满足消费者的需求。此时,成本较高的企业就会由于无利可图,陆续停止生产,该类产品的生产周期也就陆续结束,以致最后完全撤出市场。

## 五、特殊的产品生命周期

并非所有的产品都依次遵循以上的生命周期,特殊的产品生命周期包括风格型产品生命周期、时尚型产品生命周期、热潮型产品生命周期、扇贝型产品生命周期四种特殊的类型,它们的产品生命周期曲线并非通常的 S 型,具体可见图 4-15。

### (一)风格型产品生命周期

"风格"(Style)是一种在人类生活中基本但特点突出的表现方式。风格一旦产生,可能会延续数代,根据人们对它的兴趣而呈现出一种循环再循环的模式,时而流行,时而又可能并不流行。

### (二)时尚型产品生命周期

"时尚"(Fashion)是指在某一领域里,大家所接受且欢迎的风格。时尚型的产品

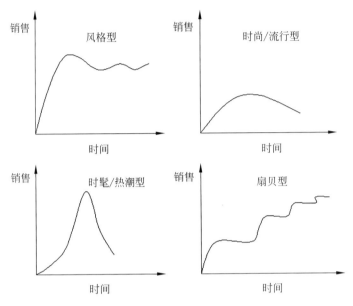

图 4-15 特殊的产品生命周期

生命周期特点是,刚上市时很少有人接纳,但接纳人数随着时间慢慢增长,终于被广泛接受,最后缓慢衰退。然后,消费者开始将注意力转向另一种更吸引他们的时尚。

### (三) 热潮型产品生命周期

"热潮"(Fad)是一种来势汹汹且很快就吸引大众注意的时尚,俗称时髦。热潮型产品的生命周期往往快速成长又快速衰退,主要是因为它只是满足人类一时的好奇心或需求,所吸引的只限于少数寻求刺激、标新立异的人,通常无法满足更强烈的需求。

### (四) 扇贝型产品生命周期

"扇贝"(Scallop)型产品生命周期主要指产品生命周期不断地延伸再延伸,这往往是因为产品创新或不时发现新的用途,比如,凡士林是石油副产品,最早用作润滑剂,后来用于润肤产品、美发产品等,这就延长了产品生命周期。

## 六、产品生命周期各阶段营销策略

产品生命周期的介绍期、成长期、成熟期、导入期四个阶段呈现出不同的市场特征,企业的营销策略也就以各阶段的特征为基点来制订和实施。

## （一）介绍期的营销策略

根据介绍期的特点，企业应努力做到：投入市场的产品要有针对性；进入市场的时机要合适；设法把销售力量直接投向最有可能的购买者，使市场尽快接受该产品，以缩短介绍期，更快地进入成长期。企业营销的重点主要集中在促销和价格方面。

（1）快速撇脂策略。即以高价格、高促销费用推出新产品的策略。实行高价策略可在每单销售额中获取最大利润，尽快收回投资；高促销费用能够快速建立知名度，占领市场。实施这一策略须具备以下条件：产品有较大的需求潜力；目标顾客求新心理强，急于购买新产品；企业面临潜在竞争者的威胁，需要及早树立品牌形象。

（2）缓慢撇脂策略。即以高价格、低促销费用推出新产品的策略。目的是以尽可能低的费用开支求得更多的利润。实施这一策略的条件是：市场规模较小；产品已有一定的知名度；目标顾客愿意支付高价；潜在竞争的威胁不大。

（3）快速渗透策略。即以低价格、高促销费用推出新产品的策略。目的在于先发制人，以最快的速度打入市场，取得尽可能大的市场占有率，然后再随着销量和产量的扩大，使单位成本降低，取得规模效益。实施这一策略的条件是：该产品市场容量相当大；潜在消费者对产品不了解，且对价格十分敏感；潜在竞争较为激烈；产品的单位制造成本可随生产规模和销售量的扩大迅速降低。

（4）缓慢渗透策略。即以低价格、低促销费用推出新产品的策略。低价可扩大销售，低促销费用可降低营销成本，增加利润。这种策略的适用条件是：市场容量很大；市场上该产品的知名度较高；市场对价格十分敏感；存在某些潜在的竞争者，但威胁不大。

## （二）成长期市场营销策略

针对成长期的特点，企业为维持其市场增长率，延长获取最大利润的时间，可以采取下面几种策略。

（1）积极进行基本建设和技术改进，以利于迅速扩大生产。

（2）改善产品品质，如增加新的功能、款式、用途等，提高产品的竞争能力，以满足顾客更广泛的需求。

（3）进一步细分市场，找到新的尚未满足的细分市场，根据其需要组织生产，以扩大销售。

（4）改变企业的促销重点，把广告宣传的重心从介绍产品转到建立产品形象上，树立产品名牌，维系老顾客，吸引新顾客。

(5) 适时降价。在适当的时机,可以采取降价策略,以激发那些对价格比较敏感的消费者产生购买动机和采取购买行动。当然,降价可能暂时减少企业利润,但是随着市场份额的扩大,长期利润还是有望增加的。

### (三) 成熟期市场营销策略

对成熟期的产品,宜采取主动出击的策略,使成熟期延长,或使产品生命周期出现再循环。为此,可以采取以下三种策略。

(1) 市场调整。这种策略不是要调整产品本身,而是发现产品的新用途,寻找市场中未被开发的部分,寻求新的用户;改变促销方式,促使顾客更频繁地使用产品,以使产品销售量得以扩大。

(2) 产品调整。这种策略是通过产品自身的调整来满足顾客的不同需要,包括产品功能、特征、式样的改进,吸引有不同需求的顾客。

(3) 市场营销组合调整。即通过对产品、定价、渠道、促销四个市场营销组合因素加以综合调整,刺激销售量的回升。常用的方法包括降价、提高促销水平、扩展分销渠道和提高服务质量等。

### (四) 衰退期市场营销策略

面对处于衰退期的产品,企业需要进行认真的研究分析,决定采取什么策略,在什么时间退出市场。通常有以下几种策略可供选择。

(1) 继续策略。沿用过去的策略,仍按照原来的细分市场,使用相同的分销渠道、定价及促销方式,直到这种产品完全退出市场为止。对于一些有条件的企业来说,并不一定会减少销售量和利润,因为这一阶段会有很多企业先行退出市场。

(2) 集中策略。把企业能力和资源集中在最有利的细分市场和分销渠道上,从中获取利润。这样有利于缩短产品退出市场的时间,同时又能为企业创造更多的利润。

(3) 收缩策略。大幅度降低销售费用,如削减广告费用,降低促销水平,以增加利润。这样可能导致产品在市场上的衰退加速,但也能从忠实于这种产品的顾客中得到利润。

(4) 撤退策略。对于衰退比较迅速的产品,应该当机立断放弃经营。可以采取完全放弃的形式,如把产品完全转移出去或立即停止生产;也可采取逐步放弃的方式,使其所占用的资源逐步转向其他的产品。

## 第三节　新媒体下的趣味性产品体验

### 一、新媒体运营的定义

"新媒体"是相对于报刊、电视、广播等传统媒体而言的新的媒体形态,同时,它是一个宽泛的概念,是基于移动互联网,面向客户提供信息和娱乐的传播形态。

新媒体运营,是利用微信、微博等自媒体平台进行品牌推广、产品营销,策划相关的、优质、有高度传播性的内容和线上活动;向客户广泛或者精准推送消息,提高参与度,提高知名度,从而充分利用粉丝经济,达到相应目的。在自媒体高度发达的时代,每个人都是媒体的参与者,都可能成为一个媒体,所以这种新媒体运营活动应运而生,并且成为一种职业。

### 二、新媒体的特点

当前所指的新媒体,是与社交媒介更为贴切的媒介形式,如微信、微博、QQ、论坛、SNS 等,更多地表现为自媒体,它们具有以下传播特点。

(1) 传播方式双向化。传统媒体信息传播的方式是单向的、线性的、不可选择的,表现为特定的时间内由信息的发布者向受众发布信息,受众被动接受信息,缺少信息的反馈。这种静态的传播使得信息流畅性弱,传播效果不佳。而新媒体传播方式是双向的,每个受众既是信息的接受者,同样也是信息的传播者,互动性强,传播效果明显。

(2) 接收方式从固定到移动。无线移动技术的发展使得新媒体具备移动性的特点,通过移动互联网技术,使得用手机浏览网页、看电视等实现动态化,不仅仅局限于固定场所。

(3) 传播行为更加个性化。微博、微信、博客、播客等新的传播方式使得每一个人都成为信息的发布者,个性地表达自己的观点,传播自己关注的信息。传播内容与传播形式等完全是"我的地盘我做主"。个性化的传播方式让众人体会到发布信息、影响他人的快感。

(4) 传播速度实时化。相对于传统传播媒介的传播方式,新媒体的传播借助互联网技术,信息传播变得更加迅速,实时接收信息,实时作出相应反馈已不再困难。

(5) 传播内容多元化。从传统媒介到新媒体,最大的变化同时体现在传播内容的多元化和融合化上,传统纸质媒体通过平面展示文字信息、图片信息,而如今,借助新媒体形式,同时传播带有文字、图片、声音等于一身的信息已成为可能,提高了信息量,提升了信息广度。

(6) 便于企业宣传。以往的企业宣传仅仅是录制企业宣传片或宣传页上传到官网,不利于小型企业的发展。而在新媒体的平台协助下小企业也可以简单便捷地实现公司自我宣传的目的。

## 三、新媒体的发展趋势

媒体是传承人类文明、推动社会经济发展的重要手段,它使人与事物之间的距离更近了,也拓宽了人与人之间的交流领域。科技快速发展,新媒体作为一种媒体的新生态,如雨后春笋般速度涌现出来,以它的开放、纵情、无处不在和英勇表达,打破了传统媒体(报刊、电视、广播等)对信息的垄断。

据相关学者分析:一种传播媒体普及5 000万人,收音机用了38年,电视用了13年,互联网用了4年,而微博只用了14个月,可见如微博一样的新媒体发展之快速。

新媒体能在短时间内迅速吸收大量读者,跟它草根的特性远远分不开,使"人人都是新闻传播者"成为现实。正是因为这种特性,让新媒体渐渐地改变了人们的思想观念,甚至是生活方式。这种新的方式开启了社会新的领域,激发了一直"保持沉默"的草根群体,唤醒了他们都能亲自参与社会进程的诉求欲望和权力欲望。这也是新媒体能够迅速崛起、推动社会进步最根本的也是最重要的力量。

在互联新时代,随着数字媒体技术日新月异的发展以及受众信息接受习惯的改变,媒介传播环境也在不断发生变化,如何在新媒体时代实现信息的高效传播,成为数字信息流下蕴藏的新的挑战。在现代商业社会,自适性地实现产品的策略创新吸引用户,已成为企业发展道路前进的重要里程碑,本节主要通过案例讲述的形式对新媒体的产品策略进行展示,以更具立体的角度来提高读者的认识。

随着市场运转速度的提升和竞争的愈发激烈,产品策略的创新成为企业在行业中独占鳌头的关键。产品策略是一种营销手段,包括品牌、开发、包装、宣传、服务等方面。而产品策略创新的目的就是为了谋求更好的手段以满足用户复杂的需求,从而占有市场,取得企业相对竞争优势。近年来,各企业为获得更大的市场占有率、吸引更广泛的受众,实现了技术性的创新突破,完成了商品性的模式创新改革,从而争取更大的产品战略目标。我们将以读者较为熟悉的小米公司为例进行讲述。小米公司正是由这种产品策略创新意识出发,为我们展现了一个全新的思路。

### 案例速递

早在 2013 年小米便携手 QQ 空间首发红米手机,QQ 空间在国内运营已久,用户数量巨大,在互联网应用博客类产品的市场占有率遥遥领先,覆盖人群达到 1.3 亿人。小米与 QQ 空间的管理者借助彼此的资源和影响共同打造了一场"新式"发布(见图 4-16)。由于 QQ 空间上聚焦的对价格和性能同样敏感的年轻人群体正好符合红米手机的消费群体,因此双方一拍即合。

图 4-16　红米手机发布页面

前期在 QQ 空间内展开了声势浩大的红米手机预约活动,仅 30 分钟内就有超过 100 万用户参与价格竞猜活动。红米开发预约后,3 天内就有超过 500 万用户参与预约。到 8 月 12 日红米第一次发售日之前,有超过 745 万 QQ 空间用户预约购买红米手机。发售日当天虽然所有活动都在网络上进行,没有过往那种线下店面人山人海的排队,但是互联网展现了更强大的力量,从开售的第一秒,就有 14.8 万用户点击并购买,10 万台红米手机在 1 分 30 秒之内全部售罄。而不单单是小米获益,QQ 空间也因此吸引了更多的用户,在小米手机发售前,其空间的粉丝数量为 100 万。而到了发售活动结束时,其 QQ 空间的粉丝数竟达到了 1 000 万的数量,这样的方式正是利用新媒体的资源优势进行产品宣传和销售,并达到互惠共赢的理想效果的最好诠释。

随后,在 2016 年 5 月 25 日,小米公司放弃了高端的会议中心和酒店,而选择了一个不起眼的小办公室作为发布地点,通过"小米直播"以及其他网站,为其新产品小米无人机举办了一场纯粹的在线直播的发布会(见图 4-17)。之前,虽已有诸如锤子公司通过网络直播这种方式进行过新品发布会,但是完全舍弃线下发布渠道,选择"纯"在线直播的新品发布会,小米公司开辟了产品发布策略的创意先河。临近本次直播结束时,在线人数已近 60 万人,可见此次发布会的产品策略价值。值得注意的是,此次新品发布会,不仅使小米公司推出的新产品吸引了无数的眼球,更是将自家的"小米直播"推上了巅峰。

新媒体营销与管理：理论与案例

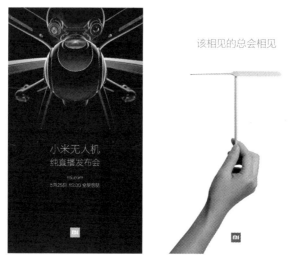

图 4-17　红米手机发布海报

## 四、新媒体环境下的趣味产品策略

下面就以小米网络在线直播新品发布会为例，从传播成本、传播渠道、传播受众、传播效果等多维度探讨新媒体环境下的产品策略。

### （一）传播成本

传统的产品发布会，企业大多会选择诸如国家会议中心此类的高档场地，以烘托宣传的气势。除此之外，企业不仅会邀请各类嘉宾和重要媒体到场，还会配置相应的现场表演和各种宣传活动。以上，都需要企业付出高昂的费用。

而此次小米在线直播新品发布会，仅仅在办公室里彩排几次，就可以收到比传统发布会更轰动的效果。而传播成本方面，既省去了场地租赁的花费，也无需顾虑各类公关和宣传费用，可谓省时、省力、省开支。值得注意的是，用这种形式进行产品发布，更使"小米直播"APP装机量和使用频次直线上升，这对于小米公司来说，可以说是一份巨大的财富。

此外，众所周知，目前在线直播的盈利多数来自于用户的虚拟打赏礼物，而这背后也意味着一大笔资产。这样，采用如此产品策略创新形式，不仅传播成本几乎为零，甚至还可以实现额外的财富获取。企业产品策略创新适应新媒体环境的重要性可见一斑。

## （二）传播渠道

连同自家的APP，小米公司本次新品发布会当日共有27家包括爱奇艺、优酷、斗鱼等平台通过互联网渠道共同参与在线直播。据第三方数据显示，当晚在线人数超千万，其中，不乏大量的移动媒体APP用户。互联网在现代传播中具有绝对的优势，伴随着各种数字媒体技术的飞速发展和用户媒介接触习惯的改变，PC端和移动端都占有大量的市场容量。

小米新品发布会这种在线直播的形式，通过互联网新兴技术渠道，一方面，实现了诸如弹幕这类用户参与的双向参与模式；另一方面，还可基于后台各方面的大数据对全程的用户行为导向作详细地分析，突显了产品策略创新的优势。

## （三）传播受众

"受众"是指信息传播的接受者。早期的学者认为传者是传播的中心，并提出了诸如"魔弹论""强效果论"等，而随着研究的深入，"受众中心论"逐渐走进人们的视野。这个理论的学者认为，受众是传播的主动者，媒介是被动者。虽然"受众中心论"存在一定的片面性，但不可否认，受众的作用在现代传播机制中受到越来越多的重视。新媒介环境下的互联网受众绝不局限于被动地接受信息，而是越来越拥有信息传者和受者的双重身份。

"弹幕"是一种通过网络技术使用户评论实时悬浮于视频上方的功能。这种即时性的用户体验构建了一种独特的共时性观看效果，极大地增加了传播受众的参与度和互动性，实现了多元化的传播效果。此次小米新品发布会的在线直播形式其中一个亮点就是利用直播元素之一的弹幕来实现用户的有效互动沟通，通过营造这种虚拟的部落性公共空间，传播的受众可以随时作相应的回馈反应，全方位地满足了受众行为方式与心理上的需求。在整个直播过程中，受众不仅以提问等方式与小米创始人雷军进行互动，还可以通过弹幕公开发表观看感受，实现了媒介使用积极的角色扮演，极大地增加了粉丝黏性，从而最终使小米此次的产品策略提上了新高度，呈现出"全民参与"的宏大局面。

## （四）传播效果

在如今的碎片化时代，只有产品策略创新与新的传播需求相适应，产品宣传才能达到事半功倍的效果。而小米公司正是深谙其理，利用在线网络直播新品发布会这种形式，使其产品宣传达到了良好的传播效果。

首先，小米在线直播新品发布会大大降低了信息传播的延迟性。通过这种纯粹的实况网络直播的形式,受众不仅可以最直观地感受到新品发布的氛围,第一时间了解到产品的相关信息资讯,还可以直接与信息的发布者以及其他受众进行实时的、相对有效的沟通互动。

其次,小米在线直播新品发布会提升了用户黏性。小米的此次发布会中,成千上万的受众在直播过程中给予了小米公司创始人雷军虚拟的鲜花、礼物等打赏,这不仅归功于雷军的个人魅力,更是因为通过这种形式进行产品策略的创新,无形中增强了粉丝间的传播效应和社交互动效果,让更多的粉丝更加融入、依赖、信任企业,从而拥有更多的归属感。

最后,小米在线直播新品发布会实现了产品的高曝光度。这种人人参与的新模式使得信息传播的个体不再受限制,在无形中提升了"草根"传播源的地位,促进了各类受众传播的积极性和速度性,在一定程度上实现了极短时间内提高产品信息的曝光度。

## 五、社会化媒体的商业策略

移动无线彻底解脱人类,也成为未来媒体发展的必然趋势,世界将在移动观看中成其所是。但是从科技发展现状来看,移动互联网完全超越有线互联网还需要一定时间。

不过,社会化媒体却非常迅猛地转移到无线互联网,借助移动终端的使用,使得人类对其利用率增幅远远高于桌面PC电脑。社会化媒体不仅融入主流社会,而且如今可与搜索引擎、门户网站、电子商务相匹敌,并基于社会化媒体平台不断延伸出第三方应用,蝴蝶化效应地引发各类崭新社会化商业变革。

社会化媒体一方面成为人们进行有效交往的社交工具,改变人们的社会资本,一方面也逐步被政府、企业组织体系广泛应用,以提高其工作效率,并吸引应用开发商转移到社会化媒体的传播平台,研发各类用户所需个性化的服务,所有种种,必定将带动更多的投资汇聚社会化媒体领域,使其成为新的产业增长点。

社会化媒体的商业策略与传统媒体的商业策略区别很大,它会以免费、搜索、移动互联、网络综艺、平台策略、认知盈余、权力终结、社交红利等方式取胜。

### (一)典型的策略类型

(1) 蜻蜓策略(概括为 Focus+GET),即 Focus(专注):确定一个以人为本、具体的、可测量、能让利益相关者乐意的目标。

(2) Grab Attention(赢得关注):用一些私人的、出人意料的、发自内心的,以及形象的内容,在嘈杂的社交媒体中赢得关注。

(3) Engage(吸引参与):创造一种个人联系,通过同情心和真实性逐渐接近更深的感情层面,或者通过讲述一个故事,拉近与受众的心理距离。这种参与能使受众足够的关心,从而促使他们想自己做点什么事。

(4) Take Action(采取行动):授权他人采取行动,可以将受众变成潜在顾客,再变成伙伴。

社会化媒体中的微信朋友圈信息流广告发展出崭新的趋势:

一是"转化率"问题,即对于微信广告来说,极高的广告投放成本,如何转化为产品的销售额或者 APP 的下载量还需要我们拭目以待。

而且,更多公众借助社会化媒体平台分享自己的闲置资源,与他人共享资源。促成消费的"分享经济"商业模式不断涌现在教育、医疗、广告创意、培训、家政服务、租赁、二手交易等领域,正颠覆着人们传统的消费观念,改造着传统社会各个领域,如交通出行、短租住宿、旅游等,其中有代表性的平台,如爱彼迎(Airbnb)、携程(见图 4-18、图 4-19)。

图 4-18　爱彼迎手机界面

图 4-19　携程宣传界面

未来,用户自主传播的媒体创意效应将以更多的"分享经济"形式崛起,向更多领域拓展,如餐饮外卖、家庭美食分享,一些闲置厨房资源也将被盘活;建立在廉价劳动力基础上的中国发达的快递物流也将出现人人快递、物流众包模式。

用户自主传播的媒体创意效应因各类媒介技术的应用越发彰显其魅力。动态地看待新媒体发展,从媒介技术、用户需求、媒介生态与资金投入四维度宏观分析,结合传媒产业升级与转型的产业功能特性,同时关注媒体的社会整合功能(舆论引导、协调社会、娱乐大众、传承文化)。上述是未来媒体突破的靶向,这些靶心较为明显地预示全球媒体未来的发展趋势。

二是"差异化整合营销"问题,即制定符合个性的创意,精准营销,考虑用户体验、用户隐私。

在信息技术飞速发展的今天,新媒介环境下的产品策略自适应性创新已成为企业能在市场竞争中拔得头筹的不二法门。近年来,网络在线直播给受众带来了一种全新的视觉体验,将用户的基础体验上升到互联网智能体验的高度,掀起了新媒介语境传播下的产品策略创新的浪潮。本节就以小米在线直播新品发布会为例,从多维度对新媒介传播环境下的产品策略创新进行分析,并对新媒介传播环境下的产品策略创新现状及其发展局限性作了分析与认知。

### (二)新媒体下产品策略创新的局限性

以小米在线直播产品发布会为例,我们的确可以认识到新媒介传播环境下产品策略创新的多方面优势,然而我们必须正视的是这其中也有一定的发展局限性。

一方面,产品策略创新不一定能很好地自适新媒体技术的发展。很多企业正是未能在媒介技术融合的大熔炉下利用最适应性的营销模式,才与最后的成功失之交臂。另一方面,产品策略创新存在一定的监管难度。如今,一些平台正是利用受众猎奇的心理,在巨大的利益诱惑面前,让一些低俗、暴力的在线直播荼毒社会。根据新媒介语境的发展来同步健全相关监管体系,才能还给现代产品策略一个纯净健康的创新环境。

## 本 章 小 结

本章的主要内容是关于新媒体营销的产品策略,首先,我们要了解产品与服务的含义、产品与服务的决策以及新媒体下的产品策略。其次,要熟悉新媒体产品策略的类型和局限性。最后,要掌握"新零售"环境下该如何选择产品策略,以达到最好的效果。

# 营销实例

## 维多利亚：兜售性感美学的秘密

你可能不知道也没有买过"维密"的产品,但你一定知道那场每年一度的秀:灯光绚丽的T台,身材火辣的卡莉克劳斯、刘雯、奚梦瑶等天使——当下最红的明星,这些性感的画面不断冲击着全球少男少女们的小心脏。如今,"维密秀"已经成为"时尚界的春晚"和"内衣界的奥斯卡":长达1个小时的电视录播,节目制作费超过1 200万美元,巨星登台伴唱,180个国家转播,10亿观众……影响力一年比一年大。2017年的上海维密大秀更是掀起了国内内衣的时尚浪潮。"今天少吃一口肉,明日维密我走秀""奚梦瑶摔倒"一个个话题引爆微博热搜,成为一场全民参与的盛宴。

"维密秀"不仅是一场全民观屏的荷尔蒙盛宴,其背后更藏着商业帝国的野心。目前,全球已经有超过1 200家门店和430家特许经营店销售"维多利亚的秘密"品牌内衣,2017年营业额达73亿美元。在这短暂的发家史背后,维多利亚的真正秘密在于它营销手段上的出奇制胜。

## 一、高歌猛进——营销组合拳出击

### (一)聚焦产品:维密式浪漫主义

"维多利亚的秘密"(Victoria's Secret)产品种类包括了女士内衣、文胸、内裤、泳装、休闲女装、女鞋、化妆品、各种配套服装、香水化妆品以及相关书籍等。虽然丰富的产品线满足了消费者的需求,但维密仍选择聚焦核心产品——文胸和底裤,并计划每年开发一种新的乳罩款式。表4-1给出了"维密"的内衣分类及产品系列,可以看出,随着消费者需求的变化,维密家的每一款产品都针对不同的场景风格,但性感魅力是永不褪色的标签。

表4-1 "维密"内衣分类及产品系列

| "维密"系列 | 特　点 |
| --- | --- |
| VERYSEXY系列 | "维密"最具提升效果的系列,性感 |
| BODYBYVICTORIA | 系列舒适度极高,面料柔软无比,适合小清新少女 |
| DREAN-ANGELS系列 | 蕾丝,该系列最大的特点就是浪漫、性感,适合轻熟女 |
| BOMBSHELL系列 | 缎面设计,同时具有相当好的集中效果 |

续表

| "维密"系列 | 特点 |
| --- | --- |
| COTTONLINGERIE 系列 | 多用棉质亚麻材质,样式设计简单大方,最百搭 |
| Pink 系列 | 少女活泼舒适,适合中学及大学学生 |
| VSsport 系列 | 运动气息明显,适合 T 恤内搭 |

**1. 完美定制,满足消费者诉求**

为了打造"专属化、个性化、唯一且昂贵的"浪漫定制,"维多利亚的秘密"引进了新的产品生产线,将黑色、红色、紫色等性感色调加入内衣制造中;在款式上也同样考究,设计师会在胸衣下缘等位置增加凝胶填充物,以达到提升和聚拢的效果;也会为女性的紧身上衣而专门打造搭配的内衣款式,在无边罩杯顶部设计更为平滑的边缘和更加贴合的肩带。这些设计思路都带有明显的性感追求。

不仅如此,"维多利亚的秘密"打动女性顾客其实都在细微之处,它会在胸衣内部设计超软泡沫衬里,给予胸型自然提升的同时,胸衣内部会对不同胸型形成记忆,用户也自然的享受到量身定制的效果。对于产品更新,公司则要求设计师每年开发一款新的胸衣款式,以符合自己的时尚定位。

**2. 超越期望,使顾客收获意外之喜**

女性消费者究竟需要什么样的内衣?其实质是内衣应该提供何种顾客价值的问题。事实上,维密的法宝在于"超越顾客的期望价值"。"维密"通过天价的梦幻内衣展出,将其产品推到了前所未有的高度,成为消费者心目中顶级内衣的代名词。图 4-20 展示的是 2017 年价值 200 万美元的"香槟之夜",由天使莱斯·里贝罗演绎。文胸上有超过 6 000 颗珍石珠宝的配饰,包括钻石、黄色蓝宝石以及蓝黄玉等。

图 4-20　2017 年天价内衣"香槟之夜"

**3. 定位适中,让价格更亲民**

"维密"将自己的用户定位为中产阶级女性群体,一件内衣约 40 美元,不管实体店还是网店都经常有折扣推出。如果赶上维秘一年两次的品牌减价活动,还有大量半价内衣供挑选。只要在其网站注册了的用户,"维密"就会定期寄出免费小册子,每期目录上都会有一个优惠券码。另外,还会时不时地寄一个可以去店里免费换小内裤的收据、买内衣减10美元的折扣券。旗下的年轻产品线"Pink"品牌,价格更是亲民得类同于超市货。这种平民化的定价策略和频繁的促销活动使其拥有比绝大多数大牌都要多的用户群体,也让维密迅速成为北美最大的女性内衣零售商,市场份额超过1/3。在极尽奢华的年度大秀与类似于大卖场的价格和促销策略中,"维密"驾轻就熟,游走在二者之间,诠释着独特的商业艺术。

对用户来讲,上一秒还在绚丽的灯光之下艳美超模们曼妙的身姿和天价的内衣,下一秒就能通过鼠标立即购买,凭着这样的心智植入,众多的其他竞品已经被远远地甩在了后面。

**问题思考:**

1. 在案例里"维密"都采用了什么产品策略?
2. 你了解"维密"的营销组合吗,它的营销你认为是否成功?
3. 你认为还有哪些方面是可以进一步完善的?

# 参 考 文 献

1. [美]科特勒、[美]阿姆斯特朗著:《市场营销:原理与实践》(第16版),楼尊译,北京,中国人民大学出版社,2015。
2. 张华、陈晨、何波、张宏亮、李叶子、冯斌:《"1到100,还是100到1"——圣迪乐村品牌鸡蛋的产品策略》,中国管理案例共享中心。
3. 王妤晗、冯楠:《维多利亚:兜售性感美学的秘密》,中国管理案例共享中心。
4. 李爱荣:《广药与加多宝之间的商标权和包装装潢权之争》,中国管理案例共享中心。

# 第五章 新媒体营销价格策略的利益原则（Interests）

### 方糖音箱：国产品牌高端定位之惑

近几年 Wi-Fi 技术和云技术发展迅猛，丰富的网络资源唾手可得，从而带来了相关终端应用的繁荣。在音频领域，米唐公司观察到"互联网+"的趋势，认为手机存在过于臃肿、占储存等不足，而传统的蓝牙音箱听歌易受到手机短信或电话的干扰，因此适时推出外观形似 iOS 图标的方糖 Wi-Fi 音箱（Sugr Cube）。这款音箱将软件 APP"硬件化"，并结合最新的"摇一摇""拍一拍"等交互设计和无感设计，使听众能与音乐保持关联和触感（Keep in touch with music），这也是方糖的产品设计理念和品牌口号。

方糖 Wi-Fi 音箱在外形设计上，以 iOS 的 APP 图标为原型，小巧精致。材质采用樱桃木和枫木，且拥有独特的木纹外观。音箱后只设置音量调节的旋钮和充电口，设计极简。歌曲切换和暂停等操作采用体感控制来实现，拍一下可暂停，摇一下可切换歌曲，操控方式新鲜有趣、独树一帜。方糖音箱的交互体验技术和基于 Wi-Fi 的 APP 控制技术独具创新，一举拿下两个美国专利和四个中国专利。方糖 APP 里面，拥有音箱内存歌库、电台 FM、助眠音乐等音乐资源，以及煲机（即通过元件磨合使声音稳定成熟）、定时静音、闹钟等其他功能设置。此外，方糖的使用步骤简洁易懂，消费者上手容易。

在创始之初，基于对方糖 Wi-Fi 音箱产品的信心，参考竞争品牌 Bose Wi-Fi 音箱、Sonos 音箱的定价，米唐公司在经过多次讨论后将 Wi-Fi 音箱定价为 1499 元。它们认为国内的蓝牙音箱处于低价竞争的红海时期，而方糖的高端定价才能体现其 Wi-Fi 音箱的特色。虽然方糖在初始阶段的品牌知名度并不高，但公司对产品的体感交互设计和优质的原木材料十分有信心，它们相信未来 Wi-Fi 音箱市场的发展，更看好国内的蓝海市场。

在销售渠道上，方糖主要采取线上和线下结合的渠道模式。线下的合作渠道有诚品书店、个性数码体验店等满足生活方式诉求类的门店，而线上的品牌传播渠道则选择与聚集文艺群体的论坛(如豆瓣等),以及网红大咖微博平台合作,此外,还运营自己的微信公众号,最后引流至合作销售渠道的官方网站进行销售。不过,目前流量到销售的转化率并不高。海外销售方面,Sugr 受美国亚马逊总部邀请开设网上品牌直营店,目前产品已销往新加坡、德国、挪威、巴西和美国等地,但销售量仍不算高。

2016 年五一节刚过,尽管人们还流连着假日的欢愉,但米唐公司办公室里气氛沉重,CEO Tom 愁眉不展。到目前,这款 Wi-Fi 音箱销售业绩并不理想。Tom 内心很焦虑,他实在不明白,这么好的产品为什么卖得不好呢?他把公司骨干都召集到一起,开会商议对策。

设计、技术、销售、市场各部门的负责人都来到了办公室,Tom 收起满脸愁容认真地对大家说:"各位都看到了,自从我们产品上市以来,销量一直不令人满意。我跟大家一样心里着急,所以今天请大家来一起讨论一下,争取理理思路,尽快想出对策。大家都畅所欲言,说说自己的真实想法。"

大家看得出 Tom 很焦虑,其实公司上上下下都在关注产品的销量,也有很多想法要提出来。"我觉得主要原因是我们定价太高了",销售总监 Jimmy 首先说道:"很多消费者都很喜欢我们的产品,但是一听到 1499 元的价格就吓跑了。"技术总监 Lucas 立马回应道:"那是他们不懂,我们做的是 Wi-Fi 音箱,消费者拿我们的价格跟市面上那些蓝牙音箱比,根本不是一个层次的东西。"设计总监 Ken 点头说道:"是呀,我们音箱的材质是原木的,我们的体感交互设计是申请过专利的,至少我们现在是独一无二的,所以不能跟市场上现有的那些几百块的低端音箱混在一起。"市场总监 Ada 若有所思地说:"我们当时的定价,是参照过竞品的,Bose2 蓝牙音箱的价位基本都是在千元以上,甚至两三千元以上。我们产品的功能、材质和交互体验比它的更好,定价 1 000 多不算高。不过,从销售报告来看,我们应该是在哪个环节出了问题,最短板的是品牌问题。Bose 是大品牌,自然消费者容易信任,愿意花高价购买,我们方糖刚开始做,又是国产品牌,不太能让消费者信任和接受吧。"Tom 点点头说:"是呀,我们差的就是一个品牌,所以得重视品牌建设。目前市场部也利用豆瓣、微信等互联网平台做了一些广告,前两个月也拍了一些宣传视频,但是效果不明显。看来还是要思考思考方向问题。""我认为品牌定位是最大的问题,我们到现在都不太确定我们的目标顾客是谁,根据销售情况来看,现有顾客跟我们之前预期的有很大不同。原以为我们的顾客无国界、无年龄、无性别差异,事实并不是这样。"销售总监 Jimmy 说道。

Tom 低头看着 iPad 上记下的几种观点,左右为难。他知道,市场不等人,定价策略始终是方糖绕不开的。

**问题思考：**

1. 方糖音箱目前面临什么困境？
2. 为什么会面临这样的困境？
3. 方糖音箱要采取什么策略才能摆脱现在的困境？

驱动一个公司的利润主要靠4个杠杆：销量、可变成本、固定成本、价格。

这4个杠杆是如何调节最终收益的呢？通过大量数据统计得出：如果销量提高1%，那么利润最终增长3.28%；如果可变成本降低1%，那么利润能够增长6.25%；如果固定成本降低1%，那么利润将增长2.45%。但是，假如把价格提高1%，那么最终利润将增加10.29%。所以，定价真的非常的重要，它直接关乎企业的最终利润。

接下来我们要讨论的就是新媒体领域价格策略的利益原则，价格是为产品或服务收取的货币总额。长期以来价格一直是影响购买决策的重要因素，是决定企业市场份额和盈利性的最重要因素之一，一般管理者都会将定价作为创造和获得顾客价值的重要工具。作为公司价值主张的一部分，价格在创造顾客价值和监理顾客关系中发挥着关键的作用，因此，善于利用价格策略是非常重要的。

# 第一节　定价策略的影响因素

为了使价格制定合理，既实现顾客的价值也实现公司的价值主张，公司在制订价格决策时要考虑内外各种因素。其中，内部因素主要有：公司整体市场营销战略、产品生命周期及价格需求关系因素等。外部因素主要有：宏观市场环境、需求特点及其他外部因素。

## 一、整体市场营销战略

价格是市场营销战略诸多要素中的一种，公司在制订价格之前，必须为产品或服务决定其整体市场营销战略。有时一个公司围绕"价格—价值"故事制订自己的整体战略。一个成功的企业坚信价格制定的成功不仅仅源于为顾客提供什么产品或者收取什么价格，而是来自提供什么样的产品和价格组合，以及运营是否能产生最大的顾客价值，顾客价值即顾客付钱后得到了什么。

在实现公司不同阶段目标的过程中，定价发挥着重要的作用。企业可以制定价格吸引新顾客或留住现有顾客；可以降低价格阻止竞争者进入市场或者跟随竞争者定价来保持现有市场地位；也可以通过定价来争取中间商的支持，保持他们的忠诚。

同时当公司进行了市场定位并确定了目标市场时,市场营销组合战略就会清晰可见。例如,亚马逊将其 Kindle Fire(金读之光)平板电脑定位为以较低价格提供相同甚至更多的价值,其价格不足苹果 iPad 的 40%。最近,它开始瞄准有孩子的家庭,将 Kindle 定位为"完美的家庭平板电脑",价格低至 159 美元,与 Kindle Freetime 捆绑销售,后者是一种经适合 3~8 岁孩子的书籍、游戏、教育应用软件、电影和电视剧打包在一起每月 2.99 美元的订阅服务,因此市场定位在很大程度上决定了 Kindle 的定价策略。

在一个完整的市场营销战略中,价格决策应该与产品、分销和促销决策相互协调。营销组合中的其他因素会影响价格决策:如当产品定位于高质量时要制订高价格来弥补高成本;当需要增加市场份额采取渗透战略时会制订较低价格来增加销量。

有时候公司会根据价格决策来设计其他市场营销组合策略,这时价格会影响产品的设计、市场定位和销售策略。"目标成本法"是常用的价格定位战略,后面一节会详细介绍这种方法,与通常的先设计产品再定价的过程完全相反,它是先以顾客感知价值为基础,与价格相匹配之后确定成本。比如,丰田汽车的"目标成本法",贯穿新产品的基本构想、设计和生产开始阶段,降低成本及实现利润。

其他的情况下,公司运用其他市场营销工具来建立非价格定位。比如,以差异化营销提升顾客感知价值并制订相匹配的价格,有的产品定价很高,但消费者认为产品值得这样高的价格,甚至愿意支付更多。

因此,企业在制订价格时要考虑整体营销战略组合,但是当以价格定位时,顾客也不仅仅会根据价格购买,他们会比较支付的价格与所得价值的匹配程度,选择同一价格下价值更高的产品。

## 二、产品生命周期

产品的生命周期对于定价有显著影响,而生命周期的各个阶段对定价的影响又有很大不同,所以需要不同的定价战略。在生命周期的各个阶段之间都会出现一个转折点,转折点前后的定价战略会出现剧烈差别,企业能否正确认识到这个转折点以及能否及时调整定价战略,会导致完全不同的竞争结果。

在产品生命周期的转折点,如果把握住机会,就能使企业后来居上或者扩大领导优势,否则就会落伍。那些在前一个阶段具有优势的企业最容易在转折点犯错误,从而丧失先期积累的优势,在此之后再想挽回,恐怕只能等到下一个转折点的来临或者竞争对手犯错误。在所有的转折点中,当行业生命周期进入快速成长期时所出现的转折点最具革命性意义。

在这个转折点到来之前,行业内主要企业往往采用"撇脂定价法":产品的利润率比较高,产品主要面对较高购买力的少数高端用户,但是当价格突变点到来时,产品已经开始向大众普及,有非常大数量的消费者有购买愿望,这时,过高的价格成为购买的瓶颈,如果企业能准确地把握这个价格突变点,采取大众化的定价方式,把原先的高价格大幅度降低,就能够率先开发这个庞大的市场,吸引大量的潜在客户实现购买,同时把竞争对手的部分客户也吸引过来。所以,虽然价格降低了,但是总体利润和市场份额会有更加大的上升。在价格突变点的大众化定价是对以前定价规则的重大改变,这能为率先降价的企业带来巨大利益。

中国很多行业内的领导型企业都是在市场的临界点及时抓住机遇,使自己脱颖而出,并从此一路领先。例如,联想公司、长虹公司都是这方面的代表。

以 IT 行业为例,在 PC 市场,是联想公司在 1996 年首先发起价格战,彻底颠覆了当时 IBM、AST 等几家企业居于领导地位的市场格局。在消费类软件市场,金山公司在 2000 年发动"红色正版风暴",也取得了类似效果。在其他行业,也存在同样的现象。总之,在转折点实施低价格战略需要具有以下几个特点:第一,行业发展速度快,产品的消费结构正处于"从少数高级用户向大众化消费"的拐点上;第二,当时的市场容量扩大的幅度能够弥补降价的幅度;第三,行业集中度低。

### 三、价格和需求关系

需求曲线(demand curve)显示了在一定时期内,不同价格水平下的市场需求量。一般情况下,价格和需求是反向关系,即价格越高需求越少。

"需求价格弹性"是指需求对价格变化的反应。如果价格变化几乎没有引起需求变动,就说明需求是缺乏弹性的(见图 5-1);如果需求变动很大,即需求是富有弹性的(见图 5-2)。

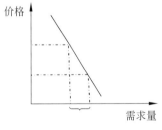

图 5-1 需求缺乏弹性

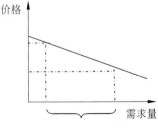

图 5-2 需求富有弹性

当需求富有弹性时,为了获得更高的收益,卖家会考虑降低售价来获得更高的销售量。奢侈品一般富有弹性,卖家通常采用降价方法来增加销售额;必需品一般是缺乏弹性的,价格变化不会引起需求量太大的变动,因此卖家不会采用降价的方法来吸引消费者。当大米价格上升,人们买大米的次数也许会少一些,但不会大幅度减少;而游艇价格上升时,游艇的需求量会大幅度减少,主要原因是大多数人把大米作为必需品,而游艇则作为奢侈品。

### 四、竞争者的战略和价格

竞争者的战略和价格也是影响企业定价的主要因素,企业在定价之前需要广泛收集竞争者有关产品价格方面的各种信息,并将本企业的产品质量与竞争者同类产品进行比较,然后在高于、低于或等于竞争者价格这三种定价策略中选择其中之一。

在考虑竞争者的战略和价格时,公司要思考几个问题:一是与竞争者相比,谁的产品或服务能为顾客提供更多的价值,如果消费者对公司产品有更高的感知价值,公司就可以制订较高的价格,反之,则相反;二是公司竞争对手的竞争能力及它们的定价策略,如果竞争者者定价高但其规模较小的话,公司就可以制订低价策略来赢得竞争,但如果竞争对手规模大且采取低价策略,公司则要转向需求未满足的细分市场,或者提高产品附加值,提高产品或服务差异化的差异化程度而制订较高水平的价格。

无论是制订比竞争者高的价格还是低的价格,都必须坚持的原则是在这个价格水平上为消费者创造更多的价值,使消费者感到物有所值。

### 五、宏观市场环境

宏观市场经济环境是影响企业定价的主要环境因素,它包括收入因素、消费支出、产业结构、经济增长率、货币供应量、银行利率、政府支出等因素,其中收入因素、消费结构对企业价格策略影响较大。

#### (一)消费者收入分析

收入因素是构成市场的重要因素,甚至是更为重要的因素。因为市场规模的大小归根结底取决于消费者的购买力大小,而消费者的购买力取决于他们收入的多少。企业必须从市场营销的角度来研究消费者收入,以制订出符合消费者收入的价格。当消费者收入提高时,购买力就会上升,企业可以制订较高的价格,当经济低迷、消费者收入降低时,则要制订较低的价格。比如,在改革开放之初,国家经济发展速度慢,人民收入低,国内商品价格普遍偏低;现在,经过四十几年的快速发展,国民收入提高,商品价格也水涨船高。

### (二)消费者支出分析

随着消费者收入的变化,消费者支出会发生相应变化,继而使一个国家或地区的消费结构也会发生变化。消费结构通常用恩格尔系数衡量。恩格尔系数=食品支出金额/家庭消费支出总金额。恩格尔系数越小,食品支出所占比重越小,表明生活富裕,生活质量高;恩格尔系数越大,食品支出所占比重越高,表明生活贫困,生活质量低。恩格尔系数是衡量一个国家、地区、城市、家庭生活水平高低的重要参数。企业从恩格尔系数可以了解当前市场的消费水平,也可以推知今后消费变化的趋势及对企业定价策略的影响。

## 第二节 定价策略的基础

上一节我们讨论了影响价格制定的因素,这一节我们讨论定价策略的基础。公司在对产品进行定价的时候,太低或太高会导致产品没有利润或没有市场需求。顾客对产品的价值认知确定了价格上限,如果顾客认为价格高于他们所认知的产品价值,则不会进行购买;而产品成本确定了产品的价格下限,如果产品价格低于成本,公司会亏损,不会进行生产。

结合影响定价的因素,总结了三种制定价格策略的基础:以顾客价值为基础的定价、以成本为基础的定价和以竞争为基础的定价。

### 一、以顾客价值为基础的定价

以顾客价值为基础的定价(customer value-based pricing)是以顾客对产品的价值感知作为定价的关键,即公司在进行产品定价时不能先设计产品和市场营销方案再确定价格,而是在制订市场营销方案的时候就应该考虑包括价格在内的各种变量。

如图5-3所示,传统方法是以成本为基础的定价,即公司设计一款产品,先汇总制造该产品的所有成本,然后再制订一个能够弥补所有成本并获得目标利润的价格投放到市场上,再根据市场上消费者的需求反馈进行价格的调整以保证收入。

而由于近些年来消费者观念的变化,以消费者需求为核心的定价战略越来越受欢迎,即以顾客价值为基础的定价。之前提到的目标成本法是基于价值定价的体现。这一定价过程与传统的基于成本的定价策略完全不同,公司会在定价之前在市场上进行调研,先评价顾客的需求和价值感知,然后根据价值感知对产品进行定价,以此

图 5-3 基于成本和价值的定价过程

确定目标成本,再对产品进行设计和开发。

虽然以价值为基础的定价会对企业产品成功进入市场有积极的影响,但是企业要发现顾客对产品附加值的感知会有点困难。对于服务性产品来说,产品价格是产品本身的价值及其附加价值总和的体现,例如,"海底捞"火锅的价格比一般火锅店要高,但是仍受大众消费者喜爱,其主要原因是海底捞以顾客为中心的服务深受欢迎,去过海底捞的顾客都不得不为其贴心服务所称赞,并表示会下次继续来。这些服务的附加价值非常主观,很难去衡量,而消费者却是用这些感知价值去评价产品价格,所以就需要公司经常进行调研以应对消费者不断变化的需求。

高价值定价和价值增值定价是两种基于价值的定价方法。

### (一) 高价值定价

"高价值定价"(good-value pricing)战略是以公平的价格提供优质产品和服务的组合。例如,沃尔玛的天天低价就是高价值定价策略的体现,天天低价就是指日常价格很低,很少或没有临时的价格折扣,低价但是高价值是沃尔玛成功的原因;名创优品、NOME、宜家等都是高价值定价的成功案例,在现在顾客既追求价格也强调品质的时代,高价值定价的方法是值得借鉴的。

### (二) 价值增值定价

"价值增值定价"(value-added pricing)是指并不一味地降低价格,而是通过增加提高价值的属性和服务,使产品或服务差异化进而维持高于平均水平的价格。"海底捞"是价值增值的典型例子,海底捞火锅的价格不算便宜但是每家店排队的人为什么都那么多?那就是被网友称为的"变态服务"满足了顾客所需要的人性化服务,这是其价值增值的体现。

## 二、以成本为基础的定价

"基于成本的定价"(cost-based pricing)是指在生产、分销和销售产品的成本基础上加上目标回报率来制订价格,沃尔玛和西南航空是它们各自行业领域典型的低成本生产者。

公司成本有两种类型,一是固定成本(Fixed cost),二是变动成本(Variable cost)。在以成本为基础定价的公司中,成本是公司价格策略的重要因素,公司必须密切关注其成本水平。

以成本为基础的定价方式有成本加成定价、目标利润定价等方法。

### (一)成本加成定价法

"成本加成定价"(cost-plus pricing)是传统意义上的方法,是指在产品的成本上加上公司的目标加成。很多行业的产品都适用这种方法,如超市众多商品的定价、餐厅菜品的定价等。

成本加成定价的计算方法如下:单位产品价格=单位产品总成本×(1+目标利润率),其中单位总成本=单位固定成本+单位变动成本。试着根据以上公式计算下面例子的单位产品价格。

例:某企业生产一种产品,预计单位制造成本为100元,行业平均成本利润率为25%,销售税率为0.7%,企业基期的期间费用为50万元,产品销售收入为500万元。

成本加成法定价的优点是:产品价格能保证企业的制造成本和期间费用得到补偿后还有一定利润,产品价格水平在一定时期内较为稳定,定价方法简便易行。

成本加成法定价的缺点是:忽视了市场供求和竞争因素的影响,忽略了产品寿命周期的变化,缺乏适应市场变化的灵活性,不利于企业参与竞争,容易掩盖企业经营中非正常费用的支出,不利于企业提高经济效益。

### (二)目标利润定价

"目标利润定价"也称盈亏平衡定价法,是企业试图找到使盈亏平衡或者实现目标利润的价格。

盈亏平衡图反映了不同销售水平下总成本和总收入的关系,当总成本曲线和总收入曲线相交时,所对应的产量就是盈亏平衡点的产量,企业在这一产量下总收益刚好弥补总成本(见图5-4)。

格兰仕总经理俞尧昌曾经讲过:价格战是最高级的竞争策略。为什么这么说?

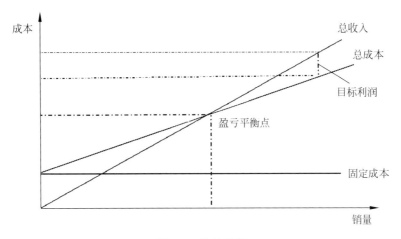

图 5-4　盈亏平衡

格兰仕把价格下降了 40%，带动销量上升了 200%，成本降低了 50%，市场占有率从 25% 增加到 34.5%，价格降低使得利润率不但没有下降反而上升了。价格战降价的点选在哪里呢？就是在自己的盈亏平衡点之上，却在竞争对手的盈亏平衡点之下。当价格降到这个位置时，对手如果跟进就会赔钱，如果不跟进，自己的市场占有率就会上升，成本也会随之下降。格兰仕不断用这种方法统治了全世界 70% 的微波炉市场。

### 三、以竞争为基础的定价

基于竞争的定价（competition-based pricing）是参考竞争者的战略、成本和价格，并根据自身产品和服务制订价格。消费者往往会根据竞争性产品的价格来判断产品的价值。接下来介绍三种常见的以竞争为基础的定价方法。

#### （一）随行就市定价法

企业在为自己的产品定价时，除了要考虑消费者需求、自身的生产水平和能力以外，还有一个重要的因素是竞争者的定价。随行就市定价法就是这样一种基于市场价格的定价方法。

"随行就市定价法"是企业根据行业的价格水平和自身的竞争战略来制定价格的一种方法。企业的价格主要基于竞争者的价格，很少注意自己的成本或需求，这个价格可能与它的主要竞争者的价格相同，也可能高于或低于竞争者。

在少数制造商控制市场的行业，如钢铁、纸张、化肥等商品，企业通常制定相同的价格。那些小型企业是"跟随着领先者"的,它们变动自己的价格,与其说是根据自己的需求变化或成本变化,不如说是依据市场领先者的价格变动。有些企业可以支付一些微小的奖赠或折扣,但是它们保持着适当的差异。比如,较小的汽油零售商通常比主要的汽油公司调低一点点价格。

值得注意的是,随行就市定价法并不是采取完全和市场通行价格一致的定价,而只是把其作为一个重要的参照,再结合自身的实力和市场策略来制订合理的价格。

"随行就市定价法"具有明显的特点:首先,这种定价方式能产生一种公平的报酬,而且不会扰乱行业的协调,充分反映了行业的集体智慧;其次,对企业来说,如果测算成本有困难,或者竞争者不确定的情况下,适宜采用这种定价方法。"随行就市定价法"一般适用于竞争比较激烈或产品同质化程度较高的行业。

### (二)产品差别定价法

"产品差别定价法"是指企业通过不同营销努力,使同种同质的产品在消费者心目中树立起不同的产品形象,进而根据自身特点,选取低于或高于竞争者的价格作为本企业产品价格。因此,产品差别定价法是一种进攻性的定价方法。

差别定价的核心理念就是:根据用户群付费意愿的不同,尽可能多地占取消费者剩余,同时支持品牌的价格定位。产品差别定价法的运用,首先,要求企业必须具备一定的实力,在某一行业或某一区域市场占有较大的市场份额,消费者能够将企业产品与企业本身联系起来。其次,在质量大体相同的条件下实行差别定价是有限的,尤其对于定位为"质优价高"形象的企业来说,必须支付较大的广告、包装和售后服务方面的费用。因此,从长远来看,企业只有通过提高产品质量,才能真正赢得消费者的信任,才能在竞争中立于不败之地。

差别定价是企业尽量获取消费者剩余、提高利润的有效手段。有效进行差别定价的关键是准确分析、把握不同用户群的消费能力和对商品的付费意愿。

一旦制定偏低的价格,品牌价值就会被拉低,而且未来提价也会难度重重;从高价往低调价则容易得多。通过差别定价可以实现高价位形象,同时也可保证对价格敏感用户的吸引。用户身份、购买时间、渠道等因素是差别定价最后的展现形式,而不是制定差别定价的原因,切不可围绕形式来制定价格策略,本末倒置。企业可以从以下三种方式进行差别定价。

(1)通过组合(打包)销售差别定价。比如,一开始定价28元,但是新品上市阶段买一赠一,一段时间之后改为买二赠一,这样,建立了高价位形象。同时,初期用"实际低价"切入市场(释放出的信号:并不是这个产品价值低,而是新品上市期间让利)。未来取消买赠以后,可以逐步降价,比如 24 元、22 元,从上往下地测试最理想的价格区间。

(2)通过时间差别定价。在电商平台很容易展开预售。比如,先定一个偏高的零售价,新品上市之前 1 个月,半价预售(保证足够吸引人);上市前 1 周七折或者八折预售。根据预售的情况和消费者的留言反馈来修正最后的零售价。

(3)通过商品差异差别定价。推出一个相对廉价包装的 A 款,定价比竞争对手更低,同时推出一个包装更精美,甚至附带赠品(调味酱等)的高端包装,比竞争对手高 20%~30%,针对价格敏感和追求高端的两类用户群(这种做法在竞争策略中被称为三明治战略,意思是用一高一低两个价位夹住竞争对手)。

### 知识延伸

"消费者剩余"(Consumer surplus)又称为消费者的净收益,是指消费者在购买一定数量的某种商品时愿意支付的最高总价格和实际支付的总价格之间的差额。消费者剩余衡量了买者自己感觉到所获得的额外利益(见图 5-5)。

### (三)密封投标定价法

招标是一种有组织、有计划的采购活动,招标商公开招标条件,由众多投标商以密封标书的形式竞相递价,最终由招标商选择最

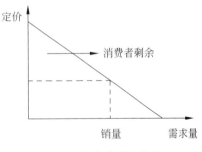

图 5-5 消费者剩余价值

符合招标条件的投标商确定协议。这种方式在建筑工程、政府采购、成套设备的交易中广泛使用。投标商除严格遵守招标商规定的时间表和程序等招标条件之外,价格是中标的关键因素。当然,在其他条件与竞争对手相等的基础上,价格越低,中标的概率就越大,而收益就越少;反之亦然。但是,收益最大化而不是中标本身,才是投标的根本目的。要达到收益最大化,就必须满足两个彼此矛盾的条件,即一是要中标;二是要获得利润。投标商必须在中标概率的最大化和利润率的最大化之间找到最佳的均衡点。单纯追求中标概率,而不惜低价竞标,或者单纯追求高利润而偏废中标概率,对投标商来说都会造成收益的减损。

投标价格的确定步骤如下:

首先,企业根据自身的成本,确定几个备选的投标价格方案,并依据成本利润率

计算出企业可能盈利的各个价格水平。

其次,分析竞争对手的实力和可能报价,确定本企业各个备选方案的中标机会。竞争对手的实力包括产销量、市场占有率、信誉、声望、质量、服务水平等项目,其可能报价则在分析历史资料的基础上得出。

再次,根据每个方案可能的盈利水平和中标机会,计算每个方案的期望利润。

每个方案的期望利润＝每个方案可能的盈利水平×中标概率(%)。

最后,根据企业的投标目的来选择投标方案。

### (四)竞争者追随定价法

"追随定价法"是指企业产品定价以其竞争对手的同类产品的价格为基础,并且当竞争者的价格发生变动时,该企业立即对此作出反应,可以说是一种"盯价策略"。这种方法被那些采用竞争导向作为定价目标的企业所广泛使用。在没有明确把握的情况下,采用追随定价法比较可取。

比如,某商旅服务公司业务处于刚起步期,对市场价格还不具有控制能力,在与同行竞争的情况下,若价格高于别人,就可能减少大量的销售额,若价格低于别人,就必须增加销售来弥补降低的单位产品利润,而这样做又可能迫使竞争者随之降低价格,从而失去价格优势。所以该公司在市场营销活动中,主要应采取行业平均价格水平来作为公司客房产品销售的合理价格,这样也能保证企业获得与竞争对手相对一致的成本利润率。

## 第三节 定 价 策 略

### 一、"新零售"模式的定价策略

"新零售"的概念,是2016年马云在杭州云栖大会上首次提出的,他认为,"新零售"就是将线上、线下和物流结合起来才能产生真正的新零售;张勇认为"新零售"最重要的标志是围绕着"人、货、场"中所有商业元素的重构,其核心是商业元素的重构是否有效,能不能真正提高效率。

制订一个合理有效的价格策略,是"新零售"模式下的零售商需要做好的一项重要工作。若采用价格一致模式时,一个渠道的价格受另一渠道的价格的影响,导致价格频繁变动和收益水平下降;相反,若采用价格非一致模式,由于一部分消费者进行渠道比价后再决策购买,渠道冲突加剧,会对品牌商誉产生负面影响。

"新零售"模式下,零售商的定价策略,应以消费者的感知价值为基础。消费者感知价值是消费者所能感知到的利益与其在获取商品或服务所付出的成本进行权衡后对商品或服务效用的整体评价,是消费者行为的重要测度变量。消费者对于零售商在"新零售"模式下定价策略的得失认知,将直接影响到消费者的消费行为。以消费者感知价值为基础制定的"新零售"模式下的定价策略,能够很好地规避渠道间的冲突问题,以一个创新性的价格体验来增加消费者的满意度,可起到调控消费者行为的一个作用。

## (一)同品同价策略

所谓"同品同价",是指传统零售商在线上线下出售同种商品,并且在同一区域同种商品的线上线下价格相同。零售商采取同品同价策略,被业界视为多渠道融合的重要策略,能够有效地减少消费者在线上线下进行价格比较的时间成本,使消费者的线上线下价值感知度是相同的。但是采用同品同价的策略有可能会给零售商带来毛利率下降、利润下滑等负面效果。采用同品同价的策略,消费者可以进行线上下订单,线下取货或选择送货上门的业务。苏宁率先提出并实施"线上线下同品同价"策略,先后两次大规模调整组织架构,统一企业内部的供应链、采购和销售,为顾客提供一致化的零售服务。基于公平偏好的角度,当消费者对零售商的线上商城接受程度比较高时,采用同品同价的定价策略对于零售商而言是比较有利的。若消费者对该零售商线上商城的接受度相对较低时,那么采用同品同价的定价策略对于零售商而言并没有太多的优势。

零售商在实施同品同价的定价策略时应注意:线上线下同种商品必须保持相同价格,零售商必须要保证线上同种商品均为同质正品;线上线下商品要保持享有同种优惠活动;要统一服务口径,线上客服要保证服务质量与线下实体店相同,要对消费者的问题进行耐心详细的解答。零售商在选择同品同价的定价策略时要处理好上述三个方面的问题。

线上线下同款同价做得比较好的是优衣库,优衣库在 2017 年双十一提出"优智双十一:智慧优生活,聪明新消费"的全新理念。双十一,优衣库率先推出高品质、价格透明的 2017 秋冬主力人气热销商品。便捷的收取货体验、个性化售后服务、跨区域快速取货,优衣库今年双"十一"O2O 新零售体验,让线上线下购物的每一个细微环节都带给消费者快捷愉悦的购物感受。

## (二)同品异价策略

线上线下商品实施同品异价的定价策略,是指零售商对线上线下的同种商品制定不同的价格,由于线上商城的人员、店铺费用等相较于线下实体店的耗费要少,相应的成本会减少,所以对于相同的商品就会出现价格上的差异。同时,线上出售生鲜等产品,零售商需要进行送货上门服务时,会出现一个时隙问题。所谓"时隙"是指网络零售商提供给客户可选择的订单产品送达的交货时间窗。零售商的线上商城,可以根据顾客所选择的生鲜等产品配送时间的不同而进行分别计价,从而满足不同客户对于配送时间上的不同要求。

零售商还可以定期进行线上活动,增加消费者对零售商线上商城的美誉度,定期进行线上限时打折或返券活动,活动时间应错开线下实体店的促销活动时间。总体来说,同品异价的定价策略会使消费者产生将线上线下商品进行比价的行为,如果某一方(线上或线下)的价格较低时,会促进消费者的购买欲望,但是这种定价策略也会产生相应的弊端。同品异价的定价策略,在短期内会促进消费者的购买兴趣,因为消费者都会有一个选择最低价格的心理,但是就长期而言,如果线上或线下的某种商品一直处于一个正价的状态,消费者的心理就会产生排斥感,因为长期处于选择最低价的行为中,消费者会习惯于那种状态,不利于企业的长期发展。同时,实施线上线下同品异价的定价策略,线上同种商品的价格低于线下实体店的价格,这必然会对线下实体店的销售份额产生影响,在影响到线下实体店销售份额的同时,客源的减少也会影响到线下实体店销售人员的销售积极性。所以说,同品异价的定价策略不适用于零售企业的长远发展。

互联网背景下,同品异价并不是主流策略,随着市场环境的变化,这个策略已经有了一些改变,比如,线上旗舰店主要做存压商品的出清,线下主要做新产品体验,转向异品异价策略发展。

### (三)异品异价策略

零售商进行异品异价的定价策略是指零售商在线上线下出售不同的商品,以产品品类的不同进行区别定价。进行异品异价的定价策略可以使消费者无法进行比价,有利于零售商的线上线下商品销售活动。线上线下销售不同种类的商品也有效地避免了线上线下渠道的相互竞争。零售商可以将部分经营的产品种类放在线上出售而线下并不出售该商品,即将经营的业务分割为两个部分,线上部分线下部分,目前银泰百货采用的就是"线上线下异品异价"策略,其网上商城银泰网主要经营时尚商品。线上线下出售不同的商品也可以增加消费者在购物过程中的趣味性。

然而,应当注意的是,该种定价策略也并不是没有弊端,如零售商将大部分的商品都放在线上销售,就会导致线下实体店所销售的产品种类较少,这样不利于顾客的购物体验。如苏宁易购有超过100万的SKU(库存计量单位),而线下店的商品种类数非常少。因此,合理配置线上线下产品的种类及数量对于零售商而言也是一个要解决的重要问题。

比如,在老板电器的天猫官方旗舰店铺里(见图5-6),会明显标明哪些产品是专柜同款,哪些是电商专卖,而且线上店铺只销售部分线下型号,为保证线上线下不产生恶性竞争,所以价格严格按照公司价格体系,线上专供产品相对于线下产品价格相对较低,这就是线上线下异品异价的体现,其既能满足不同渠道消费者的需求,也对维持品牌形象有积极作用。

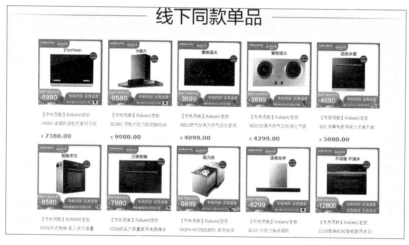

图5-6 老板电器天猫旗舰店展示

### (四) 零定价策略

如今已进入硬件负利时代,传统零售企业可以运用消费者娱乐性的心理取向对某一硬件产品制定"零定价"策略,吸引顾客充分关注,进而运用互联网渠道大量集聚顾客的优势,通过对与该产品相关的服务收费,使企业获利。在实施零定价策略时应注意:传统零售企业应突破固有思维,实施产品服务的组合定价;应积极发挥互联网的作用,拓展更多的顾客群体。运用互联网渠道,对信息进行推送,吸引顾客,从而拓宽顾客范围,增加企业的知名度与认知度,所以"零定价"策略更多起到引流的作用。

"海底捞"的人性化服务就体现了"零定价"策略,当你在海底捞等待区等待的时候,热心的服务人员会立即为你送上西瓜、橙子、苹果、花生、炸虾片等各式小吃,还有豆浆、柠檬水、薄荷水等饮料,这些都是无限量免费提供的。此外,女士可以享受免费修剪指甲,男士可以免费享受擦皮鞋等。就这样,原本枯燥无味的等待时间就在这些吃喝玩乐中悄然而逝了,也正因如此,排队等位也成了海底捞的特色和招牌之一。同时,及时到位的席间服务也是令人惊叹的:服务员在席间会主动为客人更换热毛巾,次数绝对在两次以上;会给长头发的女士提供橡皮筋箍头、提供小发夹夹前刘海;给带手机的朋友提供小塑料袋子装手机以防进水;戴眼镜的朋友如果需要的话还可以免费送擦镜布。这些贴心的服务和免费的小东西看似很平常,但对于顾客来说却是下次再来的动力,是引流的重要法宝。

## 二、新媒体时代网站广告的计费方式

### (一)"新媒体"时代的广告

"新媒体"是当下传播学的热点话题之一。清华大学熊澄宇教授认为,新媒体是一个不断变化的概念:"在今天网络基础上又有延伸,无线移动的问题,还有出现其他新的媒体形态,跟计算机相关的,这都可以说是新媒体。"虽然目前学术界对新媒体并没有统一的界定,但是大家普遍都认同,新媒体是一个相对概念,其主要是由于媒介载体的不断发展创新而产生的新的传播现象。几年之前,博客是公认的新媒体代表,但短短几年之后,微博已经取代博客,成为"新一代"新媒体的主力军。

随着数字技术、多媒体技术、网络技术与通信技术的进步,媒体的表现形式也变化多样,新媒体的形态逐渐增加,各新媒体间也由于新兴技术之间千丝万缕的联系以及新媒体内容承载技术和新媒体内容表达方式的相互混杂而难以严格区分。在这样的大背景下,广告——这个媒介行业的重要组成部分,同时亦是媒介行业的重要产品,也在发生翻天覆地的变化。作为当下互联网巨头的百度和今日头条,其广告收费模式采用的都是新型计费方式。

### (二)主要网络广告计费模式

**1. CPM**

目前国际上通用的计费方式是 CPM(Cost Per Million)。CPM 是按照网络媒体访问人次计费的标准,是指在广告投放过程中,按每 1 000 人看到某广告作为单价标准,依次向上类推。这种计算方法有一个成立的前提,即必须要有权威的第三方系统来检测观看广告的实际人数。

### 2. CPT

目前国内最主要的广告计费方式是 CPT(Cost Per Time)即每个广告位时间成本,比如包月、包天等。CPT 是传统媒体广告购买模式的延续,它使得网络广告的计费模式更趋近于传统媒体的购买模式。广告主可以根据自身需求在特定时间段选取特定广告位进行有针对性的宣传。换言之,CPT 在技术上可以看作是 CPM 的变体,以适应国内广告主在广告购买上的方便。由于网络的双向性,网络媒体拥有传统媒体所不具有的广告效果可记录性,然而 CPT 却显然抹杀了互联网的这一优势。CPT 沿用几年,广告主渐渐发现这种计费形式缺乏说服力,或者说,广告主们越来越需要系统地分析互联网广告所产生的效果。

### 3. CPC

国内另一种广泛使用的计费模式为 CPC(Cost Per Click),即点击成本。通过 CPC 的广告点击数和点击率,广告主可以很清楚地了解自己投放的网络广告到底带来了多少宣传效果,简单而直接地满足了广告主对广告效果评估的需求。很显然,广告点击率并不是解释广告效果的唯一指标。对于把树立品牌为广告目的的企业,广告位置和广告语言的优劣所导致的广告支出和由此带来的用户反应才是他们的最终需求。

### 4. CPA 和 CPS

为弥补 CPT 和 CPC 的不足,国内目前采用 CPA 和 CPS 模式的广告主有所增多。CPA(Cost Per Action),即每个用户的行动成本,也就是用户在浏览该广告后,做出了明显利于广告主实际利益的行为,比如,注册广告主会员。CPS(Cost Per Sale),即每个用户的购买成本,用户在浏览该广告后,产生实际的购买行为。后者实际是前者的进一步细化。

### 5. 广告二跳率

奥美世纪联合易观国际、天极传媒、金山软件共同起草的《中国网络营销效果评估准则》意见稿中,提出了全新的评估指标——广告二跳率(2nd click ratio)。二跳率主要是指通过点击广告进入推广网站的网民,在网站上产生了有效点击的比例。具体来说,广告带来的用户在着陆页面上产生的第一次有效点击称为二跳,二跳的次数即为二跳量。我们可以看出,二跳率实际上是 CPA 中"action"的一个细分类型。只是它相对平衡了广告主和广告商的利益关系,即只要用户被广告所吸引,并进行一次有效点击,广告主就应该支付广告商一定的费用,而不是像 CPS 那样要求苛刻。实际上,广告计费方式是否合理,还要考虑到广告主与广告商的实力对比。比如,对于在淘宝网主页上做广告的个人卖家,淘宝网是广告商,个人卖家是广告主,但是显然广告商的实力远远超过广告主的实力,此时采用 CPS 的计费方式反而是一种更加合理的行为。

这几种行业内的广告计费方式,实际上都与现行主流网络广告效果评估指标有着密切的关系。具体采用哪种方法还是要根据广告主发布广告的目的来选择:对于只想要提高产品曝光度的广告主来说,主要采用 CPM 的模式;但是对于想要提高购买量的广告主来说,CPA 和 CPS 就比较合理。因此,需要通过从真实性、时效性、公平性和行业标准化潜力四个方面考察目前互联网广告行业的主要考量指标和收费模式,同时还要注意,互联网广告行业的发展必须要以权威第三方检测机构的出现为前提,否则新型收费模式将无法发展,互联网的优势无法发挥,互联网广告行业在传统广告业的运作模式下也将步履维艰。

### 三、以客户为导向的定价策略

客户导向是指公司必须要知道目标客户群是什么样的人;客户导向意味着企业了解客户想从企业的产品或服务中得到什么;客户导向意味着公司要密切关注消费者购买行为。客户导向的定价策略大致有以下几种。

#### (一)意愿定价

意愿定价有一个著名的案例:英国摇滚乐队电台司令(Radiohead)决定,他们推出的专辑《彩虹里》不再采用传统定价方法,而是让他们的粉丝可以以任意价格进行下载。

活动结束时,有 180 万人下载,其中 60% 没有付款。然而在 40% 下载者中,甚至有人愿意支付 100 美元,平均 2.26 美元,这比传统定价模式经过层层剥削之后能够得到的更多。"这张专辑赚的钱比以往所有专辑加在一起还要多"。除了乐队之外,越来越多的演出机构、咖啡馆甚至餐厅都开始尝试这种消费者掌握定价权的方法。

这种定价方式能够针对不同的需求,为同样的产品制订不同层次的价格。很多原本不付钱的顾客被转化成了愿意付费的顾客,哪怕是 25 美分。这种定价还有助于鼓励服务人员提供优质的服务,以提升产品和服务的品质。最重要的是这种方法改变了成本结构,尤其是在音乐和电子书产业,不设定价格往往可以避开中间商。这种定价策略比较适合音乐和其他体验型的产品。

意愿定价有5个特征：

（1）产品边际成本低；

（2）消费者态度公正；

（3）广泛多样的顾客基础；

（4）买卖双方关系密切；

（5）高度竞争的市场环境。

### （二）零定价

"零定价"就是免费，例如谷歌、百度提供的搜索服务都是免费的，所有的免费策略都要注意必须存在双边市场。什么是双边市场？就是一个卖方要针对两个买方，比如酒吧做活动，女士免费，这样就会吸引大量的女士，随之而来的就是大量的男士，酒吧就从这些男士身上赚钱；再如，孕婴店门口放免费的摇摇车会吸引小孩去玩，小孩的妈妈就是孕婴店的目标消费人群。任何双边市场只要有一边破坏掉了，那么免费的策略就无法存在。百度如果不仅对用户免费，对广告商也免费或者没有广告商，结局肯定是失败的。在使用免费策略时要注意不要用免费来攻击免费，最典型的案例就是当年360率先为用户提供免费杀毒软件，之后腾讯或其他公司再推出该服务就掀不起任何波澜了，因为在用户已经选择了免费服务后就不会轻易改变，因此用免费来攻击免费不是一个好的方法。

零价格比2角，哪怕是2分的价格魅力都大得多。因为人们对自己的价格判断能力缺乏自信，所以零价格是一种让人们无法拒绝的选择。

### （三）微定价

"微定价"就是让顾客觉得花了很少的钱，但是日积月累下来却是一笔不小的数额。诺贝尔经济学奖获得者尤努斯创建的格莱珉银行只针对穷人贷款，他发现这些穷人只要有27美元，就有可能改变自己的生活。他们的坏账率不超过3%，平均回报2.8%。

小额信贷机构每年拥有超过1.5亿客户，其中有1亿人是穷人中的穷人。世界上最穷的40亿人拥有13万亿美元的购买力。在印度，仅仅是因为改变包装，把洗发水和香皂做成便宜的小包装，就能创造出巨型的市场需求。如果把小包装的洗发水挤在一个瓶子里，会发现它的价格贵得惊人。

如果消费者觉得某种商品稍微大一点是好事，他们就会愿意为此多付一点钱。食品采购成本只占餐馆成本的1/3，所以给顾客提供大一号的食物并不会增加多少成本。星巴克大杯咖啡并不比中杯多耗费多少咖啡豆，但价格却贵11%，但消费者会觉得花35元买个大杯比28元买个中杯划算得多。

在给顾客找零的时候,很多收银系统会提示如果不用找零的话可以购买半价的曲奇饼,顾客往往会接受邀请。没有人喜欢零钱,但对商家而言,这就是财富的来源。零钱策略平均会带来4.2%的收入增长,这可不是个小数字。

将商品切分成更小的份额,也是微定价的方式。比如,网络小说都是按章节付费的,全看完比买一本书贵得多。

### (四)订购式定价

"订购式定价"就是如果顾客愿意提前付款买好一年的东西,可以给顾客较大的折扣,以此来吸引顾客。优点是商家可以有效控制风险和成本,是所有定价策略中最有潜力的一个,比如,这几年"618"(见图5-7)"双十一"来临之前很多商家都会有"订金"购买这一选择,选择提前付20元会在"双十一"当天便宜40元,这样的优惠吸引很多消费者支付订金,而对于商家来说既吸引了消费者的大量关注,也能提前准备足够的商品数量,从而降低了风险。

图5-7 "618"兰芝订购优惠

人们习惯于预付一年的报刊费用,却很少订购一年的洗发水、面包或者咖啡。亚马逊已经开始按照顾客指定的数量和时间间隔送去他们选定的日用品。预购式定价策略通过减少消费者短期内需要做的购买决策,大大减少了短期之内的价格竞争压力。目前所流行的众筹模式,其实在很大程度上就是订购式定价的一种体现。顾客通过预付了一段时间的商品或服务费,甚至可以帮助一个创意变成现实。

### (五)组合定价

"组合定价法"就是通过把不同商品组合在一起集合定价,获取最大销售利益的定价方法。你去 KFC 吃饭,看见一个新出的汉堡,售价18元;一份薯条,10元;一杯可乐,售价8元,觉得挺贵。再往下看,一份超级套餐,包含上述的汉堡、薯条、可乐,加在一起15元,你怀疑自己看错了,因为包含汉堡的套餐居然比单独的汉堡还便宜,于是你赶紧购买,觉得占了便宜。

你可能想起了"价格锚点",并且立刻明白,那只汉堡被标价18元就是为了让你觉得那15元的套餐便宜得逆天,你的决定从"要不要吃",就变为了"吃汉堡还是吃套餐"的选择。而且,你当然会在这两者之间,毫不犹豫地选择套餐。汉堡店通过组合的方式,实现了有效的定价。

组合定价产品是互补的,基座便宜或者免费,但把利润点转移到需要持续消费的互补品上。比如,吉列剃须刀(刀架很便宜但是刀片很贵)、惠普打印机(租打印机便宜,靠墨盒赚钱)、游戏(玩游戏免费,买道具花钱)等都是产品组合定价法的体现。

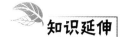

价格锚点:价格锚点即商品价格的对比标杆。营销中,企业通过各种锚点招数,或者利用对比和暗示来营造幻觉的手段,动摇人们对货币价值的评估。

在消费者眼里,商品的价值是"相对存在的",这件商品到底值不值这么多钱,这个定价到底实惠与否,都需要一个可供参照的标准。价格锚点就是商家设定的参照标准。比如,在奢侈品店里,消费者会觉得十几万的限量款皮包太过昂贵,但一件1 000出头的T恤还是买得起的,这就是价格锚点。

# 本 章 小 结

本章的主要内容是新媒体营销的价格策略。首先,要了解影响企业制定价格策略的因素,其中内部因素主要有公司整体市场营销战略、组织因素及价格需求关系因素等;外部因素主要有市场、需求特点及其他外部因素。其次,要掌握定价策略的基础主要有三个方面:以顾客价值为基础的定价、以成本为基础的定价、以竞争为基础的定价,其中,在新媒体时代企业要着重考虑顾客价值的实现,以有利于企业的长远发展。最后,要掌握新媒体时代的定价策略,包括"新零售"的定价、新媒体时代广告的收费策略和以客户为导向的定价策略。

# 营销实例

## "必要"的神仙定价策略

2019年4月,一个叫作《国际大牌成本揭秘》的电视台纪录片疯传刷屏。在这部只有不到10分钟的纪录片里,一组组触目惊心的对比价,令人震惊。

电视纪录片曝光大牌成本,仅为售价1%。

这部被热议的纪录片中显示,市场上售价近1万元的化妆品,成本只有一两百块钱,售价超过千元的某国际知名运动鞋成本也不过在34.94美元——这些成本,原来是行业内部不能说的秘密。

视频采访中,一家著名旅行箱制造商负责人甚至说,除了上述真相外,90%以上的专利其实都是中国工厂的。同样一个精美的旅行箱,到法国,就贴上法国的某知名商标,到意大利就贴上意大利的某个知名商标,然后均标定不同的高价,其实却是同一件东西。

纪录片采访了很多路人,这些消费者能轻易说出一长串耳熟能详的奢侈品品牌清单。相反,却对这些奢侈品成本的种种现实真相表示根本不敢相信:

原来,根据纪录片中调查呈现的真相,所谓奢侈品或者海外代购的国际大牌,"成本其实非常低,大部分都在中国生产,大都是中国工厂设计的"。

同时,纪录片引用了著名国际咨询公司麦肯锡的文章指出,虽然现今中国网购市场高度发达,但是全中国也只有一家叫作"必要商城"的电商APP创造了"用户直连制造"的商业模式,让用户能够用一两百块钱从这些工厂买到国际大牌品质和同等设计水准的产品。

### 一、成功的背后,是无数次闭门羹

"必要"APP的创始人毕胜,曾经是百度元老、李彦宏身边炙手可热的人物。从

4年前开始,他就带领团队一头钻到有600万家企业的中国制造业中,通过50多条严苛的标准,筛选具备"国际大牌、柔性制造、出厂价格售卖"资质的优秀制造商。

如今,与"必要"合作的顶级制造商已达200家,覆盖眼镜、家居、箱包、服装、个护、汽车、房产、食品等18大品类。

这成功的背后,却是无数次闭门羹。2014年,这家试图重新定义全球零售业的小公司才不足70人。毕胜带着团队来到广东,先后拜访了上千家制造商,却都吃了闭门羹,还不下10次被保安当成骗子轰了出来。

他推销的一种电商新模式被制造业的老板们看作是"疯掉了的想法""天方夜谭"。挫折下,他在广东大病了一场。

仅仅过了两年时间,同样是那些制造商,却在他的办公室前排起了长队。这次,轮到了这里的保安来赶人了……到底是个什么样的想法,让这些老板拼尽全力也要争取?!

创立"必要"之前,毕胜还曾创办过红极一时的乐淘网,后因模式传统迅速陨落。失败后的他,把自己和乐淘作为样本分析后,惊奇地发现了一个充满想象空间的万亿级市场。

这一次,毕胜创办了一个叫"必要"的APP平台(见图5-8),他要找到那只扇动翅膀就能在太平洋上掀起风暴的蝴蝶。这只"蝴蝶",就是必要的C2M(Consumer to Manufacturer,用户直连工厂)模式。

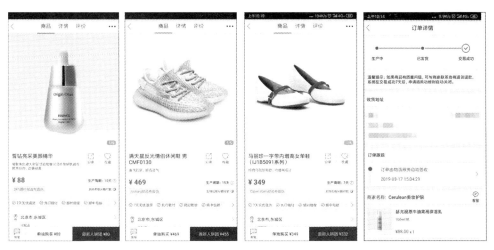

图5-8 必要商城商品详情

这种模式,能让你只用199元钱,就能买到Burberry品质的衬衫;只用200多元就能买到耐克品质的运动鞋;只用200多元就能买到新秀丽品质的旅行箱。

- 海蓝之谜LA MER制造商生产的玻尿酸面膜只需79元,而市场价1 200元
- 依视路集团旗下企业出品的纯钛近视眼镜仅需279元,而眼镜店需要5 000元+
- Philips制造商直供的声波电动牙刷最低只需99元,而市场价需要1 200元+

## 二、胆大出奇迹,背后有玄机

以前,一件商品是这样到达消费者手中的:因为中间环节太多,商品到用户手中的时候,价格已经翻了数十、上百倍,几万元的奢侈品,成本也就几百元而已。

而毕胜发明的这种全新的方法,让用户通过必要的平台直连全世界最好的生产线,将中间所有的加价环节统统砍掉,用户只用原来商品价的数十分之一,就能买到全世界最好的产品了。

而每一件产品的制造商,都必须拥有其独立的原创设计或与知名设计机构合作,要用**高质低价**吸引住零售业的终端——最广大的用户!

而零售业的另一端——制造商也为必要的模式着迷了,纷纷主动上门。因为,C2M是用户先下单,工厂再生产,通过大数据驱动生产来消除库存顽疾。零售业的两端以及中端的所有环节,都被必要"破了局"。

## 三、势如破竹,态势已成

仅仅上线一年时间后,必要的订单就从起初的每月2 000多单发展到每月30万单。只有70个人的小公司,已经成为时下白领钟爱的电商APP,必要一度跃居APP store热门搜索第三,购物排行榜第九。

最近,星巴克的种植基地又和它们联手,进入咖啡产业。其中一款产品是一个凝聚了无数专利的创意袋冲咖啡,让你无论身在何处,只要有热水,就能享受到星巴克品质的咖啡。唯一不同的是,折合一杯咖啡价格才不到3块钱。

"把咖啡卖给星巴克的人"联手必要商城,为用户直供顶级性价比咖啡!

除咖啡之外,护肤、洗护类产品上线同样立即引爆生产线,由SK-II、Dior、兰蔻、欧舒丹等国际大牌原料制造商生产的面膜、眼霜、CC霜、乳液、香水、洗浴等产品,采用法国、日本、西班牙、摩洛哥等进口原料,在去掉品牌溢价后,只需一百元上下就能享受到奢侈品品质。

不仅如此,就连财经大咖吴晓波、知名音乐人小柯等,也是这里的常客,而且还成为必要产品如眼镜、衬衫的口碑传播者。央视看到了必要的全新模式,在为中央经济

工作会议作前瞻报道时,将必要作为未来商业模式中的唯一样本进行了分析。

**问题思考:**

1. 为什么必要APP能获得成功?它采取了什么样的商业模式?
2. 必要APP的价格策略是什么?
3. 必要APP要获得长远发展还需要注意哪些方面?

# 参 考 文 献

1. [美]科特勒:《市场营销:原理与实践》(第16版),北京,中国人民大学出版社,2015。
2. 周志民、史娟娟、宋爱玲、孙亚萍:《方糖音箱:国产品牌高端定位之惑》,中国管理案例共享中心。

# 第六章 新媒体营销沟通策略的互动原则（Interation）

## 同道大叔：从二次元到三维世界

同道文化拥有全网第一星座文化类微博账号"同道大叔"以及女性微信订阅号"同道大叔"，内容涉及星座、动漫、趣味、女性、娱乐、创意等各个领域。截至2019年5月，"同道大叔"在新浪、腾讯微博、微信中拥有的粉丝用户人数合计已超过1 739万，其粉丝和内容阅读数均保持高速增长态势（见图6-1）。

"同道大叔"从在微博为粉丝画像开始运营自媒体，之后把微博账号的内容定位成星座吐槽。在经过了一段时间的积累之后，终于在2014年1月25日迎来了第一次爆发，它的一条讲十二星座失眠的微博关注量暴涨，转发达到44万+，粉丝涨了两万多人。

同年年中，"同道大叔"开始推出"大叔吐槽星座"系列，用幽默诙谐的文字及配图，深刻揣测用户心理，以吐槽十二星座在恋爱中的不同缺点为主，吸引了大量"星座控"网友，让他们在看后纷纷对号入座，直呼"一针见血"。"同道大叔"成了十二星座的代名词。

图 6-1 同道大叔微博

2015年，"同道大叔"打造的同名话剧在上海小规模实验，在没有大范围推广的情况下，40场演出通过票务平台场场卖光。

2016年7月8日，"同道大叔潮爆星座嘉年华"在广州正佳广场开幕，这是一场以同道星座形象为核心打造的线下展会（见图6-2）。展会分为"星座源生态""星座喜乐街""星座恶人谷""星座好奇屋""粉丝福利社"5个展区。其中，作为展览的重头戏,为十二星座分别搭建了专属的场景屋:白羊座的暴走都市、射手座的碧池沙滩、天秤座的选择困难街、狮子座的霸气高校、水瓶座的精神病院、摩羯座的闷骚有限公司、双鱼座的玻璃心剧场等。在一个多月的时间内,嘉年华卖出门票过万张,线下衍生品销售额也达到近 200 万元。

图 6-2　同道大叔线下展会

同时,同道大叔还开始筹备实体店"星座主题咖啡屋"(见图 6-3),实现流量入口的互动传播,开发星座周边产品(如手机壳、充电宝、服装、家居、饰品、文具等),做线下粉丝互动会,甚至启动了电影的拍摄。

图 6-3　同道大叔"星座主题咖啡屋"

从线上走向线下,将精神化为实体,塑造衍生品牌,实现和用户在三维时空的接触,是一种颇为有趣的高阶互动,也是拓展自媒体商业模式的有益尝试。但开咖啡店和做自媒体是两回事,很可能一荣俱荣,也可能会一损俱损。

新媒体和传统媒体的最大区别在于互动。传统媒体不知道自己的读者是谁,很少关注读者反馈。而新媒体最基本的互动来自文章下方的评论和公众号后台的留言,人人皆知,但能持续用心去做的寥寥无几。在和用户的反复互动中,运营者完成了从群众中来到群众中去的锤炼。更贴近用户心理,更懂得用户需求的人,才能掌握新媒体运营的精髓。

**问题思考:**

1. "同道大叔"是如何"火"起来的?
2. 新媒体营销的基本互动方式有哪些?
3. 如何理解"同道大叔"更为"高阶"的互动?

# 第一节 新媒体下的广告策略

## 一、新媒体下的广告特点

### (一)互动性

互动性是新媒体广告最基本的特点,也是很重要的特点。不同于传统媒体广告,新媒体广告是"双向传播",具有信息的交互性。在新媒体时代,受众可以选择是否阅读新媒体广告,同样,受众也可对新媒体广告产生反馈行为,广告主也可与受众进行信息的交流。广告主可以通过广告了解受众的信息以及对产品的看法,及时对产品进行完善工作。

### (二)跨时空

传统媒体广告易受到时间和地域限制,传播范围小,传播效果较差。新媒体广告则不受时间和空间的限制,在全球范围内,只要具备齐全的上网条件,在任何地方都可以在互联网上阅读各种广告信息。如果想阅读某则广告,还可在互联网上查询浏览。

### (三)灵活性

传统媒体广告一旦投放,不易更改,成本费用高。若在新媒体上投放的广告出现了什么问题,可以根据广告主的需求及时修改更新,具有很好的灵活性。新媒体广告相较于传统媒体广告更灵活,滚动性强,且可更新。

### （四）精准定位

这个特性要求我们结合新媒体的高传输速度、互动性、个性化、定制化服务等优势,将受众的特性与产品、品牌更好地匹配起来,针对不同特征的人群和其不同的生活轨迹让广告主精确地找到想要的目标受众,充分降低传播成本。

### （五）内容为王

广告内容化趋势是新媒体新生态环境的一个重要特点。在新媒体平台上,广告企业对广告信息传播的控制力不断变弱,基本上主要依靠广告自身的趣味性来传播。因此,广告传播者必须改变传统的广告创意策略,通过创意将广告融入媒体,让受众在愉快的体验中自发传播,带动品牌的传播和产品的销售。

### （六）整合传播

广告主在投放广告时,通常会采用多样化的传播渠道,实现信息的最大化传播。新媒体广告和传统广告各有千秋,优点和缺点并存。对它们加以组合运用可以扬长避短,优势互补,从而达到更好的营销效果。未来整合营销,大数据营销将成为主要的广告投放方式,同样也是营销推广策划的重点内容之一。

我们可以看到,新媒体广告颠覆了传统广告的传播方式和途径,不仅给企业营销方式带来新的方向,而且也对消费者的偏好有了更好的把握,接下来是几种比较常见的新媒体下的广告方式。

## 二、新媒体广告的类型

### （一）网站平台

网站平台包括门户网站、各品类行业网站、地方性本地网站、与品牌相关联的网站等。但由于企业之间的品牌、产品和服务会有所不同,所以企业投放新媒体广告时,会根据自己的品牌所在的行业进行有针对性的投放,以达到新媒体广告投放的最大效应。

网站平台新媒体广告的主要形式有横幅广告、焦点图广告、对联广告、漂浮广告、文字链接广告、弹窗广告、拉链广告、导航广告、视频广告等。例如,一个房地产公司需要在网站平台上投放广告,则其选择对象包括门户网站的房产频道、房地产专业网络平台、本城市的网站平台、旅游汽车理财等与之相关联的网站平台(见图6-4)。

**课堂讨论：**

你认为哪个位置的广告最能吸引消费者？为什么？

图 6-4　房地产专业网络平台——安居客

### （二）移动新闻客户端

目前，市场上比较主流、用户量又比较大的手机新闻客户端分为两种类别。

**1. 精准定制类**

根据每个人的阅读习惯定向推荐内容，包括今日头条、一点资讯、天天快报。

**2. 常规新闻类**

按照频道划分内容，包括腾讯新闻、网易新闻、搜狐新闻、新浪新闻、凤凰新闻、澎湃新闻。

由于手机屏幕空间有限，而且移动端需要兼顾用户体验，既不能让用户在广告中找新闻，也不能用户一点开广告就让页面跳出后很难返回。所以，新闻客户端根据用户的阅读习惯设定了不同的广告展现形式。

新闻客户端主要采取以下三种广告展现形式：开屏广告、信息流广告、内容详情页广告（包括广告图、文字链、下载广告）。这三大形式一般均按点击量或千人展示计费，且定向精准。

**1. 开屏广告**

"开屏广告"即用户打开新闻客户端时会出现的几秒钟短暂广告，这种广告的优势在于宣传效果较好，能够在特定时间捕捉最多的流量客户，缺点在于广告费用高。

**2. 信息流广告**

"信息流广告"即用户在阅读新闻时在新闻页中看到的广告，这种广告主要以图文、图片形式展现，看起来就好像是一篇推送的文章。这种类型的广告使用户在不知不觉中接受广告的传播。但当用户不留意时,可能由于用户的误操作造成用户流量的损失,从而引起用户的不满。

**3. 内容详情页广告**

内容详情页广告一般出现在文章末尾,主要以文字链、图片、下载广告形式展示。

如今新闻客户端以大数据挖掘为基础,广告投放朝着"精准"方向推进,除了传统的可以按照地域、时间、手机类型进行投放外,还可以依据用户阅读偏好进行更精准的广告推送。如今日头条就是致力于以定制、精准为导向的新闻客户端,每个人上今日头条看到的新闻都不会完全一样,系统根据网友的阅读兴趣定向推送,以近似内容资讯的方式,友好精准地传递品牌信息(见图6-5、图6-6、图6-7)。

图6-5 今日头条开屏广告

图6-6 今日头条信息流广告

图6-7 今日头条详情页广告

**课堂讨论:**

今日头条和腾讯新闻、网易新闻等新闻客户端最大的区别在哪里?作为用户的你更偏向于使用哪一种新闻客户端?

**(三)社交媒体平台**

目前,带社交属性的媒体平台有微信、微博、QQ、陌陌、脸书(Facebook)、推特(Twitter)、Instagram等。而我们所说的社交媒体广告是指以企业、媒体或个人为发布者,以产品、文字、图片、语音或视频的形式,通过社交媒体发布的信息。近年来,随着移动社交网络逐渐成熟,消费者在社交媒体平台上花费的时间越来越多,社交媒体广告产业呈现爆发式增长。

据官方数据显示,2016年脸书的日活跃用户数量达到1.13亿人,二季度财报显示脸书广告收入总额达62.4亿美元,可见广告给社交媒体带来了前所未有的商机。在国内,以微博、微信为代表的社交媒体也已经成为网民的标配应用。调查发现,不管有没有新消息的产生,大部分人们总是第一时间选择微信作为自己首先打开的应用软件。因此,如何利用社交媒体进行社会化营销和广告投放已经成了每一个品牌需要关注和思考的问题。

在社交时代,新媒体营销沟通策略更强调互动原则。具体来说,消费者在从需求产生、信息收集、购买、使用、评价等各个消费环节上,表现出对社交互动越来越强的依赖性,在互动过程中消费者既可以是品牌消费者,也可以是品牌文化或口碑的传递者。例如,人们会因为在微博或朋友圈刷屏的某款产品而产生购买需求,会浏览、搜集其他陌生人的购买评论、论坛的专业测评等,更会在买到心仪的东西时在朋友圈或微博晒图片。在此过程中消费者不知不觉参与了品牌的自传播。

社交媒体广告的表现形式大体可分为开屏广告、图文广告、视频广告、植入广告等,但由于社交媒体的产品属性各有不同,其广告展现形式也有所不同。

目前,中国的三大社交平台分别为微信、QQ和微博,微博的广告投放形式与其他两种社交平台有所不同,微博广告主要有粉丝通、粉丝头条、微博大V广告投放三种形式。

(1)"粉丝通"是新浪微博主推的产品,可以自定义投放用户库,针对所有新浪微博用户,根据地域、用户、年龄、关键词、兴趣爱好等精准定位投放信息。广告投放后会以微博图文名义出现在微博信息流中。

(2)"粉丝头条",微博主对自己发布的微博使用粉丝头条功能后,可以让自己的粉丝登录时看到该条微博处于其微博的第一条。粉丝头条最早只能覆盖自己微博在24小时内登录的用户,现在增加了路人转粉功能,只要进行广告的投入,微博主还可以让自己的微博出现在不是自己粉丝的人的微博第一条的位置。

(3)有影响力的微博大V粉丝数量大,互动活跃度高。现在微博孵化出不同类型的网红经济,不管是吃播、美妆博主还是搞笑博主,只要能有一定的粉丝基础,都能吸引广告主的青睐,很多企业也会选择与企业形象一致的大V博主进行广告的投放。

近年,微博平台出现而且呈现高速增长的态势,微博营销成为企业关注的热点,微博营销是指通过微博平台为商家、个人等创造价值而执行的一种营销方式。该营销方式注重价值的传递、内容的互动、系统的布局、准确的定位,微博的火热发展也使得其营销效果尤为显著。微博营销涉及的范围包括认证、有效粉丝、话题、名博、开放平台、整体运营等,当然,微博营销也有其缺点:粉丝数增长慢、微博内容更新过快等。

就企业微博而言,企业的客户、员工、股民都可以通过微博平台与企业互动,企业可以瞬时掌握企业的公关情况,以便及时采取对策。企业利用好微博营销可以提升企业的品牌形象、服务满意度、员工满意度等指标;如果企业没有利用好微博平台,没有及时监控微博上的消息,微博平台也可能成为给企业制造危机的快速通道,因为它是实时传播的,一旦起火,会蔓延得很快,这就是互动性的利弊。

现在微博营销的商业运营模式主要分为以下两种模式。

(1)广告投放式的微博营销,企业不断将自己的微博推向目标微博平台,将自己的微博内容传递给其他微博主的粉丝;

(2)专业微博托管式营销,把企业微博交给专业的公司去运营,同时兼顾投放微博转发评论的广告和活动、内容的策划和发布。

从操作角度上看,平台式的微博营销企业的自主选择权可能更多,企业根据自己的实际情况可以自主选择投放微博账号,而托管式的微博营销更具有专业性策划性,根据市场情况和企业自身条件选择适当的方式,同时通过行为管理、风险管理等管理方式来实现售后服务。

微博两种营销的商业模式对比各有千秋,作为企业,应该根据自身的实际情况进行分析探讨,从而选择最优微博营销方式。如果企业有专业的微博营销人员,微博有专人打理,利用平台式微博营销可以节约费用;如果企业自己没有太专业的微博营销人员,企业微博最好托管给专业公司,专业公司对微博营销的结果负责,企业可以少操心,把更多精力用到整体营销的推进上。

QQ 和微信的广告形式则主要包括传统的图文广告、视频广告、品牌页卡广告等(见图 6-8、图 6-9)。

在大数据时代,各企业通过对用户行为进行大数据精准分析,对用户的年龄和性别等有很好的把握,广告的投放也更加精准,可以制订出更加适合每个用户的个性化广告内容。对于用户而言,当他确实需要一些广告信息时,大数据精准投放也能使用户最有效率地得到其最需要的信息。

图 6-8 QQ 空间图文广告

图 6-9 QQ 空间品牌页卡广告

### (四) 视频平台

随着互联网的快速发展,中国的网络视频平台逐渐发展成为中国互联网的第四大应用。由于人们时间的碎片化,网络视频成为人们在空闲时间休闲娱乐的一种选择,最近发展起来的弹幕模式也吸引了更多的年轻人参与互动。因此,如何利用网络视频这个新媒体平台进行一系列的营销活动也成为广告主需要考虑的重要问题。

目前,网络视频平台分为以网络电视、视频直播、以用户内容(UGC)为主的视频分享平台三大类。网络电视视频广告主要以家庭中点播视频时的开屏广告为主,以及在线网络电视视频,如 PPLive,以缓冲视频广告和专区整合冠名广告为主要形式。

视频直播是 2015 年以来网上最热的新媒体网络视频模式。目前比较主流的视频直播 APP 有映客、花椒、斗鱼、一直播等,视频直播的广告形态还没有完全成熟,目前比较常见的广告形式有直播推荐广告位、开屏广告、Banner 图、主播植入、现场直播、合作直播等方式。

现今市场上三大视频分享平台分别是优酷土豆、爱奇艺、腾讯视频,另外还有搜狐视频、暴风影音、芒果 TV、咪咕视频等,视频分享平台有着丰富的媒体资源和广告形式,其广告形式主要有贴片广告、冠名、内容植入、口播、暂停广告、角标移动端开机图、页面广告位(见图 6-10、图 6-11)。其中,贴片广告可以按照地区、频道等进行投放,部分平台还可以按照人群兴趣等进行投放。

图 6-10　视频暂停广告

图 6-11　移动端贴片广告

**课堂讨论:**

你通常用哪些视频软件观看视频?视频播放前出现过哪些类型的广告?你认为

第六章　新媒体营销沟通策略的互动原则(Interation)

哪种类型广告最让人印象深刻？

相对于传统电视广告可以切换台等因素，现在国内视频平台几乎都插播广告，这样导致用户只能等待广告播放完才能观看视频，这种投放形式往往可以获得观众几乎全部的注意力，广告到达率比较高。

传统的电视广告往往要请明星代言，要放到黄金时段播出，要放到收视率高的节目中播出，其成本是非常大的，花费十几万甚至是上千万都是有可能的，而且需要大量的工作人员。而网络视频广告只需要较少的人员加上一个好的创意即可，其成本比电视广告小得多。

在 2016 年，视频分享平台和社交媒体平台共同演化出了一种全新的视频形态——社交原创短视频。其中以 papi 酱为代表的反映社会现实的原创短视频受到众多网友的追捧与喜爱，并因此带来大量广告主的青睐和企业的投资。

### （五）电梯广告

电梯广告主要分为电梯框架广告和电梯有声电子海报两种。一方面，电梯广告环境好，可以实现 24 小时不间断地播放广告信息，另一方面，处于封闭空间内时可以给消费者造成强制性的视觉接触，冲击力更强。最后，电梯广告重复暴露频次高，记忆度高。另外，有声广告由于声、画相结合，广告的冲击力效果更强。

### （六）户外 LED 大屏广告

户外 LED 大屏广告具有以下特征。

（1）时效性。在室外设全彩色 LED 显示屏，意味着每天大量人可以看到为潜在消费者提供的各种展示广告。广告全天滚动播出几十次，密度大、力度强，能使潜在消费者留下深刻的印象。

（2）强迫性。全彩色 LED 显示屏广告安装在商业街人群必经路口，室外全彩色 LED 显示屏亮度极高，所以广告不可避免地闯入人们的视线，这就决定了广告欣赏的不可避免性。

（3）反复性。大量人群到商业城和步行街购物娱乐，必然会被屏幕上的动态信息所吸引，这样一来室外全彩色 LED 显示屏广告欣赏的有效频率非常高。

（4）公益性。室外全彩色 LED 显示屏作为一个室外信息发布平台，除了展示各种商业及休闲娱乐的动态信息，播放各品牌的广告宣传外，它还可以转播新闻联播及政府通知等，同时实现城市亮化改造，改变乱挂广告、乱贴乱发宣传单现象，提升城市整体形象，推动经济社会各项事业的发展。

### （七）地铁广告

围绕地铁进行的营销活动已经屡见不鲜,这条承载了大多数上班族的出行工具早已是营销者眼中不可错失的资源。我们以知乎和网易云音乐的地铁广告为例来分析这种新型媒体工具。

知乎在地铁悄然发起了新一轮的广告攻势。对比刷爆朋友圈、赚满泪点的网易云音乐地铁文案,图 6-12、图 6-13 是知乎的文案内容(节选)。

图 6-12　知乎地铁广告图

图 6-13　知乎地铁文案图

在很多人眼中,知乎应该是一个理想主义者的精神世界,拥有"真正认真"的人,注定有理想。知乎网友一定是严谨、认真的,甚至还带着那么点小严肃。所以,为了保持"逼格",知乎在对外推广时一直很克制。

**1. 注意力:色彩清新有格调,撞色对比又协调**

色彩是广告设计中必不可少的组成部分,对渲染广告效果、增强广告表现力以及吸引目标群体起着甚为关键的作用。正确处理色彩对比与调和的关系,能增强广告画面的视觉美感,可促进广告整体效果的和谐统一。知乎此次广告相对于 2015 年和 2016 年,选色更为明艳大胆,色相对比强烈,红、黄、蓝三原色这样的搭配是一种强烈对比,画面很活泼,也夺人眼球,为品牌注入了时尚感。字体背景采用知乎界面主色调——深蓝色,既凸显了知性和严谨,同时也呼应了知乎的品牌定位。

**2. 回忆力:视觉冲击作铺垫,问答形式接地气**

对话体的形式可以拉近文字与受众的距离,语言通俗易懂,"哥们儿"的称谓,受众会感到亲切,同时产生代入感,进而加深了对广告的印象。以"我"自述的形式同样也具备异曲同工之妙。当然,朗朗上口的对称体无疑是加深回忆的一大妙招,"人美也要多读书,同时你得有知乎",化用俗语的同时又非常押韵。

**3. 促销力:知性中透着克制,目标扩大保个性**

带着"高端知识分享社区"光环而生的知乎,用 6 年时间收获了许多赞美,如今也进入瓶颈期,引来重重争议。新广告的右上角是"知乎,每天知道多一点",左下角是"有扫二维码的功夫,该搜的都搜到了",进一步表明了知乎对"知"的定义。知乎从一开始,对于"知"的定义就不是知识。知乎的"知",定义是知道,知道"更生动、丰富和有趣"的知识,绝非标准化的知识。知乎强调主观意见,而非客观存在。

另一个地铁广告的例子便是火爆朋友圈的网易云音乐。2018 年 1 月,网易云音乐在北京的团结湖地铁站搭了一条"镜面长廊",镜面全长数十米,上面印满 14 组网易云音乐用户乐评,这 14 组乐评是网易云音乐从 1 万组精彩乐评里精选出来的,主题叫作《2018,照见自己》(见图 6-14)。

图 6-14 网易云音乐地铁广告

曾在 2017 年 3 月,网易云音乐第一次创造性地把那些深深打动人的歌曲评论印满杭州市地铁 1 号线和江陵路地铁站(见图 6-15)。

图 6-15 网易云音乐地铁"走心"文案

"哭着吃过饭的人,是能够走下去的。""多少人以朋友的名义默默地爱着。"这些从 4 亿条评论中筛选出的文案,条条击中人心,与地铁内弥漫的"奋斗的疲惫和孤独感"连在一起,迅速引爆线下线上的传播。

短短几天,网易云音乐乐评专列获得超 2 000 个微信公众号报道,总阅读量超 1 000 万;百度指数增长 80%;微信指数翻 216 倍,峰值达到 1 300 万。

那场教科书式的刷屏案例也掀起了随后近一年的地铁文案热潮,效仿者无数。而这回,似乎轮到网易云音乐自己"两次踏进同一条河流"。当然,它并非简单地重复。与之前相比,这次网易云音乐至少有两大明显的变化。

**变化一:文案由丧变燃**

相较于 2018 年以"孤独"为情绪洞察点,2019 年的文案则显得特别燃和暖心。它们有关梦想、亲情、爱情……充满浓浓的励志色彩。

关于"梦想":

- 梦里能到达的地方,终有一天脚步也能到达;
- 满地都是六便士,你却抬头看到了月亮;
- 假如生活出卖了我,我希望是论斤卖;
- 你这么年轻,你可以成为任何你想成为的人;
- 如果每个人都能理解你,那你得普通成什么样子;
- 今天,是你余生的第一天。

关于"亲情":

- 在妈妈的眼里,所有问题的起源都是因为不喝水、不吃青菜、不早早睡觉,可是我爱她啊。

关于"爱情":

- 我要漏出一点马脚,好让你发现我喜欢你;
- 一房二人,三餐四季;
- 总有一天,漫漫长夜里有人陪你说话,晚灯不灭,有人等你回家。

关于"少女心":

- 你的眼睛很美,不适合流泪;
- 你们这些用网易云的女孩子,一定很可爱吧。

这种文案基调的变化,首先,是由于时值新年,作为新年献礼,网易云音乐想要传递出喜乐的气息。

同时,在经历了一整年的"丧"文化流行后,暖心营销在复苏。丧茶、中年危机、秃头、保温杯、枸杞、佛系青年……这些带着"丧"底色的关键词在 2017 年大火;但任何一种亚文化都具有两面性,当我们被"丧"的气压笼罩到极点时,很多现象级的暖心营销出现了。

**变化二:增加镜面设计**

这次网易云音乐还找到了镜子这个新媒介,很好地呼应了"2018,照见自己"的主题,寓意在镜面中、在乐评中、在音乐中照见自己,无形中增加了传播点。

不过,把镜面设计融入地铁广告也并不少见。OPPO R11 就曾为宣传其摄像功能"前后 2000 万,拍照更清晰",在上海人民广场地铁内打造出一道 270°镜面折射走廊,超大屏的镜面设计引得女生们纷纷来自拍。美图美妆 APP 也曾为推广产品,在杭州1号线嘉里站打造了面比直男还"耿直"的镜子。它能"毫不留情"地给你的颜值打分,还顺带做个肌肤测评。

相比之下,网易云音乐的地铁镜子并没有太多花样。但是如果你刚好驻足,静静地去看,有那么一两句话入过你的内心,荡起几圈涟漪也就足够了。正如前几天刷遍朋友圈的歌单报告,和 TVC《2018,音乐的力量》,网易云音乐更像是个暖心的老朋友,没有太多花哨的东西,但一直默默陪伴你(见图 6-16)。

图 6-16　网易云音乐地铁广告

尝试不同,需要勇气,重复自己,也是需要勇气的。文案基调和创意上的改变,正是网易云音乐在"重复"中挑战"不同"的尝试。

### (八) VR 广告

**1. 宜家:理想厨房**

宜家针对年轻的消费者推出了自己的 VR 游戏,让用户放心大胆地全情设计自己想要的理想厨房。游戏全名为《IKEA VR Experience》(见图 6-17),共有 3 种风格供用户选择,接着在一种风格内自主设计厨房。比如,调换橱柜的摆设,颜色、材质,还可以调整其他样式的橱柜等。宜家此次推出 VR 游戏,是为了提升它的品牌内涵,提升消费者体验感,也是为了努力提升消费者的"美好生活"。

**2. 天猫"双十一"穿越宇宙的邀请函**

天猫创作了一个结合 VR 技术的 H5《穿越宇宙的邀请函》,H5 在朋友圈反响很好,为后续"双十一"做了铺垫。它的《寻找狂欢猫》将增强现实与红包活动结合起来,线下线上相结合也取得了不错的成绩。有新意、有创意,还有与 VR 技术相结合后的

图 6-17　宜家 VR 游戏

新型表达方式,使今年的天猫"双十一"整体来看是大获全胜(见图 6-18)。

图 6-18　天猫"双十一"VR 广告

**3. 肯德基:爱在身边随手公益**

肯德基 VR 虚拟公益艺术体验馆包括两个艺术展厅,分别展出无障碍艺途 WABC 公益机构青少年艺术家和自闭症艺术家毕昌煜的画作。观众可在微信端使用裸眼 360°全景或 VR 眼镜的方式体验多维新奇的玩法。这次肯德基打造的"爱在身边,随手公益"活动,不仅运用了最新潮的 VR 技术,还请到了李宇春"真人发声"演出,起到了很好的广告宣传效果。

**4. 世纪佳缘:VR 约会**

世纪佳缘拍摄了 8 组 VR 版的婚恋视频,并订制化开发了一款婚恋交友 APP。

下载这款 APP，佩戴魔镜后就可走入 8 位男生选出的"最受欢迎的女神"的私人空间，彻底进入一段沉浸感十足的约会时间，享受到逼真的二人世界。通过 VR 约会，消费者能获得更加真实、直观的约会体验。

**5.《部落冲突》：战争场景**

《部落冲突》游戏获得 20 亿美元的年收入。最近该公司用 VR 技术发布了一个 360°视频，向玩家展示了一个全角度的部落战争场景（见图 6-19）。在这个视频里，玩家们可以以弓箭手身旁第一人称视角的方式体验 360°的战场环境，并看到龙、巨人和更多的兵种攻防。这在某种程度上来说，增加了玩家的参与感与代入感。

图 6-19 《部落冲突》利用 VR 模拟战争场景

# 第二节 新媒体下的人员销售策略

## 一、新媒体下客户关系的维护

传统媒体下的客户关系主要以人与人之间面对面的交流与互动为主，辅之以 Email 等线上维护方式。而新媒体下客户关系的维护则与之相反，企业主要通过线上的公众号等方式与客户建立联系并通过线上信息的发布和各种活动来吸引和留住客户。下面主要以微信公众号为代表来看新媒体下的客户关系维护。

### （一）定位

**1. 公众号的整体格调定位**

公众号推送规则是一个月只推送 4 次消息。这样的规则限定使得公众号推送的内容需要精挑细选，需要策划一些与品牌有关的活动或者是一些长期的互动游戏等。

**2. 品牌定位**

企业应该结合产品的特色或者自己的优势、技能,去确定品牌明确的定位。

**3. 粉丝定位**

企业应了解公众号面向的是什么类型的粉丝,然后推送符合粉丝口味的内容来增加阅读量,同时留住粉丝数。

### (二) 栏目建设

如果只是有一个单纯的定位,实际运营起来就会显得很吃力,而且内容上也会很杂乱,这时候就可以考虑栏目建设。微信其实就和电视台一样,粉丝就是观众,适当建设一些好玩的栏目去迎合观众会有意想不到的收获。栏目的建设重在独特新奇以及可持续性(见表6-1)。一方面,栏目要和企业定位高度相关;另一方面,栏目不能太俗套,但是又必须有持续性,不然很难找到合适的内容。

表6-1 公众号不同栏目的区别

| 栏 目 | 内 容 详 解 | 发 布 时 间 |
|---|---|---|
| 常规栏目 | 持续性的大活动 | 每周 |
| 不定时栏目 | 旗舰店大活动、品牌大事件 | 每周 |
| | 互动活动、投票、游戏、主题月活动等 | 根据具体情况而定 |
| | 新品预告 | 根据具体情况而定 |

### (三) 策略技巧

**1. 积极主动去发现客户对产品的建议**

定期做关于使用品牌产品之后的感悟活动,总结出最多人反馈的问题,由于公众号80%的粉丝都是购买过产品的客户,为了提升这些潜在客户的复购率首先就是先去了解他们使用产品后的感受,总结反馈意见,然后再根据这些意见去完善品牌,让客户知道我们一直在听取他们的意见,一直为将品牌做得更好在努力改变。

**2. 学会回馈粉丝**

定期推出回馈粉丝的活动,可以是一些互动小游戏、主题活动,也可以是购买送卡券等。实物奖品可以适当丰厚一些,可以增加粉丝的参与度。

**3. 互动是第一要点**

推送消息之后,粉丝有留言要及时进行回复,移入精选,让更多人看到公众号是活的,粉丝是存在互动的。只有存在互动的公众号才是有生命力的。

**4. 利用好官方资源**

微信公众号现在也可以用来与粉丝进行聊天沟通,提前设置好问候语与结束语,留给前来咨询的粉丝一个好的印象。

新媒体时代,任何事物都发展得越来越迅速,微信公众号作为新媒体传播的一种方式,最重要的功能是保持与粉丝的互动,维护好与粉丝的关系,做好与粉丝间的沟通。

## 二、人员销售的未来趋势:无人销售

无人零售是指在没有营业员、收银员以及其他商店工作人员的情况下,由消费者自助进行进店、挑选、购买、支付等全部购物活动的零售形态。

狭义的无人零售指的是以开放货架、自动贩卖机、无人便利店和无人超市为主的实体零售中无人值守的部分,其中,无人超市主要处于内测阶段,尚未大规模铺开。无人零售主体集中在开放货架、自动贩卖机、无人便利店三类。虽然无人值守,但背后的管理仍然需要有人,只是人的角色有所变化,前端人员主要负责配货、理货和清洁。

### 无人货架的独角兽——每日优鲜便利购

作为2017年的风口之一,无人零售尤其是无人货架受到了资本和巨头的青睐。这一针对办公室场景的零售模式一出,便引来了满城风雨。阿里投资的"盒马鲜生"、新兴企业猩便利,无论电商行业巨头还是传统零售业商,没有人希望错过"无人货架"这个万亿规模的市场,在线上市场已饱和的情况下,纷纷盯准办公室这一"空白"市场,投资挤占市场,以期在这一办公室大战中挣得一席之地。

"便利购"是每日优鲜于2017年6月内部孵化出的项目,目标同样直奔"无人货架"这一市场而来。不过,李漾并不打算像其他的"无人货架"玩家一样,将精力过多地放到抢占市场份额上。按他的话来说,"诚然点位资源很重要,毕竟大的写字楼就那么多,每个公司容纳的货架也是有限的。别人进入早不怕,三个月后谁能真正留存下来才是见实力的时候"。而为了顺利留存下来,"无人货架"背后的供应链管理不容忽视,而这也是"便利购"的优势之一。

**借助优势，主动出击**

其实，在上线"便利购"业务之前，每日优鲜就是做 B2C 的生鲜电商平台。生鲜不同于普通常温食品，由于难储存，其从生产到销售的时间必须尽量减少，因此对供应链管理的高要求不言而喻，而传统的"中心仓"模式由于距离远，在时效和成本方面的表现不尽如人意。

为了解决冷链物流问题，每日优鲜采取了"前置仓"模式，建立"城市分选中心＋社区前置仓"的二级分布式仓储体系。在华北、华东、华南等地区建立城市分选中心，并根据订单密度在商圈和社区建立前置仓，每个前置仓覆盖周边半径 3 公里。商品经过城市分选中心品控、加工等环节，根据智能补货系统提供的补货系数，被分发到各个前置仓。配送员从前置仓提货，不需要冷媒来进行低温保鲜，避免货品过度包装，在商品品质、速度、成本等方面都占有优势。

**"百日会战"：从供应源头把控质量**

业内普遍认为，无人货架领域拓展点位数是决定项目生死的"死穴"，而供应链能力是"生穴"。相比纯数量的比拼，每日优鲜便利购以点位质量和服务提升的深耕细作更有意义。供应链是否能够匹配点位拓展速度，直接影响了无人货架能否具有持续发展的能力。"无人货架"的本质依然是零售，更要坚持提供优质的商品（见图 6-20）。无人货架和供应链的长足发展必须坚持优质的质量，而质量要从源头把控。

树上熟干尧榴莲
泰国国宝级榴莲
榴莲家庭3%的稀少产量
4~6年才能挂果的漫长等待
每日优鲜泰国直采，国内专供

智利金奇异果
甜度达到14°~18°的奇异果
如少女般的蜜吻
单颗重量在115~125克之间
比普通奇异果个头大1/3

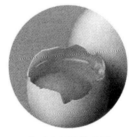
狼牙山超燃柴鸡蛋
产自于每寸土地都受严格监控的
国家级森林公园狼牙山脉
由喝山泉水、吃玉米大豆自然生长到
7个月的柴鸡所产
味道天然鲜香，蛋黄大而浓
无污染、无添加

图 6-20　部分产品

也因此，在备战"百日会战"之时，李漾重点强调了要从供应链源头把控商品质量，坚持与优质供应商合作，因为良好的供应商是良好供应链的保证。

第六章　新媒体营销沟通策略的互动原则(Interation)

在"便利购"无人货架中,牛奶、水果等生鲜的比例不小(见图6-21),需求较大,加上原来的每日优鲜市场,其单品采购量极大,因此每日优鲜实施集中采购。平均单品的采购规模在200万以上,产地的分布除了国内以外,还对30多个海外国家进行海外直采,产地直采比例达到50%。虽然追求优质产品,但是由于采集规模大,相较于其他无人货架企业,"便利购"产品成本并没有提升太多。

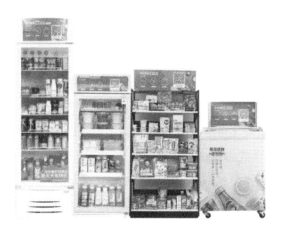

图6-21 每日优鲜"便利购"无人货架

为了跟产地建立更好的合作关系,每日优鲜创新地提出了"三0"政策:0入场费和促销费,一次性把价格给到位;0退货,验收合格,不会因为没卖掉、滞销做一些退货,但品控要求严格,只要品质优良便不会退货;0账期,通过金融方案给供应商提供更快捷的付款支付,做到T+1的回款。

**几多欢喜几多愁**

零售的业态发生从大店到小店,从大仓到小仓这4个业态的转变有一个共通性,就是离人越来越近,颗粒度越来越细,给用户提供的即时类消费效率越来越高。所以,即使"便利购"无人货架的供应链上游和物流方面已经做得不错,但是在靠近用户的供应链尾端,李漾觉得依然有很大的改进空间。

想到最开始要求"日补"的时候,因为快速迭代人员没有完全补充上,偶尔出现补货不及时而遭到撤柜的问题,李漾仍感到后怕。也因此,"便利购"除了迅速补充人员,并且专门建立客户体验团队,提前跟客户做预沟通,提前做供需的预测外,还要不断改进"无人货架"后台拥有的库存体系和补货算法,以迅速得知用户需求。同时,由于大仓、微仓、基础建设都是和每日优鲜共用的,补货高峰期结合每日优鲜配送人员的配合,构成了"便利购"在无人货架供应链方面的高壁垒,使得他们具有了日补能力。

无人货架是个看起来门槛低,实际门槛很高的行业。随着竞争的加剧,不具备供应链能力、高效运营能力和稳健拓展能力的团队逐渐退出,行业的热度看起来在降低,但对于持续发展中的每日优鲜便利购团队来说,挑战仍在加剧。"便利购"的供应链体系尾端还要继续优化;借助无人货架库存体系算法,针对供求信息进行优化;还有未来可能出现的一系列潜在问题……

## 第三节 新媒体下的销售促进策略

### 一、新媒体促销的基本特征

新媒体促销是一种新型的市场促销方式和手段,是企业借助互联网、手机等数字化互动式媒体进行品牌形象塑造和产品的宣传销售。

新媒体促销是指通过新媒体进行的促销活动。传统促销活动追求覆盖量,基于新媒体的促销活动突破了传统的促销模式,不仅能够精确地获取访问量,还能够收集整理出访问的来源、访问时间、受众年龄、受众领域、生活习惯、消费习惯,相比传统促销更加精准、有效、节省时间。新媒体促销为受众提供了广泛的参与机会,一改过去的单向传播为双向传播、多向传播,传播者与受众之间的地位更为平等。以数字化形式传播,可以轻易复制扩散,容易引起病毒式的传播风暴。

基于网络的新媒体促销有以下基本特征。

#### (一)消费者变被动为主动

新媒体时代,消费者不再只是传播对象和旁观者,新媒体时代给予消费者更多的主动权,消费者之间也有更多的关联,加上移动终端的普及,消费者可以在任何地方参加互动。如今消费者更乐于参与而不是被动地接收,他们会主动利用各种渠道去比较、判断,甚至提出质疑。新媒体的终极价值在于赋予了人们更大的自由度,促销人员必须明白用户在哪些方面的自由度被放大了,促销活动才能够有的放矢。

#### (二)从追求覆盖量到创造持续参与感

广告覆盖量曾经被视为促销活动的主要指标,随着新媒体与消费者接触的渠道与日俱增,覆盖量的重要性也越来越低,新媒体拥有适合病毒式传播的天然环境,有效的新媒体促销能够达到的效果远远超过它的支出。新媒体促销人员需要和用户持续对话,也需要更好的策划和明确的主张。

### (三)并行的而非线性的

信息可追踪,也就意味着即使无数人使用同一种传播工具,促销人员还是可以和每一个用户直接沟通。新媒体促销活动策划中,最重要的是找出合适自己的传播平台,然后策划出一个具有高度互动性的创意以鼓励消费者积极参与,通常消费者会根据自己的爱好帮助调整具体内容。

常见的网络媒体促销方式有网上折扣、网络广告、网上积分促销、注册送券、购物送券、团购活动、秒杀活动、返利活动、网上赠品促销、网上抽奖促销、网上联合促销等。

## 二、新媒体下销售促进的案例分析

2016年,淘宝率先试水开启电商直播,此后快手、抖音、苏宁等平台纷纷也开启了直播新模式。电商领域的直播业态探索,一方面是直播业务的炙手可热;另一方面是传统电商业务的增长放缓。2011—2015年,电商增长维持在33%左右,但2016年其增长速度大幅降低到13.57%。此时,电商需要新的增长引擎"唤醒人们沉睡的购物车"。

强流量平台,如微博、淘宝、快手、抖音,直播成为重要的流量补给。电商也是直播业务实现盈利闭环的重要手段。实打实的成交额不存在任何作假,商家、主播、平台、用户都有利可图。2017年,市场逐渐被唤醒。2018—2019年,行业进入了上下游和产业链的整合阶段,从主播到货源的产业链被打通,产业周期长的问题逐步得到解决。2019年,直播电商迎来了爆发年,这一年我们看到了动辄数亿的带货现场,看到了大量现象级带货王。

### "口红一哥"李佳琦的直播带货之路

李佳琦曾经以5分钟卖出1.5万支口红一夜走红,成为网络上人尽皆知的口红"一哥",作为一个知名的美妆主播博主,其带货能力也可见一斑。

李佳琦通过直播试用、评测美妆产品而走红,由于其评测内容质量高、干货多,同时也凭借着高人气和超强的带货能力获得了很多知名品牌的青睐,并与它们合作。

大牌可以在李佳琦手中收获更高的口碑和人气,而一些不知名的小品牌通过李佳琦的推荐和宣传,也可以迅速获得知名度和销量的上涨,曾经一个不知名的品牌赫丽尔斯经过李佳琦的带货后,短时间内销量暴涨到千万级。

**台上10分钟,完成一个月的销量**

2019年"双十一",当天猫销售额定格在2 648亿元时,李佳琦的直播间观看人次则定格在3 682万。据媒体保守估计,当红主播李佳琦今年"双十一"的引导成交额已上亿元,这一数字也是2010年"双十一"全天的销售额,创造了一大奇迹,可见其号召力有多强。

而在此前的一次直播卖货中,李佳琦用5分钟直播时间售空1万顶渔夫帽,相当于这个品牌平常一个月的销量。在直播结束后,当月被"带货"的渔夫帽全网出货量达到去年同期的1倍。

当然,这些案例在他卖货经历中比比皆是,甚至算是比较普通的数据了,此前甚至有媒体报道,坐拥2 000多万抖音粉丝的李佳琦,一次直播试用380支口红,在5个半小时的淘宝直播中完成订单2.3万单,成交额达到353万元,数据之惊人,实在让人瞠目结舌。可见,一个以直播带货为中心的新零售生态链已初现雏形。

**直播卖货的"套路"**

如今直播带货成为一种人人都想尝试的营销新模式,但是如果想在这一领域占领一席之地,还是有"套路"可寻的。参考李佳琦直播的技巧,大致可总结为以下五点:

- 直播时间的选择,每次直播多在3~6小时,全程语速较快,音量大,音调高,始终保持充满激情的亢奋状态。
- 用一些话术,打消观众对产品的顾虑,比如"这款产品之前我们在抖音已经卖了10万套""旗舰店已经销售2万份了"等,甚至会借助"自留款"为产品做担保,自己掏钱下单购买。
- 不断重复、强调直播间的价格优势,比如,突出免费赠送、折扣等重点词。而且还会比较差价,将平时价格与直播间价格放一起比,让人感受到立即下单的必要。
- 给出专业消费意见,让大家更信任自己。拿出多种产品,然后挑选自己最想推荐的单品,分别讲解,给出一些有价值的意见,能够让人看到效果。
- 引导与控制销售节奏,控制每次上架的产品数量,将一款产品分成3~4次上架,每次抢完后再补货,一环扣一环,制造紧张与热销氛围。

第六章　新媒体营销沟通策略的互动原则(Interation)

**现象级的李佳琦们，如何走得更远？**

无论是从曝光量，还是从带货量上来看，以李佳琦为代表的网红主播们无疑是这个"双十一"当中一个现象级别的存在。

的确，我们在今年"双十一"看到了以李佳琦、薇娅为代表的网红主播给我们带来的流量震撼，以及他们背后巨大的商业价值；同时，我们依然会看到很多有关李佳琦们的质疑，无论是从产品的质量，还是从产品的真实性上都有很多的质疑。

很多人开始怀疑这种以网红主播带货为代表的商业模式，甚至有人开始质疑这种模式的前景。

尽管对于商家来讲，李佳琦们为他们打开了一个全新的流量获取新通路，但如果仅仅只是收割流量而忽略了对于商品本身价值的挖掘，以及对于用户需求的严重关切，所谓的李佳琦们或许真的就成了一种现象，而无法获得长久的发展。

因此，想要让网红直播带货的商业模式继续延续下去，就要告别这种单纯的流量收割和依赖的模式，通过加入新的玩法来规避掉这些痛点，真正让它们回归商业本身和轨道。

首先，我们需要从商品的源头上开始着手来全面把握，从设计、生产到质量等各个方面都需要进行把控，真正让商品与网红直播本身的信誉度完美契合，让用户买到的商品不仅是他们真正喜欢和需要的，而且是质量可以保证的。只有这样，用户才能持续跟随，并且继续保持活力，避免流量沉寂的现象发生。

其次，我们需要对直播进行升级，重视客户的参与度，找到让用户可以加入进来的新玩法，提升用户的购物体验感。

### 知识延伸

"双十一"即指每年的 11 月 11 日，是指由电子商务为代表的，在全中国范围内兴起的大型购物促销狂欢日。自从 2009 年 10 月 1 日和中秋节一起双节同过开始，每年的 11 月 11 号，以天猫、京东、苏宁易购为代表的大型电子商务网站一般会利用这一天来进行一些大规模的打折促销活动，以提高销售额度，逐渐成为中国互联网最大规模的商业促销狂欢活动。

"双十一"不仅让电商热衷于促销，就连运营商也开始搞促销活动了。阿里巴巴集团控股有限公司于 2011 年 11 月 1 日向国家商标局提出了"双十一"商标注册申请；2012 年 12 月 28 日取得该商标的专用权；2014 年 10 月末，阿里发出通告函，称阿里集团已经取得了"双十一"注册商标。

2014年11月11日,阿里巴巴"双十一"全天交易额571亿元。2015年11月11日,天猫"双十一"全天交易额912.17亿元。2016年11月11日,天猫"双十一"全天交易额超1 207亿。2017年"双十一"天猫、淘宝总成交额1 682亿元。2018年天猫"双十一"全天交易额2 135亿,再创历史新高。23时18分09秒,2018天猫"双十一"当日物流订单量超过10亿。

## 第四节 新媒体营销的互动原则

### 一、新媒体互动营销的三大特征

#### (一)参与互动营销的便捷性

实施互动营销,就是要访问者参与其中。互动营销是要访问者很方便地参与其互动营销的基本要素中,而不是要经过复杂的过程才能参与其中,否则访问者参与互动的概率就会小了很多。人是有惰性的,特别是网民,其惰性更大,如果参与互动比较复杂,就会点点鼠标离开,不会参与其中。比如,申请试用产品、参与调查等应该要便捷,申请表格应该简单明了,不涉及隐私等。对IBM的网站研究发现,其互动营销便于访问者参与,对于需要填的表格也很简单,大大方便了访问者的参与。

#### (二)互动营销对访问者会产生一定的好处

比如,网络调查可以进行有奖调查、产品的免费试用。想要访问者参与互动营销,对访问者必须要有利益的驱动,如果对访问者没有产生一定的利益驱动(或必须要有某种产品和服务),其参与的概率就会大为降低。比如,在对搜索引擎调查中,发邮件邀请用户参与每一季度的搜索引擎广告投放调查,用户的参与积极性将大大提高。

#### (三)访问者的用户体验要好

互动营销更要注重其用户体验,如果其用户体验不好,是不可能成为企业的潜在客户或准客户,这就会与互动营销的目的相违了。如果企业提供免费的试用产品,那这个产品的用户体验要好,产品质量也要过硬,并在使用过程中不断对其使用情况进行跟踪以及服务(虽然是免费,也一样要提供服务)。就好像百度的竞价广告,如果广告用户体验不好,进行的关键词投放不产生效果,那么超六成以上的用户都不会续费再进行广告投放,可见,互动营销用户体验要好才可能获得成功。

## 二、新媒体营销互动案例

在社会化营销时代,"互动营销"这一形式为营销注入了新的活力,不少品牌趋之若鹜。互动营销,就是双方互相动起来,互动的双方一方是消费者,一方是企业。尤其在如今这样一个泛娱乐化的营销时代,当硬广越来越被大众所抵触时,"场景"和"体验"成为品牌宣传最重要的元素,大部分品牌都纷纷将目光瞄准了互动营销。

**奥克斯空调**

家电行业的营销给人的印象总是冷冰冰的,而作为行业内的"时尚教主"奥克斯空调选择以娱乐化的方式走到消费者中去。奥克斯空调借势音乐节"热门IP",联手山蛙音乐,打造了十场不同主题的"音乐趴",通过创意市集、网红直播、现场互动小游戏等形式来增强与消费者的"互动"(见图6-22)。

图6-22 奥克斯空调借势音乐节

在音乐节前夕,奥克斯空调携手山蛙音乐负责人洪宇做客杭州FM104.5《红人馆》,对话白羊座女主播杨光,为观众分享一个跨界"玩音乐"的家电品牌故事,为音乐节造势。

在音乐节现场,奥克斯空调邀请了人气网红"莲安娜"来进行现场直播,在短短的一小时内就吸引了数百万人的观看,现场设置了主持人与粉丝的互动环节,在现场抽奖,发起"微信互动"活动,送出奥克斯空调山蛙音乐节周边T恤和定制版手机壳;音乐节把音乐、周边产品、美食等诸多激动人心的元素精妙地糅合在一起,将"时尚"与"态度"融为一体,吸引了众多消费者的目光。

此外,奥克斯空调还联手京东,在北京、杭州打造了"史上超冷的地铁广告"(见图6-23),在线下投放了大量以冷笑话为主的"笑奥江湖"漫画,用户可以通过扫描二维码的线上体验,参与到奥克斯空调以及8月3日京东超品日的活动中。

图 6-23　奥克斯地铁广告

**陆金所**

投资理财品牌"陆金所"以#我的都市安全感主张#为话题的宣传文案,引起了不少关注(见图 6-24)。相比于品牌方一贯地绞尽脑汁想文案,这一波的刷屏广告文案灵感完全是在与用户互动的过程中产生的。

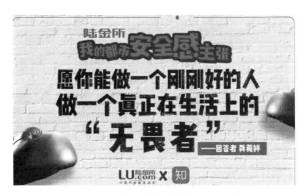

图 6-24　"陆金所"与顾客互动文案

作为一家互联网投资理财平台,陆金所的用户群体主要集中在30岁左右的都市白领一族,因此,陆金所先在与其目标群体相符的平台知乎上抛出问题"人到30岁,什么能提高你的安全感?"这样一个关于安全和财富的话题在知乎上自然能够让白领一族产生共鸣,也吸引了很多知乎用户,在他们的参与带动下,话题的讨论热度持续上涨,引发了更多的原生内容加入话题并讨论。

知乎问答互动活动结束后,陆金所再将其中有特色的观点进行收集整理,做出了一系列有性格的品牌海报。这些宣言式海报的文案不再只是品牌主自身的呐喊,而是选择了知乎网友自发的独家观点。

海报取之于网友用之于网友,通过海报传播将问答再次"回锅",让#人到三十岁,什么能提升你的安全感#再一次滚雪球,放大了传播效应。陆金所把常规的宣言式广告玩出了自身的互动营销,不仅走心,效果也更突出。

**巧乐兹**

"巧乐兹"为了与年轻人玩到一起,发起了一场"喜欢就炫出来"的互动营销活动。首先,巧乐兹在线上发布了一款名为"喜欢就炫出来"的 H5(见图 6-25),参与者可以凭借购买的棒签上的编号抽取 100% 中奖红包;此外,在活动页面,点击进入巧乐兹炫世界后,还可以和二次元人视频通话互动。

图 6-25 巧乐兹利用 H5 与顾客互动

在线下活动部分,巧乐兹打造了"炫爱+轰趴"的概念,在北京欢乐谷策划了一场线下炫爱轰趴。活动现场设置了炫爱棒签墙、变装炫爱、情话分贝贩卖机、360 炫爱舞台等环节;参与者可以把想对男女朋友说的话写在巧乐兹甜蜜棒签上,然后贴在炫爱宣言墙上,或可以现场换上经典 CP 人物的服装,换个身份秀恩爱,也可以参与到破次元超燃快闪炫爱舞蹈中去。

**海尔**

"我买的洗衣机怀了,打你们电话,说配件要两天才到。你们的服务真是烂得可以。凭什么代表中国制造?"

海尔：如果是怀了，建议你打120可能更合适。如果是坏了，请你把联系方式留下，我下午请假过去帮你修。（当天已解决）

"其实如果有洗人机就更好了，或者洗猫机。"

海尔：历史的车轮就是你推动的！

"回答我，海尔兄弟，是你吗？"

海尔：找他俩请右转去隔壁。

透过这些回复我们不难发现海尔新媒体给外界传递了一种全新的品牌气质，区别于过往我们对海尔的品牌印象。新的品牌定位给海尔带来了品牌的新气象，但这样的品牌定位也绝不是一朝一夕之间突现的。其实在海尔新媒体成立初期，海尔就提出了"企业即媒体"新格局，认为媒体能力、渠道都被打破的今天，一个家电企业，应该更可能弱化自己本身的形象，更多地被用户塑造。海尔并不像其他企业那样采取创意营销和借势营销策略，而是另辟蹊径，在对用户价值的认可之上，与目标用户沟通、交流，建立品牌与用户的亲密连接。

对于海尔而言重要的不是数量而是质量，内容的生产更多的是依靠UGC，而通过和用户的一来二往留下品牌的真诚粉才是海尔真正的用意。以用户为中心才能更在品效合一的道路上走得更远、更稳健，数字KPI有时候并不能真正转化成实际销售。

截至2019年6月，海尔微博粉丝数量只有133万不到，数字背后隐藏的用户价值却不可估量。翻阅海尔微博，可以发现海尔老司机的每一条博文都与用户息息相关，与粉丝保持着高频互动。话题五花八门，荤素不忌，但都是当下年轻人的兴趣点所在，如减肥、恋爱、动漫，等等。海尔自己发起的话题也经常引来人波粉丝的回应。

难能可贵的是面对粉丝发言，海尔不仅在微博上有回应，甚至有时用实际行动表态，比如，网友建议海尔和故宫淘宝合作推出"冷宫"冰箱，海尔最后真的采纳了用户建议，和故宫淘宝玩起了跨界营销。

**星巴克**

星巴克微信注重通过文艺范儿的方式与用户沟通。每个用户可以与星巴克公众账号分享自己今天的心情，利用表情来表现喜怒哀乐，星巴克根据用户回复的表情，向他们推荐适应其心情的音乐，并且把这张音乐专辑命名为《自然醒》（见图6-26）。

"你的专属音乐"让用户感受到与星巴克之间的无间互动。此外，星巴克还充分利用微信传播促销优惠活动，比如，回答微信中的调查问卷就能获赠买一送一的优惠等，将线上线下互动起来，最终在趣味当中留住消费者。

# 新媒体营销与管理：理论与案例

图 6-26　星巴克与消费者在微信中互动

## 三、新媒体互动营销策略

如今各大品牌都以"增加粉丝互动""增强品牌喜好度""提高消费者黏性"为口号，"互动式营销"已经成为现在品牌必争的营销主战场。如何玩转互动营销，真正实现与消费者的有效沟通与互动？

### （一）明确营销目的

不论是互动营销还是其他各种类型的营销方式，打造品牌影响力和提升销量必定是其目的。品牌对消费者的影响一定要是积极的、而非负面的，这就要求品牌的广告应该具备正确的价值观，同时品牌在与消费者互动过程中一定不能忘记自己的使命，要切实将自身品牌卖点准确地传达给用户，这样才能有效提高销量。

### （二）用户生产内容

在以用户为中心的时代，用户才是第一生产力。互动营销强调的是带动性和参与性，让品牌与用户玩到一起。那么进行互动营销时，企业就应该在精准的用户洞察基础上制造出用户感兴趣的话题和热点，同时，发挥用户的力量为品牌生产创意，这样，即使品牌广告更加贴近消费者需求，又彰显了品牌的亲和力。

### （三）线上线下整合传播

在互联网+时代，品牌要和用户真正玩到一起，不仅要在线下营造合适的场景，通过良好的体验环境与用户对话，还应该打通线上和线下，形成一个互动营销闭环，全方位调动消费者的参与积极性。线上互动主要是利用互联网设置话题舆论,引发消费者的讨论和二次传播;线下互动则是以相关场景为依托,通过相关的主题活动来吸引消费者参与,与用户互动。

营销3.0时代,一切营销都应该以用户为出发点,而以用户为中心的互动式营销更应该紧跟消费者的步伐,通过娱乐化的方式、创新的方式与用户亲密互动,将潜在的消费者大批量地吸引出来,使品牌形象更加深入人心。

# 本 章 小 结

本章主要从广告策略、人员销售策略和销售促进策略这三个传统的维度对新媒体下营销沟通策略的互动原则进行了阐述。其中,广告策略可分为网站平台、移动新闻客户端、社交媒体平台、视频平台、电梯广告、户外LED广告,以及新兴的地铁广告、VR广告。另外,对新媒体下如何进行客户关系的维护也进行了说明。同时,对人员销售的未来发展趋势——无人销售进行了案例讨论。对于新媒体下的销售促进策略,应了解其基本特征和网络基本促销方式,并能基于现实中"双十一"的网络促销实例进行分析,理解和掌握新媒体营销下的互动原则。

# 营 销 实 例

## 一、为皇堡绕路——汉堡王

汉堡王在美国市场发起了♯The Whopper Detour 为皇堡绕路♯的营销宣传。汉堡王发现在美国有1.4万家麦当劳店,而汉堡王只有7 200多家。所以这个计划是当消费者进入麦当劳店附近的600英尺范围内,下载汉堡王的新应用程序,就能买到1美分的皇堡。

这个活动取得了意料之外的效果,一方面打击了麦当劳;另一方面也很好地引发了消费者互动的欲望。消费者都有一颗好奇的心,这次在麦当劳附近就能检索到一个1美分的汉堡,让消费者有种捡到便宜的感觉,还可以帮助汉堡王一起恶搞一下麦当劳,拉近了消费者和汉堡王的距离。

## 二、测测你的哲学气质——网易

网易新闻推出了一款"测测你的哲学气质"的 H5 活动(见图 6-27)。H5 里面是充满未来感的蒸汽波画风,问题的设置是把经典的哲学理论融入浅显易懂的生活化场景选择题里面。这种深入浅出的 H5,指导网友探索真正的自我,然后产生对自己的一个深度描述和解读,深度个性化地展示自己。

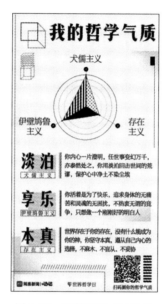

图 6-27 网易新闻 H5 活动

网易的"测测你的哲学气质",内容的制作很好地了解了目标人群,作测试时很好地引发了用户互动,并通过用户自主的传播使该活动的范围扩大。这个 H5 的哲学测试内容能够深度个性化地展示大家,很快在朋友圈刷屏起来。

## 三、祝你成为中国锦鲤——支付宝

国庆节的时候,支付宝发布了"祝你成为中国锦鲤!转发本条微博,在 10 月 7 日抽出 1 位集全球独宠于一身的中国锦鲤"的一条微博(见图 6-28)。借助支付宝的平台,该活动成了网友们集体谈论的焦点。

在评论区各网友也是纷纷留言与之互动,"谁如果中了,怕是可以一直免费游玩到明年十一了""这谁要是中了,会不会当场晕厥??准备围观天选之子"。由于网友的持续关注和话题的发酵,一时之下"中国锦鲤"这个热词,通过微博互动,最后扩散到互联网,成为网友的各种谈资。中国锦鲤从奖品到人,转变成互联网好运气的代名词。

图6-28 支付宝抽奖中国锦鲤

**思考题:**

1. 以上三个案例是通过什么渠道与用户进行互动的?
2. 以上三个案例是如何与用户进行互动的?
3. 在新媒体时代与用户进行互动应注意什么?

# 参 考 文 献

1. 王崇锋、许艳雪、刘慧卿、孟星辰:《每日优鲜便利购:供应链管理助力无人货架》,中国管理案例共享中心。
2. 蒲英凝、曹欢:《一条年终返利短信引发的冲动购买》,中国管理案例共享中心。

# 第七章 新媒体营销渠道策略的个性化原则（Individuality）

 **案例导读**

时来易失，赴机在速——良品铺子领跑新零售时代

2017年8月24日，武汉的高温天气已经持续了好一阵了，湖北良品铺子食品有限公司（以下简称"良品铺子"或"公司"）常务副总裁杨银芬跟往常一样提前来到办公室。玻璃窗前洒落着暖洋洋的光，助理敲敲门，走进说："芬总，《2017中国休闲零食行业研究报告》发布了。"

报告显示，根据市场公开数据和上市企业财报信息，良品铺子在2016年以60亿元的年销售额，成为休闲零食行业销量排名第一的企业。这样骄人的成绩对他而言，来之不易，又至关重要，这标志着他终于实现了几年前自己定的"小目标"——将良品铺子经营为零食行业TOP榜首。

墙上戴着小黄帽，舔着嘴巴张开双手求抱抱的卡通人物"良品妹妹"似乎也感受到了自己蹭蹭上涨的"热度"，笑得可爱而自信。

## 一、公司发展及行业现状

2006年8月28日，良品铺子在湖北省武汉市武汉广场对面开立了第一家门店，它定位于集休闲食品研发、加工分装、零售服务为一体的专业品牌连锁运营公司。

10年前，杨红春从湖北工业大学毕业，应聘进入科龙电器工作，当时科龙电器是内地最大的白色家电制造企业，也是内地第一家在香港上市的乡镇企业。在这家"敢用新人"的企业，杨红春工作了8年，先后担任过总部广告部科长，广西、广东、湖南分公司的总经理。2005年7月，一直想创办属于自己事业的杨红春毅然辞去高薪职业，拉上大学同窗杨银芬一同创办了良品铺子。

从决心开始创业那刻起，杨红春用了将近一年的时间在全国作产品调研，统计下来，他前前后后考察过150家食品生产企业，了解食品生产制作过程。在深刻地了解到了"吃的东西品质第一"的原则之后，他为自己的品牌取名"良品铺子"——"良心的品质，大家的铺子"。

但成立一个品牌从来都不是一件易事。据悉,成立之初,良品铺子门店里只有60余种产品。为了在创业之初就树立好口碑,吸引消费者,杨红春亲自带着店员在门口邀请行人免费试吃。营业的第一天,门店的营业额仅仅为1 300元,但是当天免费品尝的产品价值就达到了1 400元。据良品铺子元老级员工回忆,良品铺子成立的前4个月都是处于亏损状态,一个月最多亏损过2万余元。尽管如此,杨红春也没有放弃良品铺子,而是满腔热情继续前行。

公司成立11年来,不断发展壮大,从0到1,从单一线下门店发展至线上线下一体化,从武汉当地企业发展至全国知名零食品牌,2013年可谓是良品铺子转型最为关键的一年。

纵观良品铺子自成立以来的销售额不难发现:2014年公司突破20亿大关,2016年突破60亿大关。这不禁让人发问,只卖零食就能破几十亿大关?形式应用到线上电商平台就显得有些捉襟见肘。相较于"三只松鼠"的前身"壳壳果""百草味"等品牌,"良品"的坚果品种更全、供应链更有优势,但依旧是硬着头皮卖了一年多的散装零食。这一年,良品铺子在线上销售额为200万元;2012年,电商团队增至10余人,销售额达到1 800万元。

积累了一年做电商的经验,公司已经逐步形成了相对稳定的出货规模,但是,小包装的发货速度着实严重制约了电商业务的发展,改革势在必行!

顶着市场和消费者对于会转加成本到产品身上的不解,良品铺子用3个月的时间,硬是把散装零食改成了标准小包装,又从小包装改到合适的分量包装。这一改,从2013年到2015年,良品铺子的线上销售额逐渐从8 000多万元、4.2亿元增长到12亿元。

开展电商业务后,京东、淘宝、1号店……良品铺子当时一共拓展了37个渠道,几乎打开了所有互联网销售平台,但是当平台全部打开后,有些产品的供应能力受到了极大的挑战:在类似于天猫"双十一"等的重大活动时,电商平台一天涌进的订单量相当于以往一个月的订单量,而线下仓库的储备、物流远不及订单带来的需求。

此外,基于门店业务运行的信息系统、仓储能力都渐渐暴露出不足。最后,公司决心开始重新开发线上交易系统,并规划电商物流仓储体系。

也是受到互联网浪潮的推动,公司于2012年10月成立良品铺子电商分公司,正式开始推动公司电子商务的发展,作为休闲零食行业的巨头打响了新零售的第一枪。

## 二、全渠道之路

众所周知,新零售并不是新概念,而是线上+线下+物流的融合,是O2O商业模式的进化版,致力于提高商品社会化流通、降低库存甚至零库存,进而提高企业整体销售额,达到节能减排与推动中国智造的社会进程的效果。

"全渠道"就是企业采取实体渠道、电子商务渠道和移动电子商务渠道整合的方式进行销售,提供给顾客无差别的购买体验。除了管理层的高瞻远瞩,良品铺子很早启动并不计投入地进行全渠道战略之外,还在于很好地依托了原有的线下优势,在技术、社交电商、跨界合作等多方面进行创新、整合及协同。而这所有的一切,都是基于用户驱动——行为互联网化和消费品质升级。

针对良品铺子这类O2O企业来说,无论是价值网理论,还是O2O价值系统模型都是以价值为核心的,尤其是消费者价值。也就是说,一家企业无论怎样进行变革、改造,都必须紧紧围绕"消费者价值"为核心,把客户看作价值的共同创造者,即让价值流动由顾客开始,把顾客纳入价值创造体系中,并把他们的要求作为企业进行活动和企业取得价值的最终决定因素。

同时,价值网络强调其支撑体系是数字化的关系网络。数字化的关系网络可以以自动化的方式迅速地协调网络内的企业、客户及供应商的种种活动,并以最快的速度与最有效的方式来满足网络成员的需要和适应消费者的需要。微观基础是具有核心能力的生产厂商、供应商。价值网的整体竞争力来自于价值网络成员之间的协同运作,这种协同运作强调网络中的企业集中精力和各种资源,做好本企业所擅长的业务工作。

### (一)社交电商与媒介信息的联动

第五代良品生活馆将会更注重用户体验,营造各种不同主题的氛围,以增强顾客的黏性。良品铺子拥有一个近千万多粉丝的微信服务号、两个粉丝数分别为183万和130万的微博号,以及183万粉丝的百度贴吧,这是一个不弱于分众的流量入口,更加注重营销的良品铺子一直在尝试运用各种不同的营销手段。

### (二)会员360度用户视图

通过此次全新电商平台的上线,IBM帮助良品铺子成功整合了分布在不同渠道的用户数据和交易信息,将1 000万会员数据融合,建立统一客户视图,实行统一的会员及数据管理。

通过整合各渠道的消费者信息和历史购买信息,运用大数据分析工具构建360度用户视图,将顾客有效地分类,对会员实现标签化管理,实现灵活定价、个性化产品定制和个性化促销,从而为消费者及会员提供差异化服务。

### (三) 物流供应链平台的打造

2015年9月,国内视频行业首个全渠道平台在良品铺子成功上线,作为良品铺子的战略合作伙伴,IBM帮助良品铺子打通前、中、后台,整合10余个系统供给33个线上平台,从而成功打造了"六大中心"——商品中心、价格中心、会员中心、营销中心、订单中心、库存中心。

通过线上、线下渠道整合并基于数据分析相关工具,IBM帮助良品铺子实现了全渠道的会员管理、创新型商品供应链和电商运营管理模式,给消费者带来全新的消费体验。

### (四) 门店的数字化

2016年,良品铺子将"用户体验导向、产品创新驱动、组织行变革"定为自己的三大核心战略。8月,良品铺子与IBM达成新一次合作,双方基于已成功搭建的全渠道平台,聚焦优势业务领域,以设计思维为核心,利用IBM大数据分析等先进技术,推动良品铺子实现业务、技术和数据三方面的集团数字化升级与转型,为零售行业的全渠道转型树立了标杆。

为了更好地实现高效的商品配置,良品铺子进一步优化全渠道品类管理体系,整合线上线下各门店商品品类数据、陈列空间数据、消费行为数据和库存数据,并利用大数据分析技术进行分析。根据大数据分析结果,管理者可以预测不同季节各个门店的热销产品,指导货品陈列与打折促销活动,让门店更智慧,让消费者随时都能买到心仪的零食。

综上,良品铺子做全渠道零售的模式,核心出发点在于想让消费者用自己喜欢的方式来接触到产品和服务,无论是供应链整合还是线下门店智慧化,都是以消费者价值为核心,提升用户消费体验幸福感。

全渠道实现之后,可以实现6大经营价值,包括O2O闭环、产品创新、大数据营销、粉丝发展、品牌传播等。而最大的价值是全面提升消费者体验,包括产品的个性化和品质、物流的效率、服务的品质,都因此有一个跨越式提升。

虽然全渠道的定义各不相同,但判断其成功与否的关键只有一个:是否带给消费者更好的体验。其包括更便捷的购买方式、更高效的物流,以及个性化、场景化的购物体验。而通过技术驱动、数据整合、生态协同,良品铺子的全渠道无疑属于此列,成为消费升级下新零售的一个代表。

不同于以往的变革,新零售时代对任何行业的革新都将前所未有。面对着市场的迅速更迭和日益激烈的竞争,品牌商们的"不为"将意味着淘汰。如何避免陷入"看不见—看不起—看不懂—学不会—跟不上—动不了"的循环?品牌商们面临着最大的挑战,但也面临着最大的机遇。

我们有理由相信,以消费者为中心的商业模式必定是新零售的未来,而数据和技术将是连接消费者和品牌商的核心。时来易失,赴机在速!因此,品牌商们需要重新建立年轻的视角来审视这一历史悠久却又焕然一新的行业,主动积极地去拥抱新技术、新零售。

问题思考:

1. 良品铺子面临什么样的市场情况?
2. 良品铺子是如何建立全渠道的?
3. 良品铺子的全渠道策略给了我们什么样的启示?

供应链包括"上游"和"下游"合作者,企业的上游合作者是指那些为生产产品或服务供应所需的原材料零部件、信息、资金和专业技术的企业。但营销人员一般更关注供应链的下游部分——面向顾客的营销渠道(marketing channels),或称为分销渠道(distribution channels)。

本章主要关注营销渠道价值传递系统中的下游部分。我们主要讨论营销渠道的三个主要问题:营销渠道概论、新媒体营销渠道和"新零售"下的多渠道营销。

## 第一节 营销渠道概论

### 一、营销渠道系统

这部分我们会讨论营销渠道从单渠道模式向全渠道模式的发展,以及在新媒体时代下出现的垂直渠道和水平渠道。

#### (一)营销渠道的发展过程

**1. 单渠道模式**

"单渠道"的概念较为统一,指的是零售商选择通过单一渠道(包括线下实体渠道、目录渠道、线上渠道、移动渠道等)向消费者提供商品和服务的行为,这是一种"窄渠道"策略,例如,在网络购物还未兴起时,大家都是在超市或者百货店进行生活用品和衣服的购买。

"单渠道"模式是传统的零售模式,是在互联网还没出现时最常见的销售模式,在互联网营销模式出现之后,零售商就有多条销售渠道进行销售,消费者也能通过不同渠道进行商品购买,在购买过程中,消费者不需要忠于零售商所提供的某一单一渠道,而是能够在整个交易过程中交替采用多种渠道,如线下实体店、线上网店、移动商店等进行商业活动。

**2. 多渠道模式**

多渠道零售包含狭义与广义两层内涵。狭义的多渠道零售指的是零售商通过两个或两个以上的分离渠道向消费者提供商品和服务的商业活动,企业采用多条完整的零售渠道进行销售活动,不同的消费者可以采取不同的渠道独立完成销售的所有环节。此时,不同的渠道针对不同的购买人群,渠道之间也不存在交叉。而广义的多渠道零售则是指零售商通过两种或两种以上的渠道向消费者提供商品或服务,以及其他所涉及的一系列商业活动,包含整合的渠道和未整合的渠道。比如,京东不仅在线上开设京东商城,线下也有京东便利店和 7fresh 生鲜超市。

与分离的多渠道零售相比,整合的多渠道零售模式下各个渠道之间存在更多的交互,因此,"跨渠道零售"和"全渠道零售"的概念应运而生。"跨渠道零售"的概念于 1995 年开始在企业报告和文献中被提出,而"全渠道零售"的概念则于 2010 年开始出现。在现有文献中,"跨渠道零售"和"全渠道零售"的概念经常与"多渠道零售"的概念同时出现,这三个概念都可用于零售商同时提供两个或两个以上零售渠道的情形。

**3. 跨渠道模式**

跨渠道零售的概念主要包含两层含义:第一层含义,用于描述渠道之间的交互作用,例如,跨渠道的协同作用;第二层含义,用于形容一种多渠道实施策略。有学者将跨渠道零售定义为零售商通过两个或两个以上的渠道销售商品和提供服务的过程,其中,零售商能进行部分渠道整合,消费者能够进行不完整的跨渠道交互购买行为。零售商可以采取多条非完整的零售渠道以完成整个销售过程的所有环节,每条渠道承担整个零售过程的部分功能。例如,消费者在线上挑选商品完成支付,线下提取商品,现在中国大部分企业的 O2O 模式基本上都是处在跨渠道的阶段。跨渠道零售的本质是指企业采用多条拼接的零售渠道进行商品和服务的传递,其中,每条渠道仅完成部分零售的功能。因此,跨渠道零售指的是零售商通过两种或两种以上渠道同时提供商品和服务的行为,并且跨渠道零售的各个渠道之间存在着交互作用。

**4. 全渠道模式**

Darrell Rigby 于 2011 年在《哈佛商业评论》第 12 期上发表了《购物的未来》一文,在这篇文章中,他提到了"全渠道"的概念。自此之后,全渠道概念逐渐受到研究者们的广泛关注。Rigby 将全渠道零售定义为同时利用实体商店的体验优势以及线上购物的信息优势,将两者整合的销售过程;Beck & Rygl 将全渠道零售定义为通过零售商的所有渠道销售商品和服务的行为,并且零售商的各个渠道是完全整合的,消费者也能够在所有渠道进行完全的跨渠道购买行为。全渠道零售的主要特点在于,消费者在整个购买过程中,与商家的接触点不再受时间或空间的限制,消费者在各种接触点大量使用电子商务与移动互联网等工具,利用全渠道获取交易信息并最终完成购买行为,例如,在开篇案例中提到的梅西百货就是将全渠道运用得比较好的百货商店。

## (二)营销系统

**1. 垂直营销系统**

为了确保整体渠道运行良好,每个渠道成员都应承担特定的工作,很好地管理渠道冲突。如果渠道系统中存在一个企业、机构或者机制,拥有领导地位或权力来分配任务和进行冲突管理,渠道就会有更好的表现。

历史上,传统的分销渠道往往缺乏这种领导性企业和权力,以至于产生破坏性的渠道冲突和不良业绩。近年来分销渠道领域最大的发展之一就是具有渠道领导的垂直渠道系统的出现(见图 7-1)。

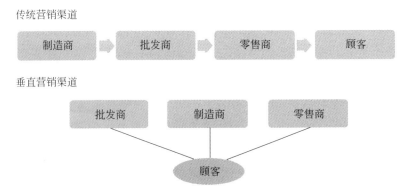

图 7-1 传统分销渠道和垂直营销渠道的比较

传统分销渠道(conventional distribution)由一个或多个独立的制造商、批发商和零售商构成。每个成员都经营独立的业务,寻求自身利润最大化,为此甚至不惜牺牲整个渠道批发商的利益。渠道中没有一个成员可以对其他成员进行控制,也不存在划分职能和解决渠道冲突的正式方式。相比之下,垂直营销系统(vertical marketing system;VMS)中的制造商、批发商和零售商作为一个统一的系统采取行动。其中一个渠道成员通过订立合同的方式控股其他成员,或者拥有一定的权力以至于其他成员必须配合。垂直营销系统可以由制造商、批发商或者零售商来主导。比如,ZARA从产品设计到销售终端都是自己控制的,主要就是为了能对消费者的需求变化进行及时反馈。

垂直营销系统主要有三种:公司型、契约型和管理型。每种类型都采取不同的方法来建立渠道领导和权力。

**2. 水平营销系统**

渠道的另一个发展方向是水平营销系统(horizontal marketing system),在这一系统中,处于同一层次的两家或多家公司为抓住新的营销机会联合起来。通过合作,这些企业可以将财务、产能和营销资源优势结合起来,以达到单个企业无法实现的目标。企业可以与竞争者或者非竞争者联合,进行暂时或长期的合作,甚至可以成立一家新企业。比如,2001年,可口可乐公司和雀巢咖啡公司合作,组建新的公司,BPW正式成立,双方各自拥有50%股份,雀巢公司以其专门的技术开发新的咖啡及茶饮料,然后交由熟悉饮料市场分销的可口可乐去销售。

大型商超和"10元快剪店"的合作也是水平营销的体现。快剪+商超:"10元快剪店"几乎颠覆理发业,不烫染、不推销、不办卡,不叫杰克和托尼,只需10块钱就能轻松理发。近两年来,"10元快剪店"现身不少大型商超,由于理发价格低廉、方便快捷,这样的快剪店受到了不少市民的欢迎。

**3. 混合营销系统**

在网上购物还未普及之前,很多企业都采用单一渠道在一个或多个细分市场上进行销售,现在,随着消费者细分市场的多样化和渠道形式的不断增加,越来越多的企业已经开始采用混合营销系统(multichannel distribution systems),当一个企业为到达一个或多个消费者细分市场而建立两个或多个营销渠道时,就产生了混合营销。

图7-2展示了混合营销系统。我们可以看到,生产者通过电话营销和互联网直接将产品出售给消费者细分市场1;通过零售商出售给消费者细分市场2;通过分销商和经销商出售给企业细分市场1;通过自己的销售人员出售给企业细分市场2。

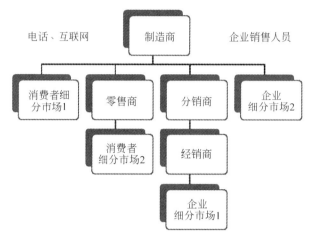

图 7-2 混合营销系统

混合营销系统为那些面对大规模且复杂的市场的企业带来很多好处。企业可以利用新渠道来提高销量和市场占有率,并且争取机会调整自己的产品以满足不同细分市场的特定需求。然而,这些混合营销系统很难控制,当更多不同的渠道为争夺消费者和销售量展开竞争的时候,就会产生多渠道间的冲突。

## 二、营销渠道设计步骤

营销渠道设计的步骤主要有:分析消费者需要、制定渠道目标、确定主要的渠道备选方案以及对这些方案进行评估(见图 7-3)。

图 7-3 营销渠道设计步骤

### 1. 分析消费者需要

营销渠道是传递顾客价值的一部分,每个渠道成员和渠道层级都在为顾客增加价值,因此,营销渠道设计的第一步就是找出目标顾客希望从渠道中获得什么。他们是喜欢在家门口商店买还是愿意去商场超市买?是喜欢在网上买还是在实体店里买?是喜欢品种多样的产品还是单一种类产品?是更关注产品本身还是更关心服务?对于从设计到零售终端都全权控制的 ZARA 来说,获取消费者需求至关重要,这会关系到他们整个上游供应链的响应速度和质量。

提供最快的送货、最丰富的产品类型和最全面的服务,对企业来说也许是不现实的。企业及其渠道成员可能不具备提供所有理想服务所需的资源和技术,因为提供的服务水平越高,渠道成员承担的渠道成本就越高,从而导致顾客支付更高的价格。当代折扣零售店的成功表明,顾客在低价格的情况下,通常可以接受较低水平的服务。

因此,不仅要平衡顾客需要与提供服务的可行性和相关成本,还要平衡顾客的需要与其价格偏好。

**2. 制订渠道目标**

根据上一步确定的目标顾客服务水平来制订渠道目标。通常,企业会发现不同细分市场对服务水平的需求是不同的,企业应当确定服务于哪些细分市场以及不同市场中的最佳渠道设计。针对每个细分市场,企业应当在满足顾客服务需求的前提下,使渠道总成本最小化。

企业的渠道目标常常受到企业性质、产品、营销中介、竞争者以及环境的影响。例如,企业的规模和财务状况决定了其自身可以完成哪些营销职能,哪些必须交给营销中介。销售鲜活、易腐商品的企业可能需要更多地采用直销,以避免耽搁时间和过多的处理环节。

最后,经济形势、法律约束等环境因素也可能会影响渠道目标和设计。例如,在经济萧条时期,制造商需要采用最经济的方法来分销产品。它们通常会采用较短的分销渠道,摒弃那些可能抬高产品价格但并不必须的附加服务。

**3. 确定备选的渠道方案**

企业在制定渠道目标之后,就需要根据目标确定主要的备选方案,包括中间商类型、数量和渠道成员的责任。

(1) 中间商的类型。企业应当明确能够承担其渠道职能的渠道成员类型,大多数企业都面临很多可选择的渠道成员。在 2007 年之前,戴尔公司的营销模式是直销,通过电话和互联网营销渠道向最终消费者与企业客户进行直销,还通过自己的直销人员向大型企业、机构和政府进行销售。然而,在 2007 年之后,为了应对越来越激烈的市场竞争和面向更多的消费者,戴尔转向了直销和零售混合的营销模式,也开始通过百思买、史泰博和沃尔玛这样的零售商销售。同时,戴尔还通过"增值中间商"进行间接销售,这些拥有计算机系统和应用程序的独立分销商与经销商可以很好地满足中小型企业客户的需求。

(2) 营销中介的数量。企业必须确定各渠道层级的渠道成员数量。有三种策略可供选择:密集性分销、独家分销和选择性分销。

便利品和普通原材料制造商通常采取密集性分销(Intensive Distribution)的方式。在这一策略下,它们会在尽可能多的零售商店备货,以便消费者需要其产品时,无论何时何地都可以买到。例如,牙刷、糖果和其他类似的商品在成千上万的零售店里都有销售,这些零售店尽可能多地陈列各种品牌,为消费者提供便利。

独家分销(Exclusive Distribution)的制造商将专卖权只授予少量的经销商,限定它们可以在特定的区域内销售产品。独家分销常常用于奢侈品牌的独售。例如,定位于"为专业人士打造的精密仪器"的百年灵手表(Breitling)售价从5 000美元到10万美元以上,在任何特定市场范围内只通过少数授权经销商销售。

选择性分销(Selective Distribution)介于密集性分销与独家分销之间。在这一方式下,制造商采用多于一家但又非全部愿意经销公司产品的经销商进行销售。绝大多数的电视机、家具和家用电器品牌都采用这种分销方式。例如,惠而浦和通用电气都通过经销商网络和经过挑选的大型零售商来销售其主要产品。

(3)渠道成员的责任。制造商和中间商需要就合作条款和每个渠道成员的责任达成一致,包括各方遵守的价格政策、销售条件、区域特权和具体服务。制造商应当为中间商提供价格清单和公平的折扣政策。另外,还必须划定每个渠道成员的经营区域。在安排新的经销商时,要特别注意这一点。

**4. 评价主要的备选方案**

假设企业已经明确了几个可行的渠道方案,希望从中选出一个能最好地满足其长期目标的方案,那么,就应该按照经济性、可控性和适应性标准对每种方案进行评估。

在使用经济性标准的时候,企业需要比较各渠道方案的潜在销量、成本和盈利性,每种渠道方案需要多少投资,会带来多少回报,而且,企业还必须考虑可控性。使用中间商通常意味着要将一些产品营销方面的控制权让渡给他们,而有的中间商会要求更多的控制权,企业则更倾向于保留更多的控制权。最后,企业还要考虑适应性标准,渠道成员之间通常会达成长期合作,但企业希望能够根据环境的变化灵活调整渠道策略,所以,如果要建立长期的渠道契约,这种渠道系统必须在经济性和可控性上都具有明显优势才行。

## 三、营销渠道管理

营销渠道管理(Marketing Channel Management)要求企业选择、管理和激励每个渠道成员,并定期评价其工作表现。其主要包括渠道冲突管理和渠道成员的激励管理。

### (一)营销渠道冲突管理

**1. 营销渠道冲突的基本概念**

"渠道冲突"(Channel Conflict)是指渠道成员发现其他渠道成员从事的活动阻碍或者不利于本组织实现自身的目标。营销渠道是由那些因为共同利益而成为合作者的公司组成的,渠道成员之间相互依赖,并且每个渠道成员都在渠道中扮演着特定的角色。由于单个渠道成员的成功依赖整个渠道的成功,所以渠道内成员企业都应该紧密合作,实现共赢。但是单个渠道成员很少会从整体出发,因为有时候实现整体渠道目标意味着要放弃自己的既定目标。

"水平冲突"(horizontal conflict)是指发生在同一渠道层级之间的冲突。这种冲突一般发生在同类中间商之间,比如,同一地区、同一品牌两家连锁店之间的冲突。

"垂直冲突"(vertical conflict)是指发生在同一渠道内不同层级企业之间的冲突。比如,批发商和零售商之间的冲突。

**2. 营销渠道冲突的来源**

渠道成员之间是为了利益而进行合作,如果利益分配不均就会导致成员之间有冲突,而引起渠道成员之间冲突的原因主要有两个方面,一是成员之间经营目标不同,二是成员之间的客户界限很难划分清楚。

(1)经营目标不同。在营销渠道中,各个渠道成员之间的目标不可能完全一致,当利益目标出现分歧时冲突就很难避免。比如,零售商为了多拿货经常会多报销量,导致商品过多卖不出去退给制造商,加大制造商的库存压力;而制造商希望生产的商品正好都被市场销售完,没有太大的库存压力,这时渠道之间由于目标不同导致了冲突。

(2)客户边界不清晰。对于生产商而言,很难让所有经销商共享一个客户和同样的资源,如果生产商建立了多个分销渠道,那很有可能会出现的结果就是某客户今天与甲分销商合作,明天与乙经销商合作,导致经销商之间水平冲突,这种冲突又会导致经销商和分销商之间的垂直冲突。

严重或长期的渠道冲突会破坏渠道效率,并对渠道关系造成持久的伤害。但是渠道成员之间的良性竞争也是有利于渠道发展的,这种良性竞争可以为渠道整体带来活力和创新性,因此要正确对待渠道冲突。

## （二）营销渠道激励管理

渠道营销的激励管理主要包括三个方面：选择合适的渠道成员、激励渠道成员、评估渠道成员。

**1. 选择渠道成员**

不同的制造商在吸引合适的经销商的能力上存在差异，对于有生产优势或是品牌优势的制造商来说，可以相对容易地找到合适的渠道成员合作。例如，丰田公司的雷克萨斯汽车在美国市场刚刚面市，就轻易地吸引到了新的经销商，事实上，它还不得不拒绝其他很多想要成为其经销商的中介。还有一种情况是，制造商要很费劲才能招募到合适的中间商，例如，瑞士公司NEVS于2011年收购了濒临破产的萨博汽车，如今正试图通过互联网出售汽车，因为萨博原先的经销商网络已经不复存在了。即使是已经成功的品牌要获得和保持理想的分销渠道也不容易，尤其与强势零售商打交道时更是如此，很容易受其限制。

尽管在寻找合适渠道成员时会遇到大大小小的困难，但是企业也不应该降低要求，参差不齐。企业应当明确具有哪些特质的渠道成员才是好的中间商，要评价每个成员的从业年限、经销的其他产品线、增长和盈利记录、合作意愿和声誉，如果中间商是销售代理，企业需要评价其现有的其他产品线的特点和数量，以及销售队伍的规模和资历，以保证合作的经销商特质与自己的产品相匹配并保证合作质量。

**2. 激励渠道成员**

在选择了合适的渠道成员之后，企业就需要不断地管理和激励它们发挥最大潜力，企业不能仅仅通过中间商完成销售，而是要与其并肩作战。大多数企业将中间商视为首要的客户和伙伴。它们通过有效的伙伴关系管理与渠道成员形成长期的伙伴关系，从而建立起可以同时满足企业和营销伙伴需求的价值递送系统。

为了管理渠道成员。企业必须说服分销商，彼此联合形成具有凝聚力的价值递送网络比单独行动能够取得更大的成功。公司必须与渠道中的其他成员密切协同，寻找为客户递送价值的更好方法。例如，很多企业都在安装高科技的渠道伙伴关系管理系统（PRM），以协调整个渠道的营销努力。正如它们利用客户关系管理（CRM）软件系统来协助进行重要客户关系管理，企业现在可以利用伙伴关系管理（PRM）和供应链管理（SCM）软件来招募、培训、组织、管理、激励和评估公司与渠道伙伴的关系。

**3. 评估渠道成员**

虽然评估过程涉及的成员数量多、过程烦琐，但却是渠道成功必不可少的一步。

企业要定期检查渠道成员的绩效,包括营销定额完成情况、平均存货成本、交货时间、损毁和丢失货物的处理、企业促销和培训计划的配合度以及顾客服务水平。企业应当认可和奖励有卓越表现、为顾客增加价值的中间商;对于表现欠佳的中间商则应当给予协助,必要时进行替换。总之,公司应根据对渠道成员的评估结论来调整激励政策,适当地将激励政策向业绩突出的渠道成员倾斜,以充分调动渠道成员的积极性,扩大产品在市场上的销售量。

最后,企业应当对渠道伙伴的需求保持高度敏感,那些苛刻对待经销商的企业不仅会面临失去经销商支持的风险,还会导致一些法律问题。

## 第二节 新媒体营销渠道

### 一、新媒体营销模式

#### (一)新媒体营销

本书开篇章节我们有介绍过新媒体的相关概念及范畴,从本质上来说,它是企业软性渗透的商业策略在新媒体形式上的实现,通常借助媒体表达与舆论传播使消费者认同某种概念、观点和分析思路,从而达到企业品牌宣传、产品销售的目的。

如今,网络使用和网上购物迅速发展,数字技术快速进步,从智能手机、平板电脑等数字设备到网上移动和社交媒体的暴涨,新媒体营销发展得越来越快,直销和数字营销(Direct and digital marketing)成为新媒体时代主要的、也是增长最快的销售模式。直销和数字营销是指直接与精心挑选的单个消费者及顾客社群进行互动,来获得顾客的即时响应并建立持久的顾客关系。企业运用直销和数字营销可以针对精准界定的细分市场或个人的需求与兴趣提供个性化的产品和服务,从而更好地满足顾客需求,提高顾客的黏度和忠诚度。

"社交销售"(Social selling)是直销和数字营销的另一种表达,它是运用网络、移动和社交媒体吸引顾客,建立稳定的顾客关系和提高销售业绩。

新数字技术的发展为企业营销提供了强有力的工具,可以确定和了解潜在顾客、吸引顾客、创造顾客价值、达成交易并与顾客保持良好关系。网络和社交媒体极大地改变了顾客的购买过程,也改变了销售过程。网络和社交新媒体出现之前,消费者如果想要购买一件商品,就必须亲自去实体店,对商品的了解也仅限于商品的包装介绍和导购员的推荐,消费者只能被动选择。如今,当你想买一件商品的时候,在"淘宝"

上搜索相关商品,就会有很多条关于商品信息的链接,包括各种品牌的价格和质量比较、产品的使用等。在"百度"上搜索甚至还会有商品的功效、生产过程的介绍,以及用到的原材料等。相比传统购物方式,现在的消费者在购买过程中能够进行主动选择,并且更加节约时间。

所以,大部分企业面对这种新的购物环境,改变了传统的营销方式,可以看到,很多企业都在网络论坛、微博、微信等社交媒体上发起活动或制造热点话题来吸引消费者。

## 好利来的新媒体营销

小王搜索并进入了好利来公司的网站,开启了他的好利来网购之路。

小王搜索了好利来的微信公众号,开始选择蛋糕种类。小王思索着:对于早已在新媒体营销中迈开步伐的好利来来说,微信这一阵地肯定也是一个新的机遇。通过微信不仅可以对用户进行点对点的精准营销,随时随地与用户进行沟通,还可以通过朋友圈的分享达到快速传播的目的,以此增加品牌的知名度。

小王又在平时经常使用的社交软件——微博上关注了好利来的官方微博。好利来微博的主要活跃用户在年轻群体,这又与好利来之前决定使品牌年轻化的战略所针对的目标群体有很大程度上的契合。原来在几年前,好利来就开始打造出属于自己的微博传播平台,借助这一大众化的平台拉进与顾客之间的距离,通过各类微博平台与大众消费者进行深度互动,了解消费者的舆论导向并及时进行反馈和沟通。

好利来公司无论是企业宣传推介网站还是专用的网络订购网站,都主页简洁、生动、主题突出,将网站的各个功能模块完整地展示在客户面前,网页设计时文本与图片相互配合。

对好利来公司来说,服务和产品的质量同等重要。在网络营销中,同样也要提供良好的服务以提高顾客满意度。同时,网上顾客服务相对于传统营销服务有许多优势。通过网络营销可能提高公司的服务成本效益、提高顾客的受让价值、提升服务的层次、突破服务的时空限制,以及增强顾客在服务中的主动性。

### (二)新媒体营销的优势

数字技术和网络营销的出现,对于消费者和企业来说都是有很多优点的。对于消费者来说,网络购物方便、快捷且简单,尤其是随着智能手机的普及、移动互联网和支付技术的发展,顾客可以随时随地登录"淘宝""京东"等购物平台进行购物,咨询客服人员,以及对不满意的产品和服务进行投诉都十分方便。对于企业产品的忠实粉丝,企业通过网络和社交媒体等方式为顾客提供品牌互动和社群,这是一个可以与企业产品的其他粉丝分享品牌产品信息和客户体验的地方,这也是一种新的营销手段。比如,小米的走红,"米粉"的社群营销功不可没。小米通过聚集一群手机发烧友,建立良好的粉丝忠诚度,共同开发系统,共同参与研发高性价比手机,让小米从"米粉"社群中持续制造话题,再形成传播。

对于企业来说,网络和数字营销提供了低成本、高效率和快速有效影响顾客的方法。网络营销可以让企业锁定到消费者个体,企业可以通过网络与顾客进行一对一服务和互动,更好地了解顾客需求,并针对顾客的偏好订制产品和服务。顾客也可以将自己的需求对商家进行反馈。"淘宝"就很好地实践了这一点,在购买完一件商品之后,就会出现一个你在该店铺的专属客服,他会根据之前的订单、根据你的消费习惯定时推送店铺的新产品和促销活动(见图7-4)。

图7-4 "淘宝"购物专属客服

同时,网络营销也为企业进行价格或者是计划调整提供了更大的灵活性,能让企业根据当下发生的重大事件对产品价格或产品销售安排很快地进行调整。例如,2018年意大利时尚品牌DG的宣传视频涉及辱华导致天猫、京东、聚美优品、唯品会等全国各大电商平台纷纷宣布下架DG的所有店铺和产品,这些线上平台灵活迅速的反应速度也避免了网民对其平台的讨伐。

实时营销(Real-Time Marketing)也在新媒体营销的大环境下更有可能实现,它是将企业自身品牌与消费者生活中的重要时刻和重大事件联系起来,是推动顾客购买过程,建立顾客互动、社群和个性化关系的有效工具。例如,在2017年的"双十一"来临之前,百雀羚玩内容营销、走联名之路、拍搞怪视频、强国货形象,"老顽童"的营销让它在美妆混战中开辟出一条属于自己的国货之路。2017年的"双十一",百雀羚天猫旗舰店力压兰蔻、雅诗兰黛等洋品牌,以单日2.94亿的销售额,成为美妆类销售冠军。

## 二、新媒体营销渠道

近年来,国内互联网的普及极大地推动了网络中个人和企业的交易,人们也借助互联网可以随时随地地了解品牌、搜索信息。互联网的出现、电商的快速发展从根本上改变了消费者的购买习惯,也给营销者提供了一种新的为顾客创造价值、吸引顾客参与并建立良好的互动关系的方式。

尤其是移动互联网的快速发展,更是在很大程度上改变人们的消费和购买习惯。网络的使用和影响持续稳定增长,互联网经济增速依然跑赢 GDP:近 6 年的数据显示,互联网经济增速虽然有所下滑,但增速仍保持在 20% 以上,远高于 GDP 的增长速度。截至 2019 年 3 月,中国移动互联网月活跃用户规模达到 11.38 亿,用户对移动互联网的依赖越来越强,每天花在移动互联网的时间为 6 小时左右,同比增长半小时。

网络销售渠道前景广阔,即使是传统线下的公司,也纷纷开始建立自己的线上营销渠道,如银泰百货、苏宁易购几年前就开始着手建设自己的网上平台,也有很多公司建立自己的线上客服、品牌社群等来加强与顾客之间的联系和互动。往往多渠道营销(Multi-Channel Marketing)公司比单纯的线上经营或者单纯的实体店会更成功。同时,也出现了很多网络营销的渠道,如网站营销、邮件营销等,社交媒体如微商营销、微博营销等,移动营销如淘宝、京东、聚美优品等购物 APP。接下来我们就介绍这三大类营销渠道。

### (一) 网络营销

网络营销(Online Marketing)是指通过互联网借助公司主页、线上广告和促销、电子邮件、在线视频及微博等方式进行的营销。

#### 1. 网站营销

对大多数公司而言,开展网络营销的第一步是建立一个属于自己品牌产品的官方网站。不同公司的官方网站根据展示的内容和目的的不同,所设计出来的风格和类型差别很大,有些网站主要是营销网站(Marketing Website),即是为了专门吸引顾客,推动人们直接购买或实现其他营销目的,如图 7-5 展示的小米官网商城,主要是商品展示和销售;有些网站是品牌社群网站(Branded community Website),就是不以销售产品为目的,而是为了展现品牌内容、吸引消费者和建设顾客的品牌社群,这种类型的网站通常会提供种类丰富的品牌信息、视频、活动和其他一些有利于建立紧密的顾客联系,以及促进顾客品牌互动的特色内容,如图 7-6 所示的周黑鸭的官网主要是展示企业文化、品牌理念等企业软文化。

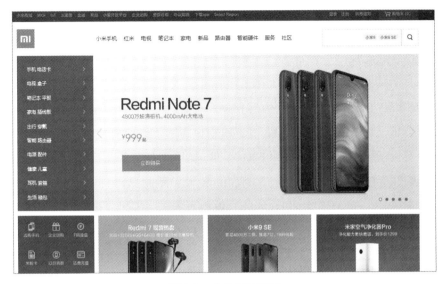

图 7-5　小米官网商城

图 7-6　周黑鸭官网

当建立网站之后,将消费者吸引过来、提高网站访问量是更重要的。为了吸引访问者,公司需要建立有效的网站,网站建设要包含对消费者购买决策有用的信息、帮助消费者发现和评估感兴趣的商品和令人购物愉悦的网站设计。

第七章　新媒体营销渠道策略的个性化原则(Individuality)

### 2. 网络广告

由于越来越多的消费者使用网络并在网络上进行消费，很多公司正投入越来越多的支出到网络广告上（online advertising），来提高品牌销售或吸引感兴趣的消费者访问其网站，或者网上店铺。

网络广告已经成为一种新的主流媒体，主要形式包括网页展示广告和搜索内容关联广告。网页展示广告可能出现在上网者屏幕的任何位置，或者与其正在浏览的网站，一般都是与当前浏览或操作内容相关的广告，也就是说会根据大数据来给你推荐很可能会感兴趣或者购买的商品。例如，当你在网上订购去云南昆明的机票时，网页页面会有机场接机的广告、酒店信息的广告、昆明3日游或几日游的旅游套餐广告推送等。近几年随着手机APP的广泛使用，各大类新闻APP也多是这种类型的广告，比如，在今日头条APP上，如果你经常性地观看关于猫狗类的软文、短视频等相关信息，后台大数据就会了解你的兴趣习惯，然后有一天你再打开今日头条的时候，在你观看的文章中就会出现卖猫粮、狗粮或是买猫狗衣服、玩具的广告推送。这些都得益于互联网时代及大数据支持。

另外一种广告形式是搜索内容关联广告（Search-related ads），这类网络广告一般会出现在搜索引擎网站上，比如，百度搜索、搜狐搜索等。这类与搜索内容和图片相关的广告图片及其链接会随着百度、搜狐等搜索引擎的搜索结果出现在页面的顶部或旁边。比如，在百度上搜索"什么牌子的计算机性能会更好一点"的时候，在搜索结果列表的顶端和旁边会看到10个或更多关于计算机的广告，有联想、华硕、惠普等，还有一些没听说过的牌子。

搜索广告是一种可以随时连线的媒介，而且结果很容易度量。广告商从搜索网站购买搜索词条，仅当消费者从该网站的广告链接点击进入时才需付费。消费者的点击率、在广告页面的停留时长、点进去购买的情况都可以在后台看得到，这样广告转化率就很高，可达到广告商的曝光或者销售目的。

### 3. 网上视频

视频营销有两种形式，一种是在优酷视频、腾讯视频、爱奇艺视频等视频网站上发表网上视频宣传；另一种是当下流行的短视频平台，如抖音短视频、腾讯短视频等平台，但是这两种类型的视频都可以通过各种社交平台传播。

优秀的网上视频是可以吸引数百万的消费者观看并进行转发的，营销者当然希望自己的视频能被更多的人看到，能有效实现这一目的的一个方法是病毒式营销（viral marketing），"病毒式营销"是口碑营销的数字版本，涉及制作视频、广告和其他营销内容,这些内容极具感染力,顾客会主动搜索它们并把它们传递给身边的朋友们。由于消费者是主动自觉地搜索和传递这些信息,所以病毒式营销的成本非常低,而且这些信息是来自于身边亲近的朋友,所以消费者不会有太大的抵触心理,营销效果也会比普通方式更好。

所有类型的视频都可以进行病毒式传播,吸引用户并给品牌带来正面的曝光,其实近两年,自从抖音这样的短视频 APP 火起来之后,一个受欢迎的视频点赞数和转发量可以达到百万量,很多企业也开始借助这样的平台进行品牌曝光,并且加入产品销售链接,增加销售。例如,一款洗发水的抖音视频推广,可以看到点赞数、转发量和评论都是非常多的(见图 7-7)。

图 7-7 某洗发水抖音视频点赞截图

但是,并不是所有的视频都能实现病毒式传播,只有发布的内容能够在消费者之间实现共鸣才能实现百万量级的转发和关注,否则就起不到想要达到的效果。企业发布的这些内容就像在网上散播的种子一样,从企业角度来说是希望这些种子能够成为参天大树被人们喜欢,但是如果人们不喜欢的话,就没办法传播开来;只有引起共鸣,人们热爱这个创意,才会主动传播,火遍全网。

**4. 电子邮件营销**

电子邮件营销(E-mail marketing)也是一种正在发展的网络数字营销工具。虽然它没有前几种营销方式那样被企业广泛使用,但是它可以让企业将具有高度针对性、个性化和有利于建立关系的信息传递给顾客。比如,在你注册成为一家服装店的会员时,店员不仅会让你留下电话的联系方式,还会需要你的电子邮箱,方便在店铺新品上架或者打折优惠时将这些信息发送到顾客邮箱,使顾客得知后继续来店铺消费,毕竟电子邮箱要比直接打电话推销更能尊重顾客。

而且现在的电子邮箱并不是纯文字的、枯燥的广告,里面增加了图片、动画、表情包等丰富多彩又个性化的东西,如图 7-8 所示,之前在线上注册唯品会的会员时,就需要留下自己的邮箱,在之后本人会定期收到他们发给自己的广告,有当季新品也有打折优惠,加上自己又很喜欢他们家的衣服,所以就会经常去购物,这样的形式不仅可以促进销售,还能很好地将顾客和企业联系起来,对于增加顾客黏性,提高顾客忠诚度,是一种非常有效的方式。

图 7-8 唯品会邮件营销

但是,随之而来的是垃圾邮件的泛滥。邮箱里往往有很多自己并没有注册过会员的广告邮件占满邮箱,引起人们的不满和愤怒,在图 7-8 中的信用卡就是垃圾邮件。这其实也是消费者信息被泄露的体现,是网络时代的信息安全问题。

### (二)社交媒体营销

#### 1. 社交媒体的普及

移动互联网的快速普及、数字技术和移动设备的迅猛发展掀起了网络社交媒体(Social Media)和数字社区的浪潮。微信、微博、陌陌等商业化社交媒体网络应运而生,为消费者提供了一个可以彼此聚集、社交并交流思想和信息的网络虚拟空间。当下微信、微博仍是网民们大量使用的社交软件,而这些消费者聚集的地方就是营销者会重点关注的地方。大部分企业都是社交媒体网络营销组合的一部分,企业注册了官方微博,在微博上进行品牌和产品推广,同时,也把微信公众号、朋友圈、微商作为营销渠道之一。

营销者可以通过两种方式参与到社交媒体之中:一种是利用现有社交媒体,比如,微信、微博等,不仅方便、简单而且也可以依靠现有社交媒体的流量优势来降低营销成本。在微博上,我们可以看到,华为、小米、联想等这些企业的官方微博粉丝都是千万级的,任意一条微博的点赞数和转发量最少几千,这些社交媒体可以为企业创造巨大的品牌社群。

除了微信、微博等规模宏大、使用人数很多的社交媒体之外,也有很多小型的社交媒体非常活跃,这些小型的社交媒体迎合不同兴趣的小群体的需求,为定位特殊兴趣群体的营销者提供了理想平台。如"陌陌"是在陌生人之间建立联系,"玩吧"是为喜欢玩共同游戏的异性提供交流的机会,"作业帮"是互动学习平台。

另一种是自己创建,像海尔集团的海尔定制 APP,用来让产品设计师和用户进行交流;海尔优家,用 APP 来控制全屋智慧家电,方便生活;学而思集团的学而思网校将各门学科进行线上辅导。

**2. 社交媒体的优势和劣势**

使用社交媒体既有优势又有挑战。优势就是社交媒体针对性强,且具有高度的个性化,这样,营销者就可以与个体消费者及顾客社群创作和分享定制化的品牌内容。社交媒体的互动性使其成为企业发起顾客对话和倾听顾客反馈的理想平台。

社交媒体也是即刻的和及时的。企业可以根据品牌突发事件和活动及时创造重要的营销内容,随时随地接近和影响顾客。社交媒体的飞速发展引发了实时营销的热潮,营销者引发和加入消费者对话,讨论当下才发生的境况和事件。营销者可以密切关注动态,创造相应的内容来吸引顾客参与互动。例如,"江小白"的内容营销紧跟时事和热点,在"父亲节"等节日时间点上在微博上发起多项互动转发活动,并倡导广大网友积极自创内容瓶,江小白瓶身上的很多鸡汤语言都是网友的留言。

社交媒体的成本效益很高,企业使用大多数社交媒体都是免费或低价的。因此,相对于电视和平面广告等昂贵的传统营销媒体而言,社交媒体的投资回报率很高。社交媒体的低成本使得无法承担高预算营销活动的小型企业和品牌也能够方便地使用它。例如,利用新媒体营销渠道快速发展起来的江小白就是在微博上发起大量话题,引起大家共鸣和转发,成功地提高了曝光度。

社交媒体最大的优势也许是其参与互动和社交分享的能力。社交媒体特别适用于建立顾客互动和社区——用于吸引顾客投入与品牌或其他顾客之间的互动。社交媒体能够比其他任何一种营销沟通渠道都更有效地吸引顾客,提供和分享品牌内容及体验。

社交媒体营销是创建品牌社群的极佳方式,在这里,品牌的忠诚追随者可以随时分享经验和想法。小米的米粉社群就是很好的例子,在社群里,忠诚的米粉们相互分享,为小米的下次新机型设计提供建设性意见。

然而,社交媒体营销也面临诸多挑战。首先,许多企业仍然在探索如何才能更有效地使用社交媒体,使产品和品牌宣传达到预期的目的。其次,社交网络在很大程度上由用户掌控。企业使用社交媒体的目的是使品牌成为顾客之间聊天的一部分。但是,营销者不能简单、生硬地介入消费者之间的互动,而是需要自然地融入。营销者必须通过开发具有持久吸引力的内容,才能成为消费者网上体验中有价值的部分。

**3. 整合社交媒体营销**

使用社交媒体进行营销看起来也许就是公司微博主页上发布信息和促销,但事实上,大多数大公司现在纷纷设计全面的社交媒体营销策略,支持或与其他营销战略要素和策略相融合,相互推动,实现效益最大化。成功使用社交媒体的公司并不是随意地使用不同的营销渠道进行营销,而是整合多种媒体,创造与品牌相关的社交分享、互动以及顾客社群。

案例速递

谈及企业新媒体营销,海尔无疑是开了挂一般现象级存在。我们看微博和微信的两组数据。

微博端:2016年海尔集团年度曝光总量超过10亿,转评点赞总数超过120万人次。其中,微博官方数据显示仅11月8日—12月8日,点赞数超10万人次,互动次数21万次,综合影响力指数高达824.4,居同行业第一。

微信端:2016年海尔被超过20万篇图文报道,其中头条报道85639篇。全年点赞总数275万+,包含海尔关键词文章的日均点赞数达7503.9次,影响力居同行业第一。

当然,企业新媒体必须服务于企业。再看海尔集团经营业绩:2016年海尔全球营业额实现2 016亿元,同比增长6.8%,利润实现203亿,同比增长12.8%;互联网产生的交易额2 727亿元,同比增长73%。

**(三) 移动营销**

"移动营销"(Mobile Marketing)指向移动中的消费者通过他们的移动设备递送营销信息、促销和其他营销内容。市场营销者运用移动营销在购买关系建立的过程中随时随地到达顾客,并与他们互动。移动设备的广泛采用和移动网上流量的迅猛增加使得移动营销成为大多数品牌的不二选择,作为移动互联网与用户之间的核心纽带,智能手机正在成为中国网民生活中不可或缺的组成部分。

智能手机的普及,以及移动互联网技术的飞速发展,使移动渠道在企业零售中的重要性日渐凸显。网民们不仅浏览移动互联网,而且是各种移动应用的积极使用者。全球移动应用市场增长迅猛:共有200多万种移动应用,平均每部智能手机上安装25种应用。

大多数人喜欢用手机,并且严重依赖手机,手机已经迅速变成人们的"首选屏幕",对于消费者来说,一部智能手机或平板电脑就相当于一位便利的购物伙伴,随时可以获得最新的产品信息、价格对比、来自其他消费者的意见和评论以及便利的电子优惠券。理所当然地,移动设备为营销者提供了一个有效的平台,借助从移动广告、优惠券、短信到移动应用和移动网站等工具,吸引消费者深度参与和迅速购买。

据不完整调查,人们每天平均查看手机超过150次。人们越来越习惯使用手机满足工作、生活和娱乐等多方面的需求。用户注意力移动化、碎片化,催生了许多新鲜现象和玩法,比如,和腾讯杠上的抖音与主张"裂变"营销的瑞幸咖啡。

企业用移动营销来刺激当前购买、简化购买过程、丰富品牌体验,使得营销者在消费者表达购买兴趣或者制订购买决策时,为他们提供更多的信息、激励和选择。零售商希望应用移动营销在丰富顾客购物体验的同时刺激购买。

还有很多公司开发自己的移动应用,为自己的品牌吸引顾客并促进购买,例如,之前提到的海尔集团的海尔定制和海尔优家APP。

### 案例速递

瑞幸咖啡APP是瑞幸咖啡营销的流量入口,也是营销策略实施的主要途径。相较于微信公众号或者小程序,瑞幸咖啡的APP能够更加全面地收集用户信息,为后续的精准数据运营作准备;APP也更加具有归属感和友好性,咖啡是高频消费品,用户下载APP使用后,会比微信等更加个人、友好,符合职场人员简单高效的生活频率;此外,拥有自己的APP更有利于营销策略的实施,不会受微信政策的影响。

用户只需下载瑞幸咖啡的APP,通过APP下单,选择任意一种饮品或轻食,即可免费。这种方式不仅对产品进行了销售,让顾客免费品尝咖啡,更进一步推广了瑞幸咖啡APP。采用"拉新奖励"的方式。老用户带动新用户,通过将链接分享给自己的好友,好友下载APP后,双方都能获得一杯免费的咖啡。瑞幸咖啡将APP打造成一个注入了社交因素的产品，通过用户间的分享和比较，形成稳定的流量。口碑推荐会提高用户信任，消费完毕，朋友间还可以相互比较，这是许多现有咖啡品牌都做不到的一点。

除此之外，瑞幸咖啡还推出"赠送红包"的玩法。这种红包并不是普通意义上的红包，这种红包是分享红包，顾客在结束一次消费行为后，会收到 APP 内赠送的红包，将红包分享给好友后，好友可以使用，顾客自己也可以领取。这种"赠送红包"的方式，不仅保证了原有客户的留存度，也保证了原有种子客户吸引来的顾客一种留存。

传统的咖啡运营模式是"人找咖啡"，而瑞幸则运用"咖啡找人"的模式。瑞幸咖啡通过对购买咖啡的用户进行数据统计，形成用户活动范围的交点，这个交点就可以作为下一个店面开放地址的选择，不仅节省了客户自提的时间，同时也提高了外卖配送的速度，保证了咖啡的口感和品质。此外，还可以统计用户购买的产品次数，分析用户的偏好，从而更加精准地实施广告投放。

## 第三节　全渠道营销

信息技术的发展为企业开展多渠道营销提供了可能性，也使得多渠道管理逐渐成为企业管理以及学术研究所面临的重要问题。多渠道管理的概念起源于渠道营销，通常涉及企业在不同营销渠道间的选择与组合，以最大化收益。传统企业"触网"或是互联网企业搭建线下渠道是目前最常见的多渠道策略，但大多数企业对多渠道管理的定义、内涵、规则等仍缺乏认知，多渠道管理并非简单地堆砌多种渠道，而是期望整合多条渠道的特性与功能，以实现整体效用最大化。多渠道管理的概念与内涵随着市场环境的变化而不断发生变化，例如，互联网兴起之初，企业对电子商务的追求使得传统线下渠道日渐式微，而随着移动商务的飞速发展以及消费者对线下体验的不断重视，又使得企业需要重新布局移动端与线下端。新的市场环境赋予了多渠道管理新的研究意义，本文旨在通过对现有多渠道管理领域相关文献进行梳理，明确多渠道管理的定义与内涵，并从渠道整合、渠道交互以及消费者渠道选择三个方面对现有研究成果进行相应回顾与评述，帮助企业明确多渠道甚至全渠道管理的要点，也为未来新型互联网环境下的多渠道与全渠道管理研究指明方向。

# 一、"新零售"环境下的全渠道营销

## (一)"新零售"

### 1."新零售"的出现

在第五章我们提到了"新零售",马云认为"新零售"就是将线上、线下和物流结合起来,只有这样才能产生真正的新零售。

在2017年3月"两会"期间,李克强总理在报告中提到了结合实体零售和电子商务推动消费需求,其实质就是号召"新零售"相关企业结合线上线下,用互联网的新思维来推动实体零售转型升级,强化用户体验,改善消费环境和物流现状,提高零售业的运营效率。"新零售"的发展涉及两个关键性的问题,一个为全渠道平台的搭建,这一点会在下一节中详细介绍;另一个为新技术的支持,比如亚马逊的线下实体店"Amazon Go"中用到的"侦测物体互动和移动""物品从置物设备上的移动"技术、国内专卖新鲜水果的智能盒子便利店缤果盒子(Bingo Box)所用到的"高频段无线射频感应商品技术""计算机视觉识别技术"。

### 2."新零售"的特征

(1)以消费者需求为核心。新零售在应用数字化技术的基础上,能够精准把握用户需求,可以根据消费者需求来开展企业运营以及有针对性的营销活动,并且不断升级消费体验,通过场景化营销,实现消费者和商品的连接,增加与消费者的互动及参与感,更好地实现顾客价值,提高顾客黏性。

(2)改革零售价值链。在新零售时代下,企业可以利用数字化技术对所有零售参与者、消费群体及商品的信息资源进行提取,通过精准的数据分析,能够不断降低在与第三方合作过程中及自身运营过程中的流通损耗,实现对传统零售价值链的彻底改革,使整个供应链的效用实现最大化。

(3)推动新型零售业态的发展。"新零售"通过对数字技术的应用,能够与文化产业、旅游业、餐饮业等实现融合发展,催生出新兴的零售业态,实现共赢发展。

### 3."新零售"时代的发展趋势

(1)线上线下的专业化、统一化。线下实体店的特点是方便快捷、保证质量、消费体验好,但是价格比较高;线上电商的特点是价格低、种类多、可以不受时间和空间限制进行购物,但是需要等待,质量和服务都没办法保证,两种渠道各有优缺点,但是随着线上与线下的融合,两个渠道各自的缺点将会被双方融合的优点替代,产品价格、产品质量和消费体验将得到统一提高,消费者将得到更加优质的产品和更专业的服务。

（2）大型实体超市的重组。在互联网新商业时代，大型综合超市面临小型零售店的挑战，必须进行整合重组。在社区便利消费趋势的影响下，未来的零售业必将朝社区化方向发展。目前，沃尔玛已经着手在人口密集处建设邻里社区型门店。未来，这种精细化运营的小型门店将遍布中国各个社区。

（3）体验式消费、个性化服务将融入消费者生活。如今，消费者的需求更加追求个性化、多元化，为了适应这种趋势，体验式消费、个性化服务受到消费者的欢迎，消费者的购买潜力将被有效激发，企业如果能抓住这一趋势，迎合消费者的喜好，将会得到快速发展。

（4）企业生产更加智能化、科技化。随着互联网、大数据、云计算等新技术在零售业的应用，从生产到消费，零售商都能进行有效监控，从而控制生产，实现零库存经营，为零售业减负，推动其快速前行。互联网、移动互联网的发展使中国传统零售业受到了很大的冲击，随着电商流量红利的消失，中国零售业要想持续发展，就必须进行升级。目前，从全球零售业发展的整体态势来看，中国零售业的发展形势良好。随着新零售概念的出现，中国零售业或将进一步得以升级发展。

### 案例速递

"盒马鲜生"在阿里内部低调筹备两年多，随着阿里巴巴董事局主席马云到店走访，这个不为人知的阿里"亲儿子"被推到了聚光灯下，正式成为阿里"动物园"在天猫、菜鸟、蚂蚁金服之后的新成员。

"盒马鲜生"是阿里巴巴对线下超市完全重构的新零售业态。盒马是超市、是餐饮店，也是菜市场，但这样的描述又似乎都不准确。消费者可到店购买，也可以在盒马 APP 下单。而盒马最大的特点之一就是快速配送：门店附近 3 公里范围内，30 分钟送货上门。"盒马鲜生"的产品品质高，可满足消费者从食材购物到现场烹饪品尝的一站式餐饮服务；产品品种齐全，盒马鲜生涉及生鲜、食品、日用百货等 5 000 多种商品种类，购物选择性大。

#### （二）全渠道零售

**1. 全渠道零售的概念**

Beck & Rygl 将"全渠道零售"（Omni-Channel Retailing）定义为通过零售商的所有渠道销售商品和服务的行为，并且零售商的各个渠道是完全整合的，消费者也能在所有渠道进行完全跨渠道购买。全渠道零售的主要特点在于,消费者在整个购买过程中,与商家的接触点不再受时间或空间的限制,消费者在各种接触点大量使用电子商务与移动互联网等工具,利用全渠道获取交易信息并最终完成购买行为。

比如,Z女士走进一家店,通过刷会员卡、脸部识别等方式,商店获得了这位女士以往的购物信息,这些信息自动传送到店员的平板电脑上,然后电脑发出迎接顾客的提醒。在她挑选商品的过程中,店员根据所获得的Z女士以往的购物信息向其推荐符合需求的商品。选好商品后可以选择手机结账,最后她的购物信息也被储存到了商店的数据库中。这一场景展现的即是全渠道购物线下实体店运用数据库开展的精准营销,顾客通过移动终端付款的场景,其利用数据库将线上、线下整合在一起,让顾客享受无缝化的购物体验。

**2. 全渠道零售的发展**

渠道的发展可分为4个阶段,依次是实体店时代、电子商务时代、多渠道时代、全渠道时代。

(1) 实体店时代。以门店为主的零售业态是实体店时代的主要特征,在这个时代,商场、超市、百货公司、购物中心都采用坐店经营的模式。

(2) 电子商务时代。电子商务、虚拟网络店铺是互联网发展的产物,亚马逊、淘宝网、京东等电商平台就是其中的典型代表。这些虚拟网络店铺的特点是利用互联网技术创造了一种零售模式,将传统的零售业态搬到了网上。例如,淘宝网的C2C模式就是传统集贸市场的网络化,天猫商城的B2C模式就是传统百货公司的网络化。

(3) 多渠道时代。多渠道、跨渠道出现的时间较短,处在一段过渡时间段内。多渠道,就是零售商通过多种渠道开展经营活动,如苏宁、国美等由单一的店铺经营模式转向多渠道结合,借助实体店、网上商城、移动手机、微信、微博等多个交易平台从多方位开展营销活动。跨渠道营销是多渠道营销的进一步发展,解决了多渠道未能解决的不同渠道间的融合和衔接问题。

倡导线上、线下结合的O2O模式备受线上、线下零售商的青睐。通过O2O模式,零售商可在线上汇聚流量,获取顾客,再引导顾客到线下消费。O2O模式所包含的内容非常丰富,有线下零售企业做电商,如苏宁电器;线上电商企业在线下开设体验店,像小米体验店,都是为了实现线上、线下终端无缝衔接,实现跨渠道发展。

(4) 全渠道时代。全渠道其实是对多渠道和跨渠道的进一步发展,在多媒体时代,顾客通过各种社交媒体可以自由地选择购物终端,在营销方面占据了主导地位。

从消费者的角度来说,全渠道就是消费者可以在线上渠道选择商品,在线下渠道触摸、感受和比较商品,在线上渠道下单支付。从零售商的角度来说,全渠道就是以多渠道为基础使所有渠道进一步融合,前后台系统实现一体化,为消费者带来风华购物体验,使各渠道实现同步化和一体化。

**3. 全渠道时代消费者的行为变化**

随着信息技术的持续发展,消费者不仅关注产品功能和产品质量,也更注重消费体验和服务,企业如果要在激烈的市场竞争中维持自身的生存和发展,就必须突破传统思维方式,提高应对市场变化的能力,不断满足消费者的需求。近年来,全渠道消费群体迅速崛起,成为市场的主要组成部分,在一定程度上决定了市场发展的走向。因此,分析全渠道消费者的行为变化对企业来说尤为重要。其主要有以下三个方面。

(1) 消费者获取商品信息多元化。在传统模式下,消费者只能通过在实体店进行亲身体验来了解商品的功能、质量等信息。在互联网及移动互联网高速发展的今天,消费者既可以通过电视渠道、网络渠道、移动终端等多种渠道方式接触商品信息,还可以利用这些渠道对不同的商品进行比对,根据各方面信息作出最终的消费决策。

(2) 消费者的需求多元化。在传统模式下,日常生活所需是人们消费的主要部分。如今,越来越多的消费者注重自身个性化需求。以前,商场里批量生产的冰箱、洗衣机等家用电器是大多数消费者的选择,如今,许多定制化平台纷纷涌现,如海尔的定制化生产能够为消费者进行产品定制,还可以让消费者参与设备的设计与生产环节。消费者需求的多元化,让传统企业在运营及发展过程中面临更多的挑战。为了促成与消费者之间的交易、扩大自身的产品销售,经营者需要在营销环节上进行创新,为消费者提供详尽的商品信息。

(3) 消费者的购买选择更加多元化。在传统模式下,消费者在制定决策前,也会对不同商品进行比对,但从总体上来说,其选择空间是有限的。如今,同样的产品有许多不同品牌,同样品牌的产品还有多种多样的功能、型号、款式等。除此之外,消费者既可以到线下实体店进行现场体验,也可以通过网络渠道进行搜索,既可以现金支付,也可以电子支付,这些都体现出消费者选择的多样化特点。在这样的消费环境下,企业要获得消费者的认可,就要改革传统销售模式,通过实施全渠道零售模式来服务全渠道消费群体。

**(三)"新零售"时代的全渠道**

**1. 新技术推动新零售的全渠道发展**

企业要想实现"新零售",最关键的就是处理好线上、线下渠道之间的关系,发挥两者的协同作用。在传统模式下，实体渠道与电商渠道之间存在清晰的界限。如今，线上与线下都将成为企业的重要渠道，企业则需通过完善物流建设将两者连接起来，并发挥先进技术的推动作用。企业需要认识到，在向新零售转型的过程中，需要发挥技术力量的驱动作用来推进改革进程。

从企业发展的角度来分析，企业希望在改革之后提高自身运营效率，而企业需要获得消费者的认可与支持才能获得收益。为此，企业在实施新零售转变的过程中需要为消费者提供更多便利，满足他们的需求。以提高企业运营效率与满足消费者需求为中心开展的新零售改革，主要有以下几种发展趋势。

（1）随着改革的进行，线上渠道与线下渠道的运营将趋于统一，不同渠道的产品质量、售价、服务也将按照既定的标准来执行，消费者能够享受到商家提供的优质服务与体验。企业可以发挥各个渠道的优势，通过线上渠道为消费者搭建消费场景，为消费者提供交易便利，通过线下渠道来满足消费者的亲身体验需求。

企业要打通线上渠道与线下渠道的运营，就要发挥物流的连接作用，提高配送环节的运营效率，进而提升消费者的整体购物体验。以京东为例，该平台能够发展到与淘宝旗鼓相当，与其自建的完善物流体系建设有很大的关系。

（2）企业在实施全渠道战略过程中，可以应用虚拟现实技术来优化线上的体验，为传统模式下电商平台缺乏场景体验的问题提供解决方案。在移动互联网时代下，随着技术的创新与发展，加上大数据统计与分析的应用，企业将不断优化消费者的购物体验。

企业在线上渠道开展运营的过程中，无法为消费者提供实际的体验服务，这就需要发挥技术的支撑作用。在具体应用过程中，经营者要以消费者需求为核心，让消费者能通过便捷的操作享受满意的体验服务，虚拟现实技术恰好能对接消费者的体验需求。

（3）如今，许多新闻资讯平台，如今日头条，在大数据技术应用的基础上，都能够准确提取读者的兴趣爱好及内容需求，继而推送读者感兴趣的话题和广告，实现精准营销。电商平台也是如此。比如，在淘宝网搜索"白色连衣裙"，在你下次乃至之后的两三次打开淘宝，都会有白色连衣裙的链接在推荐页面，这就是大数据应用的结果。平台依托大数据统计和分析，能够有效提升营销的针对性，达到精准营销，也避免了因给消费者推送无用广告造成消费者的困扰。

第七章　新媒体营销渠道策略的个性化原则(Individuality)

## 2. 移动电商环境下的全渠道发展

在移动互联网时代,消费需求呈现出了强烈的移动化和碎片化特征,移动电商在电商市场中扮演的角色越发关键。据艾瑞咨询发布的一项研究数据显示,2016年,中国网络购物市场交易规模为4.7万亿元,其中,移动购物在整个网络购物市场中占比高达68.2%,同比增长22.8%。

随着移动电商不断走向成熟,网店与实体店融合将成为不可逆转的趋势,二者的深入融合将会给广大消费者带来全新的购物体验。人们的购物过程可以被分为发现、决策和购买三个环节,消费者在购物前,通常会借助智能手机来寻找与产品相关的用户评论、专业测评等数据,然后根据自身的需求并结合这些数据制订消费决策,接着前往实体店内进行产品体验并完成购买。智能手机成为商家与广大消费者无缝连接的有效媒介,它打破了时间与空间的限制,让人们培养出了全新的消费习惯。和传统PC相比,智能手机、可穿戴设备等移动终端可以随身携带,而且操作方便,人机交互性更佳,能够占用用户更长的时间,从而为商家向目标群体的定制推广打下了坚实的基础。人们在任何时间、任何地点都能利用接入移动互联网的智能设备购买自己想要的产品和服务。

全渠道零售使商家的辐射范围得到了极大拓展,优质商品及服务能够被全国甚至全球的消费者在线购买,而且不会受实体门店经营时间的限制。更为关键的是,将实体渠道、电商及移动电商渠道进行融合的全渠道购物模式,使企业的资源配置得到进一步优化调整,最大限度地发挥企业资源的作用,如实体门店不再仅仅是简单地承担销售商品的功能,更是用户体验中心、售后服务网点及库存中转网点等。客户关系管理也将得到极大改善,用户将使用在线上与线下通用的账号购买优质的产品,并享受极致的服务体验,这有效地解决了企业用户关系管理混乱、管理成本居高不下等方面的问题。

移动终端普及程度的不断增加、移动电商开始成为推动电商市场向前发展的核心驱动力,决定了零售业必须对传统的思维方式、经营模式及管理手段进行变革。企业需要充分认识到移动互联网给零售业带来的巨大颠覆性,要能够顺应时代发展潮流,善于运用大数据、云计算等新一代信息技术,来提升用户购物体验、增强自身的盈利能力。

在消费需求越发个性化、行业竞争越发复杂化的背景下,传统零售向全渠道零售转型是零售业发展的必然选择。不仅是线下实体店要拓展自己的线上销售能力,线上零售业同样需要增加线下渠道,为顾客带来更好的顾客体验。

**3. 全渠道营销的特点**(见图 7-9)

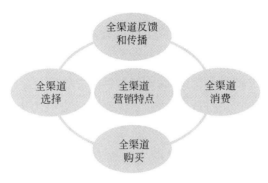

图 7-9 全渠道营销的特点

(1) 全渠道选择。以前,消费者在制订消费决策时,通常会思考购买什么品类的商品,应该选择何种品牌等。现在,随着消费者自主性的增强和参与感的增加,顾客也会考虑自己能否参与到商品的设计、生产等环节中。

人们选择商品时会表现出两大特点:一是在各个渠道中对商品进行筛选,最终制定出的消费决策是衡量了多个渠道产品信息的综合结果;二是为了满足自身的个性化需求,他们希望能够直接参与到产品的设计、生产,甚至是营销、定价等环节中,所以那些能够为人们提供定制产品及服务的商家,会在市场竞争中具有一定的优势。

移动互联网、物联网、大数据等新一代信息技术的发展,使人们可以十分方便快捷地参与到产品的设计、生产、营销等环节中。无论是在线下还是在线上,无论是PC端还是移动端,消费者参与成本都相对较低,而且效率极高。这使人们的个性化需求在得到充分满足的同时,用户体验也得到了明显提升。

考虑到消费者会在各个渠道内对商品进行筛选,商家需要在全渠道内充分展示商品信息,并制订出满足各个渠道不同需求的营销方案,这样才能确保产品信息能够被精准地推送至目标群体。而为了满足消费者参与产品设计、生产、营销、定价等环节的需求,企业可以在各个渠道中为消费者提供产品定制服务。由于不同渠道消费者的需求会存在一定的差异,企业可以尝试为其提供个性化的定制解决方案。

(2) 全渠道购买。以前,人们在购物时,通常是在一个场景中完成该过程,例如,消费者在周末时会去物美等超市购买一周的生活用品和食品。但进入移动互联网时代后,全渠道购买成为主流,消费者会通过互联网挑选满足自身需求的商品,然后前往附近的实体店体验商品,并将拍摄的产品图片、短视频等内容通过手机分享给自己的好友,征求他们的反馈意见,如果最终决定购买,便可通过手机在线下单,完成交易支付。

为了方便取货,消费者还会让配送人员将包裹放到小区内的自提柜中。当然,消费者的选择并非是固定的,如人们在决定购买时,可以直接在实体店内购买,然后通过手机扫描二维码付款,并享受门店专业配送人员提供的物流配送服务等。

人们的购买渠道并非是固定的,在不同的场景中他们会选择差异化的购买渠道,所以企业需要在全渠道内进行营销推广,否则很可能会因为用户获取信息的渠道不足,而失去大量潜在消费者。

(3)全渠道消费。对于一些信息产品,通常是以线上消费为主,但是有时候同为线上消费产品,其渠道也会有所差别。以培训课程为例,PC电脑、智能手机等诸多渠道都可以让用户体验培训课程,音乐、电影等产品也是如此。为了提升效果,消费者也可以前往培训中心、演唱会现场及电影院等线下场所进行体验。

下班回家后,很多人通常会同时使用电视、手机、Pad来获取自己想要的内容,所以,为了充分迎合人们的全渠道消费特征,企业必须开展全渠道营销。

(4)全渠道反馈和传播。在自媒体时代,人们表达与展示自我的需求在短时间内集中爆发,通过社交媒体将自己身边发生的事情记录下来,并分享给好友成为一种主流趋势。除了社交媒体,点评网站、企业官网、视频网站及直播平台等诸多渠道都成为人们反馈并传播信息的有效方式。

所以,企业需要尝试在各个渠道内与消费者建立连接关系,和全渠道的目标群体实时交流沟通,最大限度地听取他们的意见和建议,并根据这些信息对自身的产品及服务作出优化调整。

## 二、"全渠道"营销体系的建立

### (一)全渠道精准营销策略

全渠道精准营销就是以精准的产品定位为基础,以大数据和线上、线下渠道为支撑,借助现代化的信息工具与社会化媒体,为顾客提供个性化沟通与推广服务的营销体系。从目前的发展形势来看,全渠道精准营销是大势所趋。面对全渠道精准营销,传统企业不应考虑做还是不做,而应考虑如何做。

在互联网、社会化媒体尚未出现的大众营销时代,由于信息不对称,消费者无法主动收集产品信息对不同的产品进行比较,只能被动地接受企业推送的广告。在那个时代,大众营销模式有两大基本特点:一是大规模销售;二是大规模传播。前者以渠道为核心竞争优势,后者以叫卖式广告为基本销售方式。之后,随着互联网与移动互联网的出现,传统大众营销时代的信息不对称现象被彻底打破。

未来,消费者的信息获取将逐渐摆脱对中介渠道与专家意见的依赖,开始通过社会化网络推荐来获取信息。同时,受移动互联网、社交媒体小众化、社群化、互动性、交互性、分享性等特征的影响,企业传播将逐渐从大规模强制性传播转变为全接触点、互动性传播。

在互联网时代,企业要想做好营销,就必须直接掌控消费者,与消费者建立直接联系,压缩渠道层级,摒弃"以渠道为核心,终端为王"的营销模式,实现线上线下全渠道融合、社交网络精准传播、大数据助力客户价值深挖的营销模式(见图7-10)。

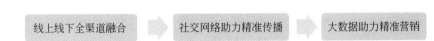

图 7-10　企业实现全渠道精准营销的途径

**1. 线上线下全渠道融合**

传统企业朝互联网转型发展,从营销层面来看,其本质就是借助互联网对营销环节与零售渠道进行重构,其中,借助互联网对销售渠道、推广传播渠道进行整改是核心。

如果传统企业的线下渠道极有竞争力,就要将其与线上结合,将线上渠道、线下渠道打通;如果传统企业的线下渠道没有竞争力,就必须借助线上无区域限制、可汇聚海量用户的优势,先完善线下渠道,再将线上渠道与线下渠道打通。

**2. 大数据助力精准营销**

通俗地理解,精准营销指的就是企业随消费者的改变而变化。在 C2B 市场环境下,零售业可借助 CRM 等软件对客户进行管理,对客户的基本属性、消费习惯、生活方式、消费偏好、消费行为等信息进行整合,将其汇聚成大数据库。依托大数据库,企业就能以数据为依据深入挖掘客户价值,开展一对一精准营销。

**3. 社交网络助力精准传播**

在移动互联网时代,无论是消费还是购物都呈现碎片化、情绪化、场景化的特点,消费者零散分布,企业借助传统的大传播方式根本达不到传播效果。面对消费者碎片化的特点,分散化、精准化的社交媒体为其提供了应对方法。

未来,碎片化的社交媒体将成为最主要的品牌传播媒介,借助众多社交媒体,企业将持续创造内容、描述产品,有针对性地开展品牌传播。

CRM:即客户关系管理,是企业为提高核心竞争力,利用相应的信息技术以及互联网技术协调企业与顾客间在销售、营销和服务上的交互,从而提升其管理方式,向客户提供创新式的个性化的客户交互和服务的过程。其最终目标是吸引新客户、保留老客户以及将已有客户转为忠实客户,增加市场占有率。

## (二)全渠道精准营销的设计思路

全渠道营销的实现是一件颇为困难的事情,目前很多企业都在积极尝试寻找适合自身的全渠道营销落地战略,虽然鲜有企业能够取得成功,但其中的一些经验和教训值得我们思考与借鉴。具体来看,企业在设计适合自身的全渠道营销模式时的大体思路如下(见图7-11)。

图7-11 全渠道模式的设计思路

### 1. 树立全渠道营销思维

要想成功转型为全渠道营销,首先要从传统营销思维转变为全渠道营销思维。

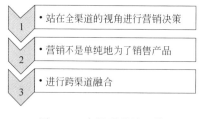

图7-12 全渠道营销思维

具体来看,全渠道营销思维主要包括以下三点(见图7-12):

(1)站在全渠道的视角进行营销决策。在制订营销策略时,企业需要充分考虑各个渠道目标群体的差异化需求,并设计出有针对性的营销方案,这样才能充分利用营销资源,实现营销效果最大化。

(2)营销不是单纯地为了销售产品,全渠道也并非是简单地销售产品的所有渠道,全渠道营销涉及企业所有的生产及销售活动。为了迎合购物消费的全渠道特征,企业需要作出相应的调整:

- 在全渠道提供产品及品牌信息;
- 在全渠道为消费者提供定制产品及服务;

- 在全渠道为消费者提供下单服务；
- 在全渠道为消费者提供支付服务；
- 在全渠道搜集用户反馈信息；
- 在全渠道为用户提供优质的售后服务。

（3）进行跨渠道融合。在全渠道营销过程中，跨渠道融合显得尤为关键，电商企业并不局限于线上营销，实体企业也不局限于线下推广，只有将线上、线下进行融合，才能接触到更多的目标群体，实现营销效果最大化。而且消费者的购物过程可能会同时涉及多个渠道，如果其中的某个渠道缺失，或者体验不佳，不但会直接影响交易额，而且会使企业在消费者心中留下负面印象。

**2. 精准定位**

消费者的购物活动是按照品类逻辑进行的，先选择品类，再选择品牌。所以，企业要开展全渠道精准营销，首先要对目标消费群体进行精准定位，然后再明确产品或品牌的品类。

**3. 建立大数据库**

通常来看，数据库中的数据有6种，分别是使用者数据、客户反馈数据、客户关系数据、产品用途数据、客户对产品的态度数据、客户信用数据。对于全渠道精准营销来说，大数据库构建是核心环节。因为只有拥有客户数据库，精准营销才可能实现。在构建大数据库时，企业要对数据进行筛选，挑选出有价值的数据。一般来说，客户名单的价值不大，客户购物记录、潜在客户信息等才是最有价值的数据。另外，客户浏览信息、询价购买、参与研发等行为信息也值得纳入数据库。

**4. 评估与锁定价值型客户**

在客户数据库构建完成之后，在针对单个消费者开展精准营销之前，企业要按照一定的原则根据顾客的购买情况对其财务价值进行明确，对客户进行分类。其中，企业可以遵循的原则有两种：一是"二八原则"（80%的财富集中在20%的人手中，80%的人只拥有20%的财富）；二是"1535原则"（意见领袖占15%，意向客户占35%，需培养意向的客户占50%）。客户类型有5种，分别是意见领袖、优质大客户、中小客户、意向（目标）客户、潜在客户。企业要明确客户类型为其量身打造营销方案，分步推进方案落实。

**5. 了解客户接触点和偏好**

在开展精准营销之前，企业还要明确与客户接触的时机、地点、环境、方式。为此，企业要先掌握客户与公司的接触方式及接触点，明确顾客喜爱的传播方式与传播渠道,只有如此,企业才能以接触点与顾客偏好为依据组合出最有效的营销传播方式。

**6. 整合营销手段,开展精准营销**

在上述4项工作完成之后,企业就要对微博、论坛、微信、短视频、APP电视广告等营销手段进行整合。除营销手段之外,内容也非常重要。互联网时代是一个"内容为王"的时代,在产品大爆炸的情况下,只有那些极有特点、内容极富情感、个性化特征鲜明、价值观能引发共鸣的产品才能形成良好口碑,引起消费者的注意。在这里要明确一点,精准营销是面向价值型客户开展的互动式双向营销、潜入式营销,依靠口碑进行传播。这种营销方法和传播方法与传统的单向传播、非互动传播、轰炸式营销有本质区别。

**7. 发展与客户的多次和长期关系**

从本质上来讲,精准营销就是关系营销。一场成功的精准营销的判断标准是:企业通过精准营销与客户产生多次交易,建立起长期关系,客户忠诚度明显增强,转介绍与正面口碑传播率显著提升。面对长期且有价值的客户,企业要如何开展营销?面对价值很小甚至价值为零的客户,企业要如何开展营销?对于企业来说,该问题能否妥善解决对其能否成功构建精准营销体系至为关键,是一个需要长期关注的问题。

(1)企业要构建新客户服务与追踪系统。以奶粉为例,一般来说,奶粉消耗频率为一周一罐,3周以后孩子就会对奶粉的口味产生依赖。所以,对于购买了3罐奶粉的新客户,零售商要在一周后对其进行第一次回访,了解奶粉食用感受;20天之后要对其进行第二次回访。对于3个月内零购买的顾客,零售商要适时地向其推送一些促销信息,激发其购买欲望。零售商的这些促销手段都是通过分析消费者数据得来的。

(2)企业要构建老用户关怀机制。以母婴产品为例,其顾客有两大特征:一是异常关注育儿过程;二是新一代的新生儿父母缺乏育儿经验,互动性非常高。基于这两大特点,企业要对老用户的心理需求、生理需求进行深入分析,关注新生儿妈妈、宝宝在不同阶段的个性化情感需求,增强与老用户的互动,为其推荐与育儿有关的书籍,为其提供呼叫热线服务,做好精准营销回访工作,帮他们切实解决问题,以增强老用户的黏性。

(3)加强与会员的互动。会员互动是会员营销的关键环节。仍以母婴零售商为例,为做好会员互动,母婴零售商可在线上推出手机移动APP,建立社区,通过互联网、电话等方式与会员互动;线下的母婴零售商可通过店员、育儿顾问与消费者面对面进行沟通和交流,也可以组织开办妈妈培训课来建立与顾客的长期联系。

## 三、全渠道营销模式的发展

### (一)全渠道营销模式的难点

全渠道模式的应用会促使企业在供应链方面进行改革,但是其难度要比 O2O 模式下的企业整合难度还要大。除此之外,在粉丝经济、体验式营销受欢迎的今天,企业要实施全渠道营销模式就需要将各个渠道的运营打通。在过去发展过程中存在以下几个方面的问题(见图 7-13)。

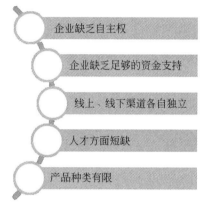

图 7-13 全渠道模式的难点

(1)企业缺乏自主权。在国内零售行业中,采用联营模式的企业占据大部分,导致企业在产品定价、品类引进方面缺乏自主权。相比之下,以梅西百货为代表的企业采用独立经营的模式,其商品归企业本身所有,还拥有部分商品的经营特权,能够大大降低企业开展全渠道营销的难度。

(2)企业缺乏足够的资金支持。尽管企业通过拓展线上渠道,减少实体店开设的成本消耗,帮助企业节省成本,但在开展全渠道运营的过程中,企业同样需要对网络渠道的业务发展给予足够的资金支持,京东就是因为投入不足才出现 2014—2016 年持续亏损的状况。

(3)线上与线下渠道各自独立,未实现渠道融合。有些零售连锁企业并未打通各个渠道的运营,线上与线下的业务开展非但不能相互配合、相互补充,还在内部展开激烈的较量,增加了企业实施全渠道运营模式的难度。

(4)人才方面存在短板。相较于以往的市场拓展及运营方式,全渠道营销已经发生了很大的变化,无论是网络营销、信息化设备的应用,还是客户关系的管理,都对运营者提出了较高的要求,但很多企业在专业人才配备方面还存在缺口。

(5)产品种类有限。如果企业本身的经营范围较窄,涵盖的产种类比较少,企业实施全渠道运营模式的意义就不大。具体而言,如果企业的网店为消费者提供的商品种类十分有限,就很难提高对消费者的吸引力。通过分析其他采用全渠道营销模式的企业可以发现,以梅西百货、沃尔玛为代表的实践者,其经营都囊括了多种多样的商品,这也是企业运营取得理想效果的重要法宝。

### (二)全渠道营销的关键突破点

消费者的商品需求多样化,并希望企业提供多元化的消费渠道,而全渠道营销模式能够实现不同渠道之间的协同与配合。近几年,国内零售行业开始将不同渠道的运营结合起来,通过将不同渠道整合在一起来满足消费者的多元化需求,进一步提升消费者的购物体验。在这种大趋势下,零售业要根据自身的具体情况选择适合自己的渠道布局模式,着重突出企业的差异化竞争优势。从现阶段的发展情况来看,企业在实施全渠道运营的过程中,需要关注以下几方面问题。

(1)明确企业的定位。要避免将零售与供应体系混为一谈,作为零售商、品牌供应商及品牌企业,需要清晰把握自己所担任的角色。

(2)打通不同渠道的供应体系。例如,天猫零售店铺与淘宝零售店铺,可通过天猫供销平台获得统一的产品供应。

(3)企业要对各个渠道进行统一管理,为品牌商提供渠道商品经销商的实力情况等相关信息。

(4)提高数据资源的开放程度,实现商品、品牌、渠道、行业等数据信息的共享。例如,许多天猫的商家,都实现了与供应商之间的信息共享。

(5)实现供应链的统一。如今零售行业的整体运营是围绕店铺经营展开的,在企业实施全渠道运营模式后,需要打通各个环节的供应链体系,改善传统模式下企业在库存、品类管理方面"各自为政"的状态。

(6)在不断完善供销体系的基础上,通过建设生态圈来促进整体盈利的提升。从品牌商直至终端消费者,中间经历了许多节点,这也是生态圈的重要组成部分。在全渠道运营模式下,企业要处理好服务商、品牌商、渠道商以及顾客之间的利益关系。

综上所述,全渠道营销已经成为零售行业的主流趋势,位于行业各个环节的企业,都要对行业未来发展方向进行把握,并及时抓住机遇推动自身发展,普及全渠道营销模式。

# 本 章 小 结

本章的主要内容是关于新媒体的营销渠道策略。首先,我们要了解营销渠道系统、营销渠道的设计和营销渠道的冲突管理及激励管理。其次,要熟悉新媒体营销渠道的模式和三个方面的渠道:网络营销渠道、社交营销渠道和移动营销渠道。最后要掌握"新零售"环境下的全渠道营销、全渠道营销体系的建立和全渠道营销模式的发展。

# 营 销 实 例

## 百联集团的全渠道转型之路

百联集团,是 2003 年在上海政府主导下由 4 家传统的零售集团重组而成的国企。百联经营业态众多,一直保持着传统线下零售行业的领先地位,是中国零售百强之首,以上海为中心,辐射长三角,连接全国 20 多个省、自治区、直辖市。主要业务涵盖主题百货、购物中心、奥特莱斯、大型卖场、标准超市、便利店、专业专卖等零售业,经营有色金属、黑色金属、汽车、化轻、机电、木材、燃料等大宗物资贸易。

当下,百联这个昔日的零售航母面临电商的巨大冲击,传统零售业绩下滑,全渠道是必须迈出的一步。可是百联的全渠道转型和普通单体商场不同,它一上来就是很大的蓝图规划,几乎所有的核心产品都要齐头并进。无论是技术还是管理层面,其中的复杂程度都不容小觑,仅仅是会员数据整合打通就花了近两年的时间。未来到底如何重构零售消费场景,以及如何构建起能够支持这类消费场景的营销、支付、物流等体系,是摆在百联面前的难题。

### 一、全渠道转型:"i 百联"平台正式上线

早在 2014 年,百联就在筹划整个集团的转型。到了 2015 年 7 月,集团正式成立"百联全渠道电子商务有限公司",探索门店 O2O 改造和集团电商业务。这种从实体零售向全渠道的转型,为的是让百联在所有销售平台提供无差别的服务体验。换言之,公司要通过实体门店、电商和移动应用等渠道,以整合的方式提供产品和服务。

面对这场即将全面爆发的全渠道之战,百联集团的"i 百联"平台既要打通线上直面电商新贵,也要入海拼杀争夺市场份额,更何况"i 百联"是百联集团的 O2O 转型之作,事关生死。

最终,百联集团将百联 E 城、联华易购、百联股份商城合并,组建了一个全新的"i 百联"电商平台,依托 BL.com 网站、手机 APP、微信公众号矩阵为线上平台,以百联集团旗下全业态企业为线下支撑,以商品、体验、供应链为核心,将门店、社区、商圈与统一会员体系串联,形成全渠道商业生态圈。2016 年 5 月 19 日,百联集团"i 百

联"全渠道电商平台终于历经困难正式上线。此举宣告百联以全渠道电商模式切入，未来百联将全面转型商业"互联网+"模式。

在"i百联"平台现阶段的78个应用产品里，主要包含了五大特色服务场景：百联通享、百联财礼、百联店取、百联到家、奥莱代购；五大特色购物场景：精品闪购、全球购、生鲜随心订、精选篮筐、百联云店。i百联平台通过供应链组成"商务云"生态系统，从服务到家、新鲜直达、体验便利、网上购物社交化、有人情味、有温度等角度考量，在产品、服务、营销推广等方面打造城市资源共享。

i百联平台对百联集团的全渠道转型非常关键，与百联E城相比，最关键之处在于它可以帮助实现线上、线下数据的打通和整合。

转型"全渠道"要做的一项重要工作是将各种业态原先分离的26个会员体系"捏成一个会员体系"，让顾客在百联体系下的各个业态进行消费后其会员积分都可以共享，从而实现线上线下相互引流，这是整合的关键。而且，这种整合不只是线上、线下之间，还包括客流、支付流与物流之间的整合。

当然，数据的打通只是百联集团盘活数据的第一步，接下来百联集团还要对数据进行分析和挖掘，为此，百联集团构建了自己的大数据分析平台，并引入了大数据和人工智能等领域的先进技术来进行数据分析挖掘以及辅助决策。下一步还将引入更多场景，继续完善业务，优化深度学习算法，改善用户体验。除了推荐系统，百联在数据分析上还做了很多其他尝试，作为其进军新零售的重要支撑。

## 二、新零售契机：百联与阿里的"联姻"

2017年2月20日，阿里巴巴集团与百联集团在上海宣布达成战略合作，两大商业领军企业将基于大数据和互联网技术，在全业态融合创新、新零售技术研发、高效供应链整合、会员系统互通、支付金融互联、物流体系协同六个领域展开全方位合作。

### （一）全业态融合创新

以消费者需求为核心，共同设计、建设具备高效实体业态运营效率、全渠道订单处理能力，能实时感知并满足消费者需求的新型零售门店，拓展智能化、网络化的全渠道布局，为消费者提供创新体验服务。

### （二）新零售技术研发

围绕新型零售门店，阿里巴巴将开放包括人工智能、智能支付、物联网、物流技术、大数据运用等应用型新零售技术，并将成功经验向社会推广复制。

### （三）高效供应链整合

利用线上平台及线下网络收集并感知的消费者需求及行为数据,梳理并整合各自旗下商品资源,促进优质商户资源和新品的引入。

### （四）会员体系互通

打通双方会员体系,采用室内外人群定位、消费者画像分析、大数据支持下的营销及会员管理等,提升门店客户服务能力。

### （五）支付金融互联

百联线下门店支持支付宝,百联旗下安付宝/联华OK卡接入支付宝,成为消费者优选的第三方支付渠道。在数据分享及分析的基础上向消费者及供应商提供快捷、便利及多样的支付及金融服务。

### （六）物流体系协同

百联物流作为菜鸟网络的物流服务商与阿里巴巴集团开展业务合作,双方共同开展物流规划,为消费者和商户提供服务。

在双方签约仪式上,阿里巴巴集团董事局主席马云说:"2017年是阿里巴巴新零售元年,新零售的第一站我们选择在上海,新零售的第一个战略合作伙伴我们选择上海百联集团。如果说要一个城市能代表改革创新和发展的高度,我觉得只有上海。上海是桥头堡,杭州是后花园。"

百联集团董事长叶越彬也指出:"在新消费时代发展的趋势下,双方应通过战略合作充分融合以产生化学反应,优势叠加以产生质的跨越,重构商业要素、重塑零售价值,共同创造新零售模式。"

作为百联的全渠道经理,张一辉深知全渠道零售中重构"人""货""场"三要素的意义。i百联平台这几年来一直在做三通,即商品通、会员通、服务通,"人""货"数据的整合和统一。目前,已经将原有的26套会员体系合并,统一为百联通大会员体系,现有700万会员。全渠道零售就是以用户为中心开展的营销活动。因而i百联平台就成为百联的大数据平台,利用各类大数据分析挖掘技术等形成用户画像,购物特征等,从而重组供应链,优化产品结果,节约成本,重构零售场景,以提升客户体验。

百联全渠道零售方向早已定好,新零售的开展需要拥有用户大数据和大数据分析的平台与技术,百联一直在为此准备。未来到底是进一步将阿里合作落地、深化,还是依靠自己修炼内功,这在张一辉心里还是个未知数。一个月后他要在年度全渠道会议上汇报今年的工作重点,其实工作内容早已明确,但是否深化与阿里的战略合作依然是个未知数。张总的眉头又皱了起来……他知道,百联的全渠道转型之路远远没有结束,未来还有很长的路要走。

问题思考:

1. 百联集团是在什么样的背景下进行全渠道建设的?
2. 百联集团是怎样进行全渠道建设的?
3. 百联集团的全渠道建设未来会遇到什么困难?

# 参 考 文 献

1. 王先庆、彭雷清、曹富生著:《全渠道零售:新零售时代的渠道跨界与融合》,北京,中国经济出版社,2018。
2. 王先庆著:《新零售:零售行业的新变革与新机遇》,北京,中国经济出版社,2017。
3. 刘润著:《新零售:低价高效的数据赋能之路》,北京,中信出版社,2018。
4. 刘国华著:《新零售时代:打造电商与实体店融合的新生态》,北京,企业管理出版社,2018。
5. [美]科特勒、[美]阿姆斯特朗著:《市场营销:原理与实践》(第16版),楼尊译,北京,中国人民大学出版社,2015。
6. 王崇锋、刘欣荣、晁艺璇:《时来易失,赴机在速——良品铺子领跑新零售时代》,中国管理案例共享中心。
7. 张再生、赵兴晨:《笑傲烘焙江湖之好利来的网络营销传奇》,中国管理案例共享中心。
8. 郭名媛、徐艺丹:《瑞幸咖啡:咖啡新宠的营销之道》,中国管理案例共享中心。
9. 蔚海燕、杨月宁、邓昕:《从"南京路"到"全渠道":零售航母百联集团的转型之路》.中国管理案例共享中心。

# 第八章 新媒体营销的模式

 **案例导读**

## "芙蓉王"饥饿营销之道

1994年9月30日,湖南中烟常德卷烟厂一款设计精美的黄盖金色包装"芙蓉王"卷烟正式推向了市场,成为国内卷烟价格仅次于"中华"的第一卷烟品牌,开始了对高档卷烟市场份额的争夺。上市后,通过"品质"加"稀缺"的战略营销路径,成功地塑造了"芙蓉王"品牌的高贵形象。其中,"饥饿销售"可以说是"芙蓉王"最为成功的市场运作手法。在品牌成长16年的过程中,顺应时代的发展,"芙蓉王"进行了3次品牌诉求理念的转换,在高端消费人群中引起了共鸣,品牌影响力和品牌价值不断提升。2010年,"芙蓉王"销量突破85万箱,继续占据中国高端卷烟品牌第一的位置,成为当今中式卷烟高端行列里的标杆品牌。

### 一、饥饿销售之"术"

"饥饿销售"可以说是"芙蓉王"品牌运作的一大亮点。犹如"吃饭只吃七分饱"的养生理念,"芙蓉王"卷烟始终在对待市场开发问题上坚持适度原则,不急于冒进。其成功的"饥饿销售"手法,至今仍被行业内竞争对手所效仿。

早在"芙蓉王"刚推出的前两年,湖南中烟常德卷烟厂的经营厂长就提出了"芙蓉王"卷烟限产稳价的营销指导思想。按照"品质"加"稀缺"的战略营销路径,全力打造"芙蓉王"品牌的高贵形象。

与"饥饿销售"策略相映成趣的是,在品牌市场推广和渠道建设上,针对"芙蓉王"卷烟,常德卷烟厂却是不惜血本,一掷千金。

1995年,为了配合"芙蓉王"卷烟的品牌市场推广和销售,湖南中烟常德卷烟厂投入了巨大财力在全国建立了东北大区、华北大区、西北大区、华南大区、华东大区、西南大区6大办事处,并为每个办事处都配车、租用高档办公场所及充分授权,以确保各大办事处能有足够的资源支持去灵活处理各区域性市场事务。

实践证明,对6大办事处的高投入,的确非常有效地支持了"芙蓉王"卷烟品牌市场公关活动的开展。湖南中烟常德卷烟厂与各地烟草专卖主管部门建立了良好的合作关系,在地方保护严重的烟草行业市场之中,这种基于渠道的良好合作关系的建立实属不易。

在各大办事处的努力下,"芙蓉王"卷烟的品牌形象和渠道销售力明显提升。实施的"饥饿销售"手法,也让市场真正进入了一种"饥饿"状态,"芙蓉王"成为市场上的"紧俏"商品,产品供不应求。这与其他品牌卷烟不断追求销售规模、实施饱和销售的做法形成了鲜明的对比。

然而,"饥饿销售"手法的运用并非没有缺陷,随之而来的挑战和压力摆在了湖南中烟常德卷烟厂的面前。

一是来自销售渠道的压力。由于"芙蓉王"卷烟市场供不应求,因而区域市场的地方烟草公司与经销商纷纷要求上量,增加市场供应,扩大销售机会,这与"芙蓉王"卷烟的"饥额销售"思想背道而驰。

二是面临竞争品牌的市场竞争压力。为了抢占市场,提高份额,增加销售收入,行业内高档香烟纷纷上量,增加供应,最大化地抢占市场份额,"芙蓉王"卷烟面临市场占有率下降的风险。

三是承受着地方税收任务指标的压力。烟草行业特殊的经营使命就是国家利益至上,在地方交纳财政税收就是各大烟草生产企业的基本责任。逐年上涨的税收任务让"芙蓉王"品牌"饥饿销售"策略的实施步履维艰,在压力面前,要"销量规模"还是要"限产稳价"的两难抉择摆在了企业的面前。

"芙蓉王"卷烟最终还是顽强顶住了来自以上三个方面的压力。首先,面对渠道的压力,"芙蓉王"卷烟选择了开展公关与沟通,让各地渠道合作伙伴认识到"盲目上量"的危害,以长期战略收益帮助和引导渠道商正确认识企业的"饥饿销售"策略及其战略意图。其次,通过加大营销投入和提升"芙蓉王"卷烟的品牌价值来应对行业竞争,坚定不移地长期推行"饥饿销售"的营销手法。最后,通过加强与地方政府的沟通与合作,共同科学拟定合理的税收指标任务,并根据企业目前的所有品类香烟,内部实施科学统筹,保障"芙蓉王"卷烟品牌的可持续健康发展。

## 二、饥饿销售之"道"

在"限产稳价"的战略思路指导下,"芙蓉王"卷烟市场销售渐火,各区域市场呈现出产品供不应求的局面。按照常规思维,此时提价将是最佳的选择。然而,"芙蓉王"

卷烟却反其道而行,开展了渠道让利,进行降价,先后多次主动对调拨价进行了下调,由最初的188元下调至180元、168元,直至最后的140多元,将大部分利润让给了渠道商。这种"无私"的做法,让各区域市场的渠道商深受感动,满意度迅速提升,更加坚定了对"芙蓉王"品牌的信心,品牌渠道力明显增强。

经过十余年发展,"芙蓉王"一路奔跑,从黄色到经典的蓝色,再到华贵的金色,"芙蓉王"不断尝试新的突破,以全新的包装风格打动新时代的高端消费者,为"芙蓉王"品牌发展增添了新的活力。从最初的单一规格到现在的六个规格(黄盖芙蓉王、蓝盖芙蓉王、蓝软芙蓉王、钻石芙蓉王、蔚蓝星空芙蓉王、软金芙蓉王),完成了一次又一次的创新,创造了一个从高端到更高端的产品奇迹。"芙蓉王"系列产品的成功开发,丰富了产品规格结构,结成了完善的产品链条,构建了"芙蓉王"品牌的产品梯队,在充分发挥主导规格的优势基础上,做强"芙蓉王"高端系列,实现品牌结构逐步向上延伸。品牌的持续改进不断地升华、提高,使其独特的风格和鲜明的个性深度彰显。"芙蓉王"是高品质、高品位的象征,以其王者风范,烟界瑰宝享誉全国,成为成功人士、精英阶层和社会名流的钟爱。

**问题思考:**
1. "芙蓉王"是如何利用饥饿营销手段的?
2. 你还了解过哪些饥饿营销的品牌或案例?
3. 企业运用新媒体营销模式时要注意什么?

# 第一节 饥饿营销

## 一、饥饿营销的含义

在日常生活和工作中,常常碰到这样一些现象,买新车要交定金排队等候,买房要先登记交诚意金,甚至买iPad还要等候,还常常看到什么"限量版""秒杀"等现象。在物质丰富的今天,为什么还存在大排长龙、供不应求现象呢? 大家的解释是"刚性需求"所致。但是,不是所有的产品都适用饥饿营销,本节将通过案例对饥饿营销进行详细的讲解。

"饥饿营销"运用于商品或服务的商业推广,是指商品提供者有意调低产量,以期达到调控供求关系、制造供不应求"假象",以维护产品形象并维持商品较高售价和利润率的营销策略。

饥饿营销通过调节供求两端的量来影响终端的售价，达到加价的目的。表面上，饥饿营销的操作很简单，定个叫好叫座的惊喜价，把潜在消费者吸引过来，然后限制供货量，造成供不应求的热销假象，从而提高售价，赚取利润。饥饿营销的最终作用不仅仅是为了调高价格，更是为了对品牌产生高额的附加价值，从而为品牌树立起高价值的形象。

"饥饿营销"的产生与市场竞争度、消费者成熟度和产品的替代性三大因素有关。也就是说，在市场竞争不充分、消费者心态不够成熟、产品综合竞争力和不可替代性较强的情况下，"饥饿营销"才能较好地发挥作用，否则，厂家就只能是一厢情愿。所以说，饥饿营销比较适合一些单价较高，不容易形成单个商品重复购买的行业。同时，产品或服务有一定的差异化或优势，业已形成一定范围的品牌黏性。

## 二、饥饿营销的理论基础

通常来讲实施饥饿营销有以下几个开展步骤。

（1）饥饿营销策划围绕的产品本身一定要好。做营销的产品或者服务本身质量要过硬，品牌要靠得住，口碑要好。

（2）做好线上线下的宣传造势，制造产品话题，制造产品的期待，让产品本身就能带有某些话题性。

（3）产品要具有大众性。企业所提供的产品或者服务要具备大众性，而不是高度专业领域里的产品，这样，大家参与的积极性才会更高。

（4）有利益引导、促销宣传等。比如，苹果手机买一送一（一指的是1个电话卡）；小米手机9.5限量10万数量还送百元博皓电子手机套，买一赠一等。总之，用户一定要通过产品得到某种额外利益。

（5）控制销量。所谓的控制销量、制作出来的供不应求的表象，让大家疯狂抢购，实际上只是控制公布出来的数字，制造出了供不应求的表面现象。

（6）灵活与调整。饥饿营销要灵活应变，并能随时根据实际市场情况来调整方式。消费者的欲望会受到市场各种因素的影响，从而不断地变化，消费行为也会发生不规则的变动，感情转移、冲动购买也是常有之事。因此，密切监控市场动向，提高快速反应的机动性是重中之重。

（7）从品牌支持、培训支持、物流支持、广告宣传支持、营销策略支持、区域保护支持等十大方面完善服务体系以做到人性化服务。

当企业过度运用饥饿营销进行营销时，可能产生以下负面影响。

（1）客户流失。若过度实施饥饿营销,可能会将客户"送"给竞争对手。饥饿营销本质是运用了经济学的效用理论,效用不同于物品的使用价值,效用是心理概念,具有主观性。因此,企业如果在饥饿营销中实施过度,一方面把产品的"虚"价定得过低导致消费者期望过大;另一方面又由于企业把产品供应量限得太紧,使得超过消费者等待时间或者可承受价格令消费者"期望越大失望越大",从而转移注意力,寻找其他企业的产品。

（2）品牌伤害。饥饿营销运行的始末始终贯穿着"品牌"这个因素。首先,其运作必须依靠产品强势的品牌号召力,也正由于有"品牌"这个因素,饥饿营销会是一把双刃剑。剑用好了,可以使得原来就强势的品牌产生更大的附加值;用不好将会对其品牌造成伤害,从而降低其附加值。

（3）排斥顾客。饥饿营销的实施是建立在消费者求购心切、求新求快的心理上的。企业在产品推广初期,利用短期内的信息不对称,人为地制造产品供应紧张气氛,造成供不应求假象进而加价来实现丰厚利润。随着消费者对信息的掌握、了解以及消费心理的成熟,消费者会对此做法越发麻木。另外,由于物质的极大丰富,替代品或者直接竞争产品的进入会分散消费者注意力,而如果竞争产品一窝蜂而上地模仿"饥饿营销",则会令这一"谎言"不攻自破。

（4）顾客反感。企业实施饥饿营销,从根本上看,是变相利用信息不对称的这一企业短期优势在"蒙骗"消费者。人有欲望是天性,人的欲望和追求永远无法满足也是天性。但是,根据菲利普·科特勒的观点,需要、欲望和需求的本质是不同的。欲望的实现——即欲望转化为需求,必须有购买力来支持。因此,企业如果人为地过度地、制造市场"饥饿",进而提高产品售价,当产品的价格提高到消费者接受不了或不愿接受的时候,他们就会冷静思考,理性行事,更加充分地收集信息,并利用得到的信息来"解剖"饥饿营销的本质。当他们发现饥饿营销是企业自我膨胀的经济行为,是人为地高挂自己胃口的时候,他们就会感到自己被企业愚弄了。这是对消费者购买消费行为的最大打击,对于企业来说,其后果将是非常严重的。

### 喜茶：要排队购买的新式茶饮

喜茶红了,红到让那些曾经"飞"在互联网风口上的"猪"都感到惭愧——顾客排队 7 小时,每人实名制限购 2 杯,黄牛 250% 加价,微信朋友圈刷屏,微博红人争相推荐,每开新店都有媒体争先恐后报道,门户网站长期追踪评论分析……

毫无疑问,那个由"90后"一手打造的喜茶成了茶饮市场的"最红炸子鸡"。

喜茶是一家新式茶饮连锁店,致力于打造新式茶饮品牌,让茶饮这一古老文化焕发出新的生命力。喜茶2012年诞生于江门市,初创4年以广东省为主要发展区域,分别在东莞、佛山、惠州、广州、深圳等地开始设立分店,名震珠江三角洲。2016年,喜茶获IDG领投的1亿元A轮融资,得到创投圈的关注。2017年,喜茶进军上海、北京等地,消费者争相排队购买,一度因为"需要排队7小时"和"黄牛加价代购"等消息在网络上引发热议,成为全民关注的"网红"茶。2018年,喜茶的门店数量达90家,全部实现盈利,平均单店单月营业额达100万元以上,销量最高的店面日均出售饮品4 000杯。2018年4月,喜茶完成美团点评旗下龙珠资本投资的4亿元B轮融资,计划增开门店100家左右,加快走向全国的步伐,并决定进军海外。

前几年摸爬滚打,常常面临凶猛险恶的市场;如今资源充沛,也时时面对烈火烹油的竞争——这个由三线小城诞生的品牌,一路北上进军全国,高歌猛进让业内业外都击节赞赏。创新的茶饮产品、另类的营销策略、消费者的追崇、媒体的广泛关注……到底什么是这杯茶的制胜法宝?

## 一、火爆排队成"网红"(见图8-1)

喜茶秉持一贯的产品质量高举高打,分店越开越多,"开一家,火一家,排队一家"。2015年年末,快满3周岁的喜茶开进了一线城市,去见更大的世面。由于与中

图8-1 喜茶顾客社交网站截图和店外排队照片

山、佛山等地地缘接近,很多广州、深圳的市民可谓"未见其茶先闻其名"。甫入广深,用料优质、口味上乘的喜茶就受到了消费者的称赞与热捧,家家喜茶店外都能排起长队的消息不胫而走,一度在当地人的微博和微信朋友圈等社交平台刷屏。

喜茶在广、深两地单店单月营业额达100万元以上,其中深圳排队最火爆的海岸城店,面积90平方米左右,月营业额超过150万元～170万元。2017年新春初至,一直深耕珠三角市场的喜茶开始北上,蠢萌的喝茶小人牌第一次出现在了上海。

连聂云宸也始料未及的是,上海首家门店开业后平均每天卖出近4 000杯,奶茶杯叠起来的高度接近于上海第一高楼——总高632米的上海中心大厦。而喜茶的"网红"之路,也是从这家店开始的。在2017年2月11日正式开业之前,上海美食攻略、魔都吃货小分队等本地微信公众号,以及多个微博大号都开始为喜茶预热。而大众点评上也出现了众多老顾客留言,为喜茶站台。2月15日,网上开始陆续出现上海喜茶店排队的报道,据说买一杯饮品可能要等3小时。2月28日,网上传说的排队3小时已经变成了排队7小时,火爆的场面甚至"逼"得商场保安维持秩序。腾讯、网易等门户网站都报道了相关新闻,黄牛加价的消息也开始传了出来,一杯十几块钱的奶茶被卖到一两百块钱,《喜茶上海爆红背后:排队7小时疑似店员变黄牛》的新闻被转载了11家。对此,4月1日喜茶发布公告,由于黄牛太猖獗,为了保证消费者权益,打击黄牛,每日只能凭借身份证购买2杯。喜茶实名制的消息一出,立刻再次成为舆论焦点。与此同时,各大网站开始出现"关于喜茶如何从小店逆袭成网红,日销4 000杯"的深度评析类报道,喜茶被塑造成为新茶饮创业的风口和餐饮时尚的标杆。作为吸睛无数的另类"网红",喜茶一有风吹草动,社交网络上就会炸开锅——大号、小号、传统媒体、新媒体一个不落争相报道。

2017年8月喜茶进入北京市场,三里屯黑金店和朝阳大悦城双水吧店同时开业。开门短短半小时,大悦城店前来排队的顾客便挡住了旁边的星巴克。而那天,还下着暴雨……

排队,成为喜茶每家店门前的一道风景;

网红,成为喜茶最具标签化的品牌印象。

## 二、流量聚焦引热议

喜茶的排队现象经社交媒体的传播迅速发酵,很多消费者买到喜茶第一件事情不是喝,而是发朋友圈。评论也分成了两个阵营,一部分被好奇心驱动的消费者表示要去尝试,更多人则表示不理解,"排队三五个小时去买一杯茶太不可思议了"。

渐渐地,网络上开始流传"喜茶把排队做成了一种文化,通过宣传排队刺激消费欲望"的言论。除了排队,"黄牛"这一由排队衍生出的词汇成了喜茶被热议的另一原因,毕竟买火车票找黄牛不稀奇,但喝个下午茶也要找黄牛就有点稀奇了。2017年6月,《黄牛业态调查1:网红与黄牛的爱恨纠葛》《喜茶、皇茶、一点点、COCO等网红奶茶成分大揭秘!知道真相哭了……》的视频和阅读量10万以上的网络文章又将喜茶推到风口浪尖。

对此,6月7日,喜茶在官方微信公众号上回应:"声称喜茶雇人排队的人有很多,但没有一个人能够提供实际的有力证据。"面对是否找黄牛的问题,聂云宸说:"外面说的我们找人排队是完全没有的,这是一个事实,不是那种可以探讨的问题。我们从创业到现在五年,从来没有找人排队,我也不觉得这个可以操作。如果只需要找个公司、找些人排队就成就一个品牌,那太简单了,每个人都可以做,每个店的生意都可以很好。这种说法其实是把商业变成一种标准化的事情。"

如果说喜茶在珠江三角洲的排队是因为地缘接近,产生老顾客的口碑传播,那么在上海的爆红又是什么原因呢?"我们到了深圳之后,才计划去上海,"聂云宸强调说"因为很多上海人会来深圳,在深圳喝过我们的茶。如果跨过深圳直接去上海,那肯定是不行的。很多人觉得奇怪,为什么这个新开的店,一开始就可以排队,认为肯定是假的,是雇用的人。这是因为他不是那里的人,不是曾经接触过我们的那一部分人,他不知道背后的这个逻辑。"

## 三、服务、管理齐升级

对大部分消费者来说,当花费大量时间在排队上时,对产品质量的要求就会更高。缓解排队问题、提高团队管理,从而提升顾客体验成了喜茶接下来的重要任务。

为了缓解消费者排队的焦虑,喜茶也做了不少优化的尝试,包括曾采取过外卖、取号购买、实名制购买等形式,但并未能带来更好的消费体验。目前,快速增开分店,是喜茶缩减排队时间的主要措施之一。此外,喜茶排队现象严重的门店从单水吧升级为双水吧,有效地提高运营效率,排队现象终于有所缓解。团队管理方面,喜茶一直致力于明确企业现阶段及未来的人才需求,合理地从社会和企业内部予以引进、培养和储备人才。当有员工加入喜茶,基础岗位的学习会安排资深调茶师或者训导员负责带训,主要是岗位的学习指引;针对训导员,设有专属课程训练训导员如何成为一名教练,如何带训新人;对于值班主管,开设值班管理技巧的培训课程;对于副店长和店长的职级,主要是学习各个系统的管理。分级训练,每一个层级的人员都设置相对应的培训课程和学习资料,目的是帮助员工充分发掘潜力,从工作方式、方法上帮助员工有所提升,帮助他们适应更高岗位的需求。员工内部也会相互交流,定期举办员工座谈会、经验交流会、成功分享会,在促进喜茶人员发展的同时也有利于加强团队的凝聚力。

对于连锁企业来说,流程化管理至关重要。喜茶将门店内店员的标准化程度不断提高,门店内至少有10个人同时在岗,并且几乎"脚不移动手不停",以极致保证效率。每个员工的职责、任务都不一样,有明确分工,每个人明确只负责一个任务,比如泡茶、盖盖、加冰、贴标签等——如同工厂中的一套"流水线"。一方面,高效减少了顾客排队等待的时间;另一方面,这种设置也利于标准化,员工极易上手,减少了个人对产品稳定性的影响。这样的操作有了快餐标准化流程的影子,显然喜茶很快向连锁化、规模化、可复制化发展。喜茶方面表示:希望未来会新建一个培训学校,为门店输送一些基础性的员工,做一些基础的培训。为了保持门店运营的高水平运作,管理层还设计了多渠道的、针对门店运营状况的监管、反馈机制,实时把握门店的实际运营情况,并根据需要及时加以管理和提高,确保顾客能得到更高的产品体验和服务体验。

2018年4月,喜茶宣布完成了美团点评旗下龙珠资本投资的4亿元B轮融资,用于全面提升供应链、管理信息化等。聂云宸说,2018年喜茶计划增开门店100家左右,将在重庆、成都、长沙、武汉、天津等城市,以及新加坡等海外地区开拓新市场。这家从广东江边小巷走出的品牌,以锐不可当的姿态打开市场,从珠三角长驱直入引燃全国,甚至竖立了"走向海外"的决心。

总结"喜茶"成功的原因,大致可分为以下四点。

(1)品质优先,爆款茶品轮番上新。"喜茶"在源头上坚持使用最优质的原料,几乎每个季度都会推出季度新品,让顾客时刻保持对产品的新鲜感。

(2)口碑传播,排队营销首创者。除了茶饮本身的品质保证之外,喜茶灵活运用互联网思路做零售营销,也是它能够成为"网红品牌"的重要原因。排队营销的本质是为了在地面生成流量,通过生成围观的流量,再在互联网上炒作、公关,生成互联网的流量,接着再把互联网的流量导入到线下排队流量。线下触发线上,然后再由线上反哺线下,达到全渠道流量互通的营销闭环。

(3)销量,灵活与调整。在扩张时期喜茶发现排队现象严重,顾客抱怨随之出现,于是积极制定发布新的购买策略,尽可能保障顾客的权益,站在消费者的角度解决问题。

（4）标准化、流程化、信息化，不断完善服务体系。喜茶不仅在门店做到了流程化的操作，店员各自分工，从而减少顾客等待时间。作为新零售企业，喜茶非常擅于借助数据进行科学管理，提高评效。喜茶目前采用全球领先的企业管理软件 SAP 全套信息化管理系统，将上游采购、下游订单完全电子化呈现，优化供应链的服务效率。

虽是饥饿营销，喜茶没有忘记做产品的本质，同时以顾客为中心制订各项策略，这是饥饿营销模式可以成功的关键。

## 第二节 口碑营销

### 一、口碑营销的含义

"口碑"（Word of Mouth）源于传播学，由于被市场营销广泛地应用，所以有了口碑营销。传统的口碑营销是指企业通过朋友、亲戚的相互交流将自己的产品信息或者品牌传播开来。

菲利普·科特勒将 21 世纪的口碑传播定义为：由生产者以外的个人通过明示或暗示的方法，不经过第三方处理、加工，传递关于某一特定或某一种类的产品、品牌、厂商、销售者，以及能够使人联想到上述对象的任何组织或个人信息，从而导致受众获得信息、改变态度，甚至影响购买行为的一种双向互动传播行为。

"口碑营销"是企业在调查市场需求的情况下，为消费者提供他们所需要的产品和服务，同时，制订一定口碑推广计划，让消费者自动传播公司的产品和服务的良好评价，让人们通过口碑了解产品、树立品牌，最终达到企业销售产品和提供服务的目的。

口碑营销又称病毒式营销，其核心内容就是能"感染"目标受众的病毒体——事件，病毒体威力的强弱则直接影响营销传播的效果。在今天这个信息爆炸、媒体泛滥的时代里，消费者对广告，甚至新闻，都具有极强的免疫能力，只有制造新颖的口碑传播内容才能吸引大众的关注与议论。张瑞敏砸冰箱事件在当时是一个引起大众热议的话题，海尔由此获得了广泛的传播与极高的赞誉，可之后又传出其他企业类似的行为，就几乎没人再关注，因为大家只对新奇、偶发、第一次发生的事情感兴趣，所以，口碑营销的内容要新颖奇特。

口碑营销无疑颇为复杂，并拥有多种可能的根源和动机，营销者主要应该了解以下3种形式的口碑：经验性口碑、继发性口碑，以及有意识口碑。

### （一）经验性口碑

经验性口碑是最常见、最有力的形式，通常在任何给定的产品类别中都占到口碑活动的50%～80%。它来源于消费者对某种产品或服务的直接经验，在很大程度上是在经验偏离消费者的预期时所产生的。

当产品或服务符合消费者的预期时，他们很少会投诉或表扬某一企业。经验性口碑分正面和反面两种：反面的会对品牌感受产生不利影响，并最终影响品牌价值，从而降低受众对传统营销活动的接受程度，并有损出自其他来源的正面口碑的效果；反过来，正面的口碑则会让产品或服务顺风满帆。

### （二）继发性口碑

营销活动也会引发口碑传播。最常见的就是所称的"继发性口碑"，即当消费者直接感受传统的营销活动传递的信息或所宣传的品牌时形成的口碑。这些消息对消费者的影响通常比广告的直接影响更强，因为引发正面口碑传播的营销活动覆盖范围以及影响力相对来说都会更大。营销者在决定何种信息及媒体组合能够产生最大的投资回报时，需要考虑口碑的直接效应以及传递效应。

### （三）有意识口碑

不像前两种口碑形式那么常见的另一种口碑是"有意识口碑"，如营销者可以利用名人代言来为产品发布上市营造正面气氛。对制造有意识口碑进行投资的企业是少数，部分原因在于，其效果难以衡量，许多营销商不能确信，他们能否成功地开展有意识口碑的推广活动。

对于这3种形式的口碑，营销商都需要以适当的方式从正反两个方面了解和衡量其影响与财务结果。计算价值始于对某一产品的推荐及劝阻次数进行计数。这种方法有一定的吸引力并且比较简单，但是也存在一大挑战：营销商难以解释说明不同种类的口碑信息影响的差异。显然，对于消费者来说，由于家人的推荐而购买某产品的可能性显著高于陌生人的推荐。这两种推荐可能传达同样的信息，而它们对接收者的影响却不可同日而语。事实上，高影响力推荐，如来自于所信任的朋友传达的相关信息导致购买行为的可能性是低影响力推荐的很多倍，这亦从另一侧面说明企业更好地利用口碑营销方式的重要性。

口碑营销应遵循以下原则。

**1. 谈论者(Talkers)是口碑营销的起点**

首先,需要考虑谁会主动谈论你,是产品的粉丝、用户、媒体、员工、供应商还是经销商?这一环节涉及的是人的问题,是角色设置。口碑营销往往都是以产品使用者的角色来发起,以产品试用为代表。如果将产品放在一个稍微宏观的营销环境中,还有很多角色成为口碑营销的起点。同时企业的员工和经销商的口碑建立同样不容忽视。

**2. 话题(Topics):给人们一个谈论的理由**

"话题"包括产品、价格、外观、活动、代言人等。其实口碑营销就是一个炒作和寻找话题的过程,总要发现一点合乎情理又出人意料的噱头让人们,尤其是潜在的用户来谈论该话题。对于话题的发现,营销教科书中已经有很多提示,类似 4P、4C 都可以用作分析和发现的工具。

**3. 工具(Tools):帮助信息更快地传播**

"工具"包括网站广告、病毒邮件、博客、BBS 等。网络营销给人感觉上最具技术含量的环节也是在这一部分,不仅需要对不同渠道的传播特点有全面的把握,而且广告投放的经验对工具的选择和效果的评估也会起到很大的影响。此外,信息的监测也是一个重要的环节,从最早的网站访问来路分析,到如今兴起的舆情监测,口碑营销的价值越来越需要一些定量数据的支撑。

**4. 参与(Taking Part)到人们关心的话题讨论**

"参与"也就是鼓动企业主动参与到热点话题的讨论。其实,网络中从来不缺少话题,关键在于如何寻找到和产品价值与企业理念相契合的接触点,也就是接触点传播。就如汶川赈灾事件,王石和王老吉都算是口碑事件的参与者,但结果却截然相反。

**5. 跟踪(Tracking),即如何发现评论,寻找客户的声音**

这是一个事后监测的环节,很多公司和软件都开始提供这方面的服务。相信借助于这些工具,很容易发现一些反馈和意见。

## 二、口碑营销的理论基础

口碑营销之所以能成功并付诸实践是因为消费者有以下动机的存在。

(1)生理需要。人们在购物后,特别是对于一些平常不太熟悉的产品来说,购买行为发生后,会有一些紧张感,这时候就需要通过不同的方式来消除这种感觉,其中向朋友、亲友诉说就成为一种很好的方式。

(2)安全需要。与上述情况相仿的是,在购买产品后会有一些不安全的感觉,比如,认为自己受骗了或买贵了或跟不上潮流、太老土了,等等。这时候,他希望通过对朋友、亲友的诉说，一方面，肯定自己的购买行为，另一方面，希望朋友因自己的推荐而发生同样的购买行为而找到更多的安全感。

（3）社交需要。很多时候，口碑传播行为都发生在不经意间。比如，朋友聚会时闲聊、共进晚餐时聊天等，这时候传递相关信息主要是因为社交的需要。

（4）尊重需要。在这个动机下，消费者传递信息是为了满足其某些情感的需要，如表明自己是先知者或者紧跟潮流、比较"时尚"，特别是当他人因自己的劝说而购买了相同产品时，会更加肯定自己并认为自己得到了他人的尊重。

（5）自我实现需要。通过传递信息，与他人分享快乐并使朋友得到方便与利益（通过介绍了好的产品与服务），自我满足得到了实现。

企业要实现口碑营销，有以下操作步骤可以遵循。

（1）鼓动。赶潮流者、产品消费的主流人群，即使他们是最先体验产品的可靠性、优越性的受众，也会第一时间向周围朋友圈传播产品本身质地、原料和功效，或者把产品企业、商家5S系统、周密的服务感受告诉身边的，以此引发别人跟着去关注某个新产品、一首流行曲或是新业务。

（2）价值。传递信息的人没有诚意，口碑营销就是无效的，失去了口碑传播的意义。任何一家希望通过口碑传播来实现品牌提升的公司必须设法精心修饰产品，提高健全、高效的服务价值理念以便达到口碑营销的最佳效果。

当消费者刚开始接触一个新产品，他首先会问自己："这个产品值得我广而告之吗？"有价值才是产品在市场上站稳脚跟的通行证，因而他们说"口碑"必须是自己值得信赖的、有价值的东西。

当某个产品信息或使用体验很容易为人所津津乐道，产品能自然而然地进入人们茶余饭后的谈资时，我们认为产品很有价值，因此也易于口碑的形成。

（3）回报。当消费者通过媒介、口碑获取产品信息并产生购买时，他们希望得到相应的回报。如果盈利性企事业单位提供的产品或服务让受众的确感到物超所值，进而顺利、短期地将产品或服务理念推广到市场，就会实现低成本获利的目的。

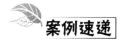

### 《我不是药神》网络口碑营销的奇迹

《我不是药神》上映于2018年7月5日，上映期间累计票房为30.7亿元人民币，其豆瓣评分9.0也是近些年中国难得的超高分数，超过《战狼2》(7.1分)和《红海行动》(8.3分)。这是世纪之交以来中国电影市场化、产业化改革之后,国产片中真正意义上的"票房口碑双丰收"。《我不是药神》取材于真实事件,该片主要讲述了神油店老板程勇从一个交不起房租的男性保健品商贩,一跃成为印度仿制药"格列宁"独家代理商的故事。在当今这个数据信息爆炸的时代,《我不是药神》的营销者们是如何利用影片的高口碑让更多的人走进影院去看这部电影的?

## 一、强刺激、强共鸣、强共情

电影营销者之一的北京文化是电影的主控宣发方,其在与电影制作者合作时有一套选片原则。北京文化事业部总经理张苗总结了他心目中爆款电影的内容法则:从低到高满足三个特点。"强刺激"即强娱乐性,满足这一特点,电影可以达到60分及格线。其次是"强共鸣",影片要能够反映时代,让观众有休戚相关之感。最高境界是"强共情",影片要能打动观众的内心,完成这一要求会成为暑期档的优胜者。北京文化同样也是2017年票房奇迹《战狼2》的联合出品方和发行方,张苗谈到对两部影片的对比时说:"反过来,看所谓爆款作品,《战狼2》是一个'强刺激+强共鸣+强共情'都做得不错的作品。而《我不是药神》,把后面两点做得非常足。"

《我不是药神》正是在社会上医疗行业方面取材,抓住了热点民生问题,这很好地击中社会情绪,引发了观众普遍共鸣,满足了大多数观众的心理需求,实现了"强共鸣"。影片上映后,网友们针对"看病难"这一社会热点问题展开了激烈的讨论,其中,"重疾""天价药""医疗改革""药企"等词也成为相关舆论的高频词。另外,主人公们作为现实中的小人物,在实现自我救赎过程中展现的人性的光辉也赢得了观众们的"强共情"。"强刺激"则体现在影片中的喜剧情节,以及一些打斗追逐的激烈场面,满足了娱乐性。

## 二、前期预热

2018年4月,《我不是药神》进入宣发期。营销者就曾请电影圈内人士看过《我不是药神》。尽管后者给出的高评价让他对泛大众的口碑有了信心基础,但究竟采取怎样的宣发策略依然难以决策。"要不要讲喜剧这个点?"这是宣传初期最大的争议。在电影《我不是药神》拍摄前,营销者在微博平台就开设了账号"@电影我不是药神",四月份《我不是药神》进入正式宣传期,官微发文量呈上升趋势。同时,官方微博作为主持人发起话题#我不是药神##我不是药神治愈你#网友们在话题讨论组中进行讨论互动,其中阅读量分别达14.2亿人次、1.1亿人次。这一时段,官微的发文量是拍摄期的10倍,有关于电影拍摄进展及相关情况都通过官微发布,成为影片微博推广的主要信息源。2018年5月22日,官微发布徐峥特辑,关键词为"有头发的徐峥""皮一下很开心的徐峥""和演员们哭作一团的徐峥""你不知道的徐峥""徐峥拼了",徐峥本人也发文"130场戏,演一个'烂人',还挺过瘾的。"

## 三、路演预热

路演作为营销者宣传新品的一种重要手段,《我不是药神》电影营销者也在宣传前期进行了两轮路演。第一轮路演营销者开启了开启以"疗解一夏"为主题全国校园路演,令四位主演分别带着电影《我不是药神》的精彩片段走进6座城市,12所高校,多为一线城市,包含不少传媒艺术院校。

在第一轮路演结束后,第二轮路演6月20日,电影《我不是药神》正式开启以"药你笑,药你哭"为主题的全国区域影城路演。6月16日营销者举行"药你笑"主题发布会,并联合多个直播平台进行直播。

## 四、促销期引爆市场

6月30日至7月5日,电影开始分时段全国点映,点映一共分为三轮,每一轮都有计划、按节奏地提前释放了口碑。第一次大规模点映是6月19日在上海电影节的"千人点映",核心目标是行业人群,如媒体、影院经理和上影节片方。这一场放映的目的是充分带动行业内口碑,形成首轮口碑传播和释放。营销者制成千人口碑实录海报发布在官方微博平台,内容为业界人士、媒体人士、自媒体人士、普通观众发布在微博平台的观影感悟,在豆瓣社区内截取的观众影评,微信朋友圈的影评以及淘票票和猫眼平台上截取的影评。

点映第一天票务总台评分9.6分,上座率,场均人次双第一,微博大v推荐度、V淘推荐度都百分之百;点映第二天猫眼评分9.7分,位列猫眼当前热映口碑第一,获得观众广泛热议讨论。官微在整个电影期间发有观众影评的黑白人物海报官微发文;"点映后的好评来得太快,就像龙卷风,关于演技,关于质量、关于剧情,有不同的切入点和共同的肯定。"7月1号谢娜发文表示"是一部让人充满自豪感的中国电影"。官方微博上发表一系列"千人点映场口碑实录",有关键词"V淘推荐度百分百""7次经久不息的掌声""数次泪点爆发""国产片少有类型""真正的表演""中国电影的力量""有尊严的电影"不论是普通观众还是专业人士、媒体、自媒体,都在微博、豆瓣、朋友圈一众刷屏式推荐。

基于这次放映效果，营销者策划了上映前一周的第一轮大规模点映，这次点映面对的是影迷群，这是自来水效应的基础人群。第二轮点映发生在上映前一周的周末，在周六、日下午的大规模点映。"这一阶段的目标是 70 万人次观影，在小规模影迷群释放口碑"。最终，周六的点映达到 41 万人次，在安全范围内；但周六积攒的口碑在周日被点爆，两天共达到 140 万人次，超出最初计划一倍以上。第三轮点映在上映当周的工作日黄金场，这时，无论是媒体、舆论环境，还是影迷口碑，《我不是药神》的热度都已经达到高点，从周二开始的点映，在票房上有了明显体现，在公映日前两天，《我不是药神》预售已经过亿。从票房结果上看，购票平台的想看日增数据已经翻倍。在微博上大 V 推荐度百分百；豆瓣、淘票票上 V 淘推荐度百分百，猫眼电影上影片信息为"当前热映口碑第一"。营销者还在 2018 年 7 月 4—8 日，开启了主题为"药你笑，药你哭，药你好看"的第三轮路演，主创团队走进 12 座城市与观众见面互动，宣传影片。

## 五、上映后口碑维护

2018 年 7 月 7 日，营销者在官方微博账号宣布《我不是药神》所有投资方的一致决定："一次性捐赠 200 万元，给陆勇先生指定的白血病相关机构，并向全社会公开用途明细；同时，大家也决定，票房总收入每达到 1 亿元，追加 30 万元人民币，捐赠给以白血病资助为主的专业公益机构@北京新阳光慈善基金会，用于白血病患者的治疗及术后恢复。"在 7 月 8 日，针对国家医保局推动了抗癌药加快降价。

这一新闻，主演徐峥微博发文："爱的光芒让未来充满希望，一切都会越来越好。"同时，官微转发此微博。网友评论到"好电影推动进步""时代进步充满了希望"。

## 六、营销展望

中国电影的未来有方向："内容为王""口碑制胜"。影视作品只有踏踏实实讲故事，回归现实，做到正能量，有情怀，才能实现与受众的情感共鸣，才能在激烈的市场竞争中获得成功。传统的电影宣发以中心化传播为主，更多地利用艺人、明星、话题作媒体中心化的传播，而在今后的电影宣发应着重于以用户为中心，特别是利用新媒体进行营销，让观众参与其中，用户看电影之前点击想看的电影，看完电影之后发表电影评论，全链路的口碑数据成为电影宣发很重要的一部分，营销者要基于观众口碑来进行营销物料的选择和更新，并采取有效措施促发口碑传播，给电影票房带来增量。

## 第三节　情感营销

### 一、情感营销的含义

情感营销是从消费者的情感需要出发,唤起和激起消费者的情感需求,诱导消费者心灵上的共鸣,寓情感于营销之中,让有情的营销赢得无情的竞争。在情感消费时代,消费者购买商品所看重的已不是商品数量的多少、质量好坏以及价钱的高低,而是为了一种感情上的满足,一种心理上的认同。

企业要进行情感营销时首先要对其产品进行情感定位。情感定位可以通过多方面来实现,一般来说可以通过商品的命名、设计及宣传方式等手段体现出来。

#### (一) 商品命名中的情感定位

红豆集团以其富有人情味、质量上乘、款式多样的"红豆"衬衣,在市场竞争中脱颖而出。红豆的崛起与其拥有一个令人倍感亲切的商标名称有关。唐代诗人王维有诗云:"红豆生南国,春来发几枝。愿君多采撷,此物最相思。"正是由于"红豆"二字能勾起人们的相思之情,以"红豆"命名的产品一经问世,便受到不同层次的消费者青睐:老年人把"红豆"衬衫看作吉祥物,年轻的情侣用它相互馈赠,海外华人看到它倍感亲切。由此可以看到商标命名中的情感魅力。

#### (二) 商品设计中的情感定位

美国著名的制鞋商塞浦路斯公司,在企业濒临倒闭时聘请了一位叫弗兰克·罗里的心理学家担任总经理,他成功地运用了情感设计使企业起死回生。

弗兰克·罗里认为,消费者买鞋不单为了防寒和防湿,其廉价与高质已不足以打开销路,为了促销,唯有使鞋子像演员一样,赋予其不同的个性,不断以鲜明的形象参加演出。于是,塞浦路斯公司便致力于设计各种富有情感色彩的鞋子,推出"男性情感型""女性情感型""优雅情感型"等各类鞋子。这种别出心裁的定位设计为该公司创造了前所未有的销售高峰。

#### (三) 商品宣传中的情感定位

每年世界各地出品的手表款式数不胜数,就连一些著名的制造商也备感推销不易。然而,20世纪80年代中期,瑞士梅花手表公司推出的"梅花情侣表"却大受欢迎。梅花手表公司认为:要想在日新月异、姿彩纷呈的手表市场上赢得消费者,必须赋予产品一种新思想、新定位,让消费者对企业的宣传心悦诚服,并主动地评判你的产品与众不同。于是,他们选择了情侣配对的广告诉求。这种巧妙的诉求定位能引起相恋的青年男女心理共鸣,并由此对商品一见钟情。

情感定位的关键是要在各种定位要素中融入某种让人心动的人情味,使消费者在感情上引起共鸣。这种感情应是真情实感,而不是企业一厢情愿的矫情。一旦顾客知道企业在利用他们的感情做生意,产生的被欺骗感将对产品本来的好感一扫而光。

## 二、情感营销的理论基础

情感营销的成功运作需要把握以下几方面。

### (一) 沟通

企业方面的经营者和终端服务人员的语言表达、产品说明书、宣传品及广告的情感传递者属于情感营销。实际就是指在销售或服务过程中通过语言及行为的信息交换,达到将企业服务理念和产品的特色更人性化地传递给消费者的过程。

### (二) 心态

营销人员应该将自己定位成消费者的知心朋友,对消费者要充满爱心,帮助消费者解决消费疑虑,这才是在与消费者沟通过程中掌握好企业最终目的与消费者追求目的的最佳结合点,通过观察消费者的不同消费心理,运用销售技巧达到最理想的销售目的。

### (三) 内容

运用情感沟通的内容有拉家常、问寒暖等,包括运用情感效果将产品的功能等因素传达给消费者。

### (四) 环境

环境包括终端包装气氛的营造和营销人员的个人包装。在不同的营销场所,最好按照不同的要求和标准进行不同的环境布置。对于营销终端或者服务机构来说,营造合适的服务环境是十分重要的。

### (五) 素质

高素质的营销人员会在短时间内领会企业的营销理念并且超强发挥,但更重要的是企业在平时工作中要不断地对其进行培训,帮助他们不断提高个人素质。

### （六）维护

情感维护手段大体包括建立客户档案,标注特殊情况,便于跟踪回访;定期地电话回访,了解恢复情况,提示注意问题。

### 小熊电器:爱,不停炖

2006 年诞生的小熊电器是一家提供妙想生活创意小家电的企业。这位后起之秀在营销中惯用情感牌,凭借"爱,不停炖"主题系列微电影,在激烈竞争中杀出了一条血路。

继前三部风靡网络之后,2013 年 10 月《爱,不停炖》打造了描述夫妻关系的第四支微视频——《饭和爱情》延续"以情动人"的情感营销模式,讲述一对平凡夫妻间"让爱保鲜"的不平凡爱情故事,令网友产生触动。同时配合视频营销,小熊电器在新浪微博上发起了"便当挑战赛"活动,鼓励网民晒出自己的拿手便当,晒出对家人的爱,并提供电热饭盒作为奖品,为大家的爱与心意保鲜,吸引了各路英雄纷纷参与挑战。

当下繁忙的生活节奏,人们有心想与朋友、知己常常相聚却难以抽空。2018 年小熊电器从消费者痛点切入,借势春节团聚的热点,携手张艺兴发起线上暖心盛宴,邀请粉丝共赴暖心饭局。H5 一经上线,随即受到用户的热捧,超过 18 万的用户关注了活动,更有数万人发起了自己的暖心饭局,邀约好友线上一聚,最长饭局竟突破了 1 700 米,引发了刷屏(见图 8-2)。

有好久不见朋友相聚的暖心,有小熊电器用心烹饪美食的暖胃,同时在粉丝共创暖心饭局的互动中,感受到了小熊电器的用心和暖心。

然而当我们在称赞此次小熊电器的营销活动时,殊不知此次刷屏的暖心饭局 H5 只是小熊电器最近发起的#熊抱艺家人,玩出心滋味#的品牌传播活动的一部分。

小熊电器这次发起的品牌传播活动,牢牢锁定了张艺兴年轻的粉丝群体,用户定位

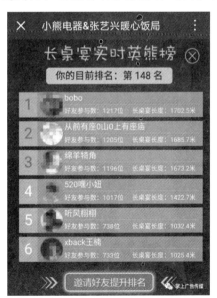

图 8-2 小熊电器暖心饭局活动

方面的针对性强,通过对目标群体的情感洞察,发掘他们普遍存在的情感诉求——追求有趣、轻松、鲜活的生活方式,打造了五重奏暖心内容,使得粉丝、代言人、品牌在良性互动中保证了热度逐渐递增,掀起又一波营销高潮(见图8-3)。

图8-3　小熊电器与粉丝互动

回顾整个品牌传播活动,小熊电器五重奏的情感营销是立体的、多维的。暖心一重奏,以品牌系列宣言海报传播品牌主张;暖心二重奏,以三波的张艺兴高清壁纸DIY活动,卷入粉丝互动;暖心三重奏,推出除旧迎新系列海报,与粉丝深入沟通;暖心四重奏,上线年夜饭食谱,为传播持续保温;暖心五重奏,发布暖心饭局H5,与粉丝共创品牌内容。

整个"暖心五重奏"下来,品牌与粉丝的互动达到了新高度:整个#熊抱艺家人,玩出心滋味#的话题阅读超过了2 500万人次,相关微博的阅读量突破了3 000万人次,粉丝更是纷纷脑洞大开,积极参与UGC,从朋克养生到新年愿望,从心灵鸡汤到佛系养生,引发自主的二次传播,品牌声量极度扩大,在最终暖心饭局上,用户的参与度更是达到了最高峰!超过2万+用户参与了饭局,暖心饭局累计长度突破了3.5万米,线上聚会更是引发了用户的热烈讨论,暖心饭局的品牌话题页阅读量达8 000万+人次,更是登上了微博热搜榜、微博热门话题,众多粉丝纷纷留言要入手小熊电器的产品(见图8-4)。

可以说暖心一重奏到暖心四重奏是情感"蓄势",通过四重的暖心内容,情感的铺垫到了井喷的边缘,就像蓄势待发的火山口,等待着一个爆发的时刻,为整个品牌传播活动的最高潮——暖心五重奏——小熊电器&张艺兴的暖心饭局打下坚实的情感基础,最终在暖心饭局中点燃了用户情绪,实现了用户情绪的集中释放。

人类首先是情绪的动物,以至于有人说:80%的购买是基于"感性的情绪"而不是"理性的逻辑"。在营销过程中,强调产品的功能属性和物理卖点的时代已经过去,这一时期更强调对用户情感的表达,也就是情感营销。正如前面我们所说的那样,小

图 8-4　小熊电器暖心饭局微博热门话题

熊电器一系列营销策划都有一个共性——从用户真实的情绪出发,从"熊抱张艺兴"到"熊抱艺家人",不仅表达品牌对生活的看法和态度,更是对用户实际生活中的经历与情感进行阐述与互动。在这一过程中,品牌的用心正在被持续深化,小熊电器的有趣、温暖品牌形象也因此变得栩栩如生,让明星粉丝在很大程度上也转化为了品牌粉丝,以情感为纽带,连接了品牌和粉丝,而这在未来势必将为品牌带来更大的商业价值。

## 第四节　IP 营 销

### 一、IP 营销的含义

"IP"是英文 Intellectual Property 的缩写,是指"知识财产"。包括音乐、文学和其他艺术作品、发现与发明,以及一切倾注了作者心智的语词、短语、符号和设计等被法律赋予独享权利的"知识财产"。IP 的特质之一就是必须具有优质内容,只要具备内容衍生、知名度和话题的品牌、产品乃至个人,都可以看作是一个 IP。

IP 营销的本质就是让品牌与消费者之间的连接重新回归到人与人之间的连接,重塑信任,让彼此之间的关系更紧密,让产品更有温度和人格魅力。

用一句话来表述 IP 营销的商业逻辑就是:品牌通过人格代理持续产出优质内容来输出价值观,通过价值观来聚拢粉丝,粉丝认可了价值观,实现了身份认同和角色认可,然后就会信任其产品。同时 IP 营销也是具有话题性和传播性的,具有庞大的粉丝基础和市场,是一种可以产生裂变传播的新型营销方式。

在现在的市场营销中,IP更多地等同于招牌、头部内容、个人或者产业链的延伸。通过品牌的人格化,实现品牌商业向个体商业的转型,借助人格魅力与消费者建立信任关系,为消费者提供功能以外的购买理由,最终实现品牌的溢价。

## 二、IP营销的理论基础

怎样打造一个比较好的IP营销的方式?

### (一)品牌与IP属性相合

产品是IP人格的载体,没有好的产品,即使有再强的人格背书也是不可持续的,归根到底,产品是建立信任的基础。在品牌寻找合作IP和平台时,首先要对自身品牌定位明确,比如,品牌的目标、品牌目前的问题和现状、想要通过IP联合营销达到什么目的、如何传播等。

真人电影《花木兰》即将上映,其中由刘亦菲扮演的花木兰角色刚柔并济、英姿飒爽,可甜可咸的经典形象成为品牌联名营销焦点。"羽西"作为国货彩妆品牌与"花木兰"IP联名主题定为"戎妆开战"。"爱戎妆 也爱红装",彩妆产品成为现代女性的战场利刃,生活、职场就是现代女子的真实"战场",此次联名彩妆品牌借此传递"英勇无畏的现代女子力"的营销概念。在产品研发方面,羽西推出"木兰战斗妆"概念来设计彩妆,整体定位延续品牌中国风调性,将电影元素和水墨国风元素融合在一起,典雅木兰红,传递品牌高级感。

### (二)持续的内容生产力

IP势能的建立离不开强大的内容力,我们现在正在经历从渠道为王到IP为王的时代转换,内容营销越来越重要。这个在我个人理解是要不断地创新,不仅是在产品上,在用户体验上都要创新,现在年轻人的消费心理很难把控,他们对于品牌忠诚度越来越低,只有不断地创新才能够吸引住这些年轻的消费者。

### (三)精准定位,跨屏引流

超级IP一个很重要的特征就是自带流量,不受任何媒体、平台和行业的限制,具有无限的延展性。这就需要从一开始就要定位于多屏发展,最大化内容的价值,实现全方位引流。比如,罗辑思维除了在微信上分发内容之外,还在优酷发布视频节目,在喜马拉雅发布音频,除此之外,还涉足图书出版、投资Papi酱等其他IP。

当然,跨屏发展并不意味着内容的泛化不受约束,而是在坚守原有用户定位基础上的多渠道分发,IP营销需要注意的一点是,定位一定要精准,了解消费者的需求和喜好,然后去为他们设计产品。

IP营销很好,但同时也是有风险的,因为它是有生命周期的,因为你的IP并不能长久下去,我们做品牌的一定要把握好IP的生命周期,不能只是道听途说,需要真的,要了解透彻才能读懂其中的含义。同时做好产品,否则再好的IP到最后也可能是事与愿违。

## 瑞幸咖啡快速成长之道

3轮融资,超2 000家门店,1 254万用户,8 968万杯咖啡……瑞幸咖啡已成为中国首家估值达10亿美元的咖啡店,其在努力挑战星巴克在快速增长的中国市场的主导地位。惊人的融资速度,高密度的门店和一定程度上左右咖啡市场的能量,形成了独特的"瑞幸现象"。瑞幸咖啡是如何通过互联网思维和新零售改造传统咖啡行业,又是如何运用颇具成效的IP营销获得高速成长的呢?

成立仅9个月门店数就达1 003家,将深耕中国市场12年、市场第二的英国连锁咖啡品牌Costa挤下,至2018年年底瑞幸就完成了市场老大星巴克17年才完成的任务——门店数达2 000家。从数字上来看,作为一家2017年11月才刚刚创立的公司,攻城略地,不可小觑。短短一年,瑞幸咖啡在饮品业搅起不小的波澜,总结起来汇聚成一个数字:2 000家门店。作为新生儿的瑞幸咖啡跑得实在太快,如同超载、超速狂奔在道路上的列车,根本刹不住,星巴克、Costa的开店速度目前也只是每年600家左右。

瑞幸咖啡采用新零售模式,线上和线下互动,消费者需要通过APP线上下单购买,线下扫码取餐,店内无收银员,节约了顾客排队时间。同时与顺丰合作提供配送服务,承诺不超过30分钟将产品送达客户手中。瑞幸咖啡的定位是"专业咖啡新鲜式",做一款职场的专业咖啡。写字楼电梯里铺天盖地的分众电梯广告、微信朋友圈病毒式的转发、网络上社交媒体平台的热议,瑞幸以线上线下结合的新零售方式覆盖"无限场景",通过差异化竞争和精准营销策略迅速占领了外卖咖啡市场。瑞幸咖啡在这个信息冗杂、注意力稀缺的时代成功地怒刷了一波存在感。

### 一、找准痛点,精准定位

整体上把咖啡分成三个主要的产品线:速溶咖啡、即饮咖啡、现磨咖啡。作为舶来品,中国的咖啡市场在很长一段时间里一直由国外品牌所把持:雀巢、麦斯威尔牢牢占据速溶咖啡的头两把交椅。中国速溶咖啡占比84%,现磨咖啡仅占16%。虽然中国速溶咖啡市场广大,但竞争激烈早已是一片红海。仅从市场数据来看,现磨市场是一个尚未被充分开发的市场。所以,瑞幸咖啡将目光锁定在了未来的中国消费升级潮流——现磨咖啡。

在竞争激烈的咖啡市场中脱颖而出,靠的就是差异化竞争,让自己成为市场中的唯一。目前大部分现磨咖啡品牌(包括星巴克)主打的都是线下体验:在惬意的时光里,在格调优雅的咖啡厅里拿起一本书,品上一口醇香的咖啡,是一种多么美妙的体验。但钱治亚认为,很大一部分白领、小资因为各种各样的原因是没有太多时间到咖啡店去享受一杯咖啡的。她认为,中国的咖啡市场存在两大痛点:价格高、便利性差,为消费者创造出一种质量好、价格合理、购买方便的咖啡选择势在必行。

## 二、IP营销:向豪门IP借格调

时间退回到2017年的国庆节,瑞幸咖啡0001号店在神州优车总部大堂开张。对于这个即将彻底改变中国咖啡市场格局的标志性事件,外面世界毫不知情。咖啡市场旧次序井然有序,看似牢不可破,毕竟,这只是一个内测店而已。然而,一年之后中国网球公开赛组委会宣布,瑞幸咖啡成为其官方指定咖啡品牌。瑞幸咖啡在国家网球中心搭建了3座快闪店,为现场工作人员、运动员、球迷提供咖啡和轻食。这不是瑞幸咖啡第一次出现在大型赛事上,就在成为中网指定咖啡品牌前不久,国内历史最悠久、规模最大的北京马拉松上,瑞幸咖啡就是"北马"唯一指定的咖啡饮品,为工作人员以及3万多来自世界各地的马拉松赛跑者提神打气(见图8-5)。

图8-5 瑞幸咖啡联合中网、北马活动

2018年4月,第八届北京电影节闭幕式上,初出茅庐的瑞幸咖啡就成为咖啡饮品指定服务商。来自世界各地的影视巨星人手一杯瑞幸咖啡,产品即广告,借助这样的场景融入,不仅仅获得这部分优质人群的接触点,更为品牌赢得了口碑背书。尝到甜头的瑞幸咖啡,将"与平台级IP联合营造品牌形象"的营销打法迅速复制,快马加鞭地与各类高端会展、体育赛事进行合作。例如,2018年北京车展为了避免参展观众就餐排队,"下单时不用排队"的瑞幸咖啡成了其首次引入的互联网就餐平台。

### 三、IP营销:向话题IP借人气

故宫,最近两年已然成为营销界的网红,话题本身不断,加上2018年暑期档《延禧攻略》《如懿传》两大热播剧炒得故宫热度更上一层楼。在这个当口,瑞幸咖啡选择"奉旨入宫"将新店开进紫禁城,时隔11年,继星巴克后瑞幸咖啡成了第二家进驻故宫的咖啡品牌。为此,瑞幸咖啡推出了H5广告《乾隆二十六年,我在故宫射小鹿》,用"阿哥射鹿"的故事,结合10幅故宫馆藏名画,引出瑞幸在故宫箭亭开张新店的消息。同时不忘引流,直接让用户输入电话号码,就可领取优惠券,随即引爆朋友圈。

瑞幸咖啡既然选择在故宫开店,店面设计自然是精益求精,十分讲究。从主视觉logo到软装设计等每一处都独具匠心。店内挡板采用镂空雕刻技术,将山川、劲松、瑞鹿元素相结合。选用香盒镂空雕刻工艺,哨鹿图中的山川为低,劲松为辅助装饰,再加上同春杯上瑞鹿貌似鹿角生枝的感觉设计而成。除了门店软装设计独具匠心外,产品包装设计也符合潮流。咖啡杯的杯套上都运用了故宫建筑的简笔插画,韵味十足。包装袋做了纸袋和布袋两种材质,布袋印上简约风logo,纸袋上印有故宫馆藏名画,瞬间将袋子提升了一个品位,是弄潮儿在故宫街拍必备时尚单品(见图8-6)。

图8-6 瑞幸咖啡故宫主题店及专属产品

在"媒介即信息"的时代,产品包装成为时下流行的媒介之一,好看的包装吸引目光,有趣的文案则会自带"社交货币"属性。瑞幸咖啡这次跨界合作故宫,不管是在打通年轻消费市场,还是拔高品牌形象上都取得了不错的成果。

### 四、IP营销:向科技IP借声量

作为咖啡行业颠覆者的瑞幸咖啡,对于科技感有着天然的需求,各大科技盛会也一个没落下。在百度AI6大会上秀人脸识别下单。在WRC世界机器人大会上,借助猎户机械臂平台魔豆、冲泡、打奶沫、奶油拉花,引发了不少话题。

瑞幸咖啡还以为企业福利、企业庆功等目的与互联网企业密切合作,设立快闪店。"别人家公司的福利"一直是朋友圈的热门话题。瑞幸咖啡牵手腾讯在深圳腾讯总部大楼开了一家咖啡快闪店,以#这一杯,QQ爱#为主题,为腾讯员工们提供了11款畅销款饮品。程序员不仅可以体验AI刷脸免费领咖啡,还能拿到WBC(世界咖啡师大赛)冠军亲手调制的大师咖啡。领到咖啡的员工们纷纷将这份幸运上传朋友圈,向朋友们炫耀。不论对于企业还是白领,庆功这事儿,都是咖啡强需求场景。所以,在2018年上半年为社会所关注的上市庆功会上,瑞幸成了咖啡服务担当。6月,猎聘港交所上市,瑞幸咖啡作为庆功咖啡,打入猎聘内部庆功活动。20多天之后,小米上市刷屏。瑞幸咖啡快闪店现身小米办公区,联合小米有品以#这一杯,敬热爱#为创意主题,庆祝小米上市。

IP联合营销,是瑞幸咖啡营销又一点睛之笔,丰富了品牌内涵、获得了低成本流量、实现了品牌传播与销售的双赢。当星巴克将现代咖啡店的属性定义为"第三空间",这些品牌店和快闪店的存在则指出了新零售状态下的咖啡不应只存在固定的空间,它应该是伴随人们的社交需求出现的,它是移动的、即时的、触手可得的。瑞幸咖啡的IP营销更讨年轻人欢心:24岁以下的消费者占据了用户总体的48%,而星巴克相比之下仅有22%;34岁以下用户瑞幸占比达90%,而星巴克是70%左右。瑞幸咖啡在2018年积累付费会员1 254万人,大于3个月的用户复购率为50%。平均下来单店会员为6 049人,全年人均购买7杯瑞幸咖啡,这个数字超过2017年中国人均咖啡销量的2倍以上。瑞幸咖啡正是不断通过IP营销营造时尚感、亲切感和新鲜感,贴近目标用户日常社交环境,无时无刻提醒受众"这一杯,谁不爱",将用户的咖啡需求随时唤醒,产生黏性。

### 迪士尼IP商业帝国的建立

根据迪士尼公司2015年年报显示,该年度公司总收入为524.65亿美元,超过了国内三大互联网巨头腾讯、阿里和百度的总收入之和。庞大的产业链布局和商业化的 IP 打造模式,使迪士尼成为一个超级吸金的商业帝国。其实,迪士尼的发展也是经历很长的积累的,华特迪士尼在 1926 年以 50 美元成立了迪士尼,从一家只做动画片的小作坊经过几十年持续不断地合并收购,才逐渐形成了如今的产业链布局。

迪士尼不断积累 IP 资源。当自己的动画业务陷入低迷时,以 74 亿美元天价收购了皮克斯工作室,又于 2012 年 11 月收购了卢卡斯影业。至此,迪士尼通过皮克斯、漫威、卢卡斯的三次收购,迪士尼电影 IP 资源链已几近完美:老的动画 IP 归属皮克斯接班;真人电影方面,漫威的超级英雄系列和卢卡斯的星战系列都是全球内最著名的科幻系列 IP。

不难看出,在打造 IP 的模式上,从定位、创意到推广再到管理,迪士尼都有一整套自己的逻辑。

## 一、将 IP 赋予人性

在 IP 形象的塑造上,迪士尼一直是以聪明、可爱的外表以及人性"真善美"的价值体现为核心。而"真善美"是无论在哪个年龄层、哪个地域的人们都能接受的,再通过一套特别的逻辑将这些形象故事化、场景化,便形成了这些 IP 的核心竞争力。

每一个去过迪士尼乐园的游客,都会对定时出现在乐园中的花车表演印象深刻,无论是白雪公主还是灰姑娘,或是其他卡通人物,当你走到他们身边,他都会和你亲切握手,用招牌式的微笑与你合影。如果是小孩子,他们会蹲下或将小朋友抱起,亲切地与孩子们聊天、握手、拍照,永远不厌其烦。

## 二、IP 的核心是价值观,而非内容

漫威主画师 Walter.A.McDaniel 曾创作出许多经典的 IP,在谈 IP 的核心时他指出,IP 的核心不是内容,不是故事本身,而是隐藏在故事背后的价值、文化认同。"漫威 1940 年代的故事很多是'二战'背景,但现在的故事完全不同。现在的故事会根据时代、环境、历史背景的需要进行调整。而我们真正想讲的是文化、价值观、哲学,这才是底层的,也是可以永恒的。"

从这个角度来说,IP 不是故事讲得好、漫画画得好就可以,相反,内容只是一个载体,消费者通过内容去了解 IP 以及 IP 背后所代表的普世文化价值观,而这个内容在不同的时代是可以发生变化的,但文化、价值观是会永远活下去的。一个作品如果没有形成文化层面的效应,就很难称之为一个成功的 IP。

这就解释了为什么"美国队长""白雪公主""灰姑娘"这些经典形象并没有随着时间而被遗忘,每一次银幕重现都会激起几代人的热情。一方面,它们作为一种文化价值观,与消费者产生了共鸣;另一方面,故事的内容是根据不同时代的消费者需求设计的,能够吸引不同年代的消费者。

### 三、IP与跨界相结合的营销模式

D23展会——迪士尼粉丝的盛会,是购买官方周边产品、回顾迪士尼辉煌历史、观看酷炫展品和与其他死忠面基的最佳地点。不仅如此,迪士尼还非常机智地在该展会上发布旗下各大制片厂商如漫威、卢卡斯影业、皮克斯等公司的最新重磅惊喜。

2017年的博览会上,最重磅惊喜是Ripples联手咖啡品牌Longshot Coffee和JoeTap为迪士尼粉丝提供的带有迪士尼人物拉花的冷泡咖啡,粉丝们可以从米奇、星球大战、漫威、冰雪奇缘等多样主题中来选择自己想要的咖啡拉花图案,仅需10秒,Ripples就将一切呈现在咖啡奶泡上(见图8-7)。

图8-7 迪士尼人物咖啡拉花

在整个为期3天的活动中,迪士尼粉丝们沉浸在带有各种Ripples印制图案的冷泡咖啡中无法自拔,每个人都可能把自己喜欢的迪士尼人物打印到自己的咖啡上跃跃欲试,最终咖啡供应量超过预期250%。

### 四、打造线下体验式营销

除了一部部精彩的电影,迪士尼令人难以忘怀的还有迪士尼乐园。迪士尼的电影和动画片为其在全世界培养了大量的粉丝,而这些粉丝就是迪士尼乐园的潜在客户。

华特迪士尼1923年创造了迪士尼人物(见图8-8),20世纪50年代创建了迪士尼乐园。从二次元的动画世界到玩偶、服饰、乐园、酒店的现实世界,在迪士尼乐园中,各类游戏和表演是依托动画情节的,整体的建筑和装修是依托动画画面的,连乐园中卖的食品也是依托动画内容。虽然在迪士尼乐园中,各类周边产品都定价很高,但因为脑海里已经被植入了动画形象,消费者很容易就会为高溢价买单。

图8-8　迪士尼乐园人物

迪士尼乐园通过清晰的市场定位、精心打造的现实童话世界和优质的服务为消费者提供了快乐的美好体验,因此迪士尼在体验式营销上获得了难以复制的成功。

## 第五节　跨界营销

随着市场竞争的日益加剧,行业与行业的相互渗透、相互融合,已经很难对一个企业或者一个品牌清楚地界定它的"属性",跨界(Crossover)现在已经成为国际最潮流的字眼,从传统到现代,从东方到西方,跨界的风潮愈演愈烈,已代表一种新锐的生活态度和审美方式的融合。

### 一、跨界营销的含义

跨界营销是一种营销方式。"跨界"代表一种新锐的生活态度与审美方式的融合。跨界合作对于品牌的最大益处是让原本毫不相干的元素相互渗透、相互融合,从而给品牌一种立体感和纵深感。

可以建立"跨界"关系的不同品牌,一定是互补性而非竞争性品牌。这里所说的互补,并非功能上的互补,而是用户体验上的互补。

## 二、跨界营销的理论基础

跨界营销在具体的实践过程中,企业在实施上采取的策略主要通过以下五个方面来进行:

一是产品方面,主要包括基于品牌之间的跨界营销;

二是渠道方面,指两个合作品牌基于渠道的共享而进行的合作;

三是营销传播方面,通过对产品的消费群体进行再定义和重新分类,实现产品在另一类行业和市场突围;

四是产品的研发方面,主要是指在产品的研发过程中通过借用同行业或另一行业成形的概念、功能来实现产品研发或功能上的跨界;

五是文化、地域方面,主要是通过对产品进行文化借势或者地域优势的嫁接而激活产品的方式。

一次好的跨界,不但能共享两个品牌的流量,还能在提升品牌形象的同时,给顾客带来新的体验。如何在跨界营销的大趋势中异军突起,玩转 IP,轻松打造 1+1>2 的营销效果呢?以下 5 个经典案例便是最好的解答。

### 一、"饿了么"联合淘宝推出"快乐肥宅服"

过去两年,"饿了么"在营销领域频频出手,创造了不少经典案例。2018 年 8 月,它又卖起了衣服。"饿了么"和淘宝新势力周合作,联合了 8 位设计师以"快乐肥宅"为主题进行创作(见图 8-9)。显然,这一创作灵感来自于可口可乐"快乐肥宅水"这个梗。

这一系列产品包括"枕头帽子""汉堡味和辣椒味的卫衣""续命水饰品""薯条印花外套""能吃是福卫衣"以及外卖单衣服和塑料购物袋。在设计上体现了食物和饿了么的品牌元素,比如,大片的肉、鱼、薯条印花,还有外卖账单、塑料袋的图案。这并不是饿了么第一次跨界服装领域,今年 5 月,饿了么与香港设计师品牌 HOWL 推出了联名系列"EAT ME 食我",包括三个胶囊单品,分别为:有食物气味的三色 T 恤、

图 8-9 饿了么"快乐肥宅服"

加入饿了么外卖箱环保材质的棒球帽以及透明箱包。这一系列深受时尚潮人的喜欢,无论是在微博、微信小程序,还是最火的抖音,都能看到 Eat Me 的身影。

## 二、网易云音乐·亚朵酒店

"愚人节"当天,网易云音乐和亚朵酒店联合打造的"睡音乐"主题酒店正式开业(见图 8-10)。乐评在地铁上一炮而红以后,这一次网易把乐评搬进了酒店里,玩起集文艺、温暖、趣味于一体的音乐营销(见图 8-11)。

图 8-10 网易云音乐·亚朵酒店

图 8-11　酒店墙上网易云音乐的乐评

一直以来,网易云音乐 APP 留言区因为集合众多有共鸣的乐评,因此越来越多的年轻人因为网易云音乐有温度和共鸣性而喜欢上这个音乐软件。相关数据显示,"90 后"和"00 后"的年轻人群体已经成为这个软件的主流人群,这意味着网易云音乐是年轻人听音乐的标配。

听音乐可以帮助人们缓解压力,实现心情上的放松,而睡觉也是让身体进行休息放松的一种方式,"放松"的体验成为两者的契合点;同时在年轻人的日常生活中,睡觉前听音乐也是一个非常普遍的习惯,将音乐引进酒店也是满足用户情感需求的做法。因此,音乐和睡眠之间有着与生俱来的紧密联系。

通过跨界合作,将网易云音乐和亚朵酒店的消费场景打通,以线上连接线下,建立互相之间的品牌联想,让音乐真正地渗透到广大用户的生活当中,有利于营造"沉浸式"的用户场景。在营销上互相借力,无疑也可以达到事半功倍的传播效果。

## 三、可口可乐·潮流

如果把市场比作江湖、品牌比作侠客的话,那么可口可乐一定是常保赤子之心的"老顽童",走过百年历史依旧童心未泯。可口可乐靠饮料红遍全世界,却还不断与各大潮流品牌跨界合作,将品牌元素与精神融入潮流服饰当中。

从衣服、鞋子到箱包,甚至再到美妆,可口可乐一直不断地在各个领域进行跨界和创新(见图 8-12、图 8-13、图 8-14)。每一次联名合作都是一次创意的凝聚与碰撞,让我们看到可口可乐多元化、个性化的跨界新美学。

可口可乐不仅期望满足人们的味蕾,也致力于把年轻创新的活力融入人们的日

图 8-12　可口可乐·服装行业

图 8-13　可口可乐·"包"治百病

图 8-14　可口可乐·化妆品

常生活,可口可乐的文化内涵也因此历久弥新。

## 四、顺丰速运·Nike（见图8-15）

图8-15　顺丰速运·Nike

最近，顺丰和耐克联名打造的专属员工工服，成了顺丰快递最新的广告招牌。这款被员工亲切地称为"黑色闪电战衣"的外套充满了黑科技，不仅能增加配送员的安全，还能防风防泼水。

虽然这很可能只是顺丰找Nike做的工服而已，但是有心的人把它包装成了跨界营销并在网上热传。顺丰或是最大赢家，在几乎没有线下执行费用的情况下以小博大，通过和Nike的合作让品牌形象看起来更年轻更酷。

## 五、旺旺·TYAKASHA

跨界联名给老牌国货们也带来了新的曙光。从六神花露水到大白兔奶糖再到百雀羚，纷纷借助这一形式改头换面。在2019春夏纽约时装周上，老干妈献上了自己的首次跨界秀：推出潮牌卫衣，虏获了大批消费者的芳心。

2018年10月，旺旺与国内潮流设计师品牌塔卡沙合作推出联名款服饰。作为国货零食中的经典品牌，旺旺承载了几代消费者的童年记忆和情怀，此次将其IP形象延伸到服装领域，吸引了一大波网友的关注。整个系列以旺仔的经典红色为主，辅以白色。联名款中最经典的是一件印有旺仔标志性大头娃娃的红色毛衣（见图8-16），除此之外，还有袜子、T恤、小挎包、单肩包、帽子等单品。

跨界营销在信息爆炸的时代好处是明显的，通过塑造年轻人喜欢的品牌人格形象，不仅能够让用户在纷繁的品牌世界去主动关注品牌、认同品牌，还能由此带动周边产品的销售，可谓双赢。

图 8-16　旺旺·TYAKASHA

## 第六节　其他常见营销模式

### 一、事件营销

事件营销（Event Marketing）是企业通过策划、组织和利用具有新闻价值、社会影响以及名人效应的人物或事件，吸引媒体、社会团体和消费者的兴趣与关注，以求提高企业或产品的知名度、美誉度，树立良好品牌形象，并最终促成产品或服务销售目的的手段与方式。

简单地说，事件营销就是通过把握新闻的规律，制造具有新闻价值的事件，并通过具体的操作，让这一新闻事件得以传播从而达到广告的效果。事件营销是今年来国内外十分流行的一种公关传播与市场推广手段，集新闻效应、广告效应、公共关系、形象传播、客户关系于一体，并为新产品推介、品牌展示创造机会，建立品牌识别和品牌定位，形成一种快速提升品牌知名度与美誉度的营销手段。

一、加多宝"对不起体"

2013年2月4日14:18开始，加多宝的官方微博连发了四条主题为"对不起"的微博,并配以幼儿哭泣的图片。其隐晦抗议广州中院关于加多宝禁用相关广告词的裁定,加多宝通过微博"喊冤",一经发出随即引发了上千网友的转发和评论,其中"对不起,是我们无能,卖凉茶可以,打官司不行"被网友们转发次数最多。然而有网友也立即反击,利用同样的格式,做出王老吉的四张"没关系"图片(见图8-17)。

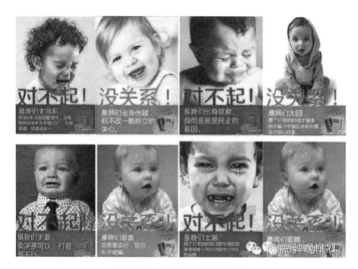

图 8-17　加多宝微博道歉

## 二、百事可乐猴年广告

随着一句"猴赛雷",百事可乐打响了猴年营销战役的第一枪。以用户情感为纽带,请来了"80后""90后"的童年偶像六小龄童来拍摄微电影《把乐带回家之猴王世家》(见图8-18),影片一推出,便反响热烈。随着"六小龄童节目被毙"话题的持续升温,百事微电影更是吸引了众多网友目光,它的热搜指数也达到了最高峰值。

图 8-18　百事可乐猴年广告

## 二、病毒营销

"病毒营销"(Viral Marketing),是利用公众的积极性和人际网络让营销信息像病毒一样传播和扩散,营销信息被快速复制传向数以万计、数以百万计的观众,它能够像病毒一样深入人脑,快速复制,迅速传播,将信息短时间内传向更多的受众。病毒营销是一种常见的网络营销方法,常用于进行网站推广、品牌推广等。

病毒营销是通过提供有价值的产品或服务"让大家告诉大家",通过别人为你宣传,实现"营销杠杆"的作用。病毒式营销已经成为网络营销最为独特的手段,被越来越多的商家和网站成功利用。

病毒式营销也可以称为是口碑营销的一种,它是利用群体之间的传播,从而让人们建立起对服务和产品的了解,达到宣传的目的。由于这种传播是用户之间自发进行的,因此是几乎不需要费用的网络营销手段。

### oppo 与 vivo 的病毒式营销广告

在这两年,相信很多人都会留意到这些,不管是街上、电视上、网络上都有 oppo 和 vivo 的出现(见图 8-19),再有流量明星代言的加持,oppo 和 vivo 手机的销量节节高升。尽管被众多人摒弃二者手机高价低配,买手机就是在付广告费,但是它们仍然凭借这样的方式成功地营造了自己的营销模式,抢占到很好的市场份额。明星代言——锁住特定群体、病毒传播这样的营销方式也慢慢被其他手机品牌效仿。

图 8-19 oppo 与 vivo 的病毒式营销广告

### 三、社群营销

社群营销就是基于相同或相似的兴趣爱好,通过某种载体聚集人气,通过产品或服务满足群体需求而产生的商业形态。社群营销的载体不局限于微信,各种平台,甚至线下的平台和社区都可以做社群营销。

做社群营销的关键是有一个意见领袖,也就是某一领域的专家或者权威,这样比较树立信任感和传递价值。通过社群营销可以提供实体的产品满足社群个体的需求,也可以提供某种服务。各种自媒体最普遍的是提供服务。比如,招收会员,得到某种服务,或者进某个群得到某种专家提供的咨询服务等。

社群是任何时代、所有商业都在追求的终极目标,但只有到了移动互联网时代,有了微信这样的高效率工具以后,社群才是可能的。社群也是有着共同关注点的一群人在一起找到了解决痛点的方案。这中间的差别是,一个有社群的品牌和没有社群的品牌,其竞争力是完全不同的。

**案例速递**

**一、星巴克**

星巴克对社群营销的操作,可谓炉火纯青。在推特(Twitter)、脸书(Facebook)等平台上,都可以看到星巴克的踪影。星巴克的社群营销玩法包括借助脸书等媒体推广新产品。星巴克曾经为了促销黄金烘焙咖啡豆,而推出APP。下载该APP后,顾客可以从中了解新品资讯、优惠福利等。而在推特上,星巴克也展开了产品宣传,引导消费。

运用贴合热点的广告和主题标签。如2013年,美国遭遇暴风雪袭击,星巴克当时在推特上推出了在寒冬中握着热咖啡的广告,并且设计了和暴风雪有关的标签,安慰顾客的内心。

与四方(Foursquare)手机服务网站合作开展慈善活动。它们曾合作推出抗艾滋病慈善活动,顾客到星巴克消费,并在四方网站上签到,星巴克就会捐出1美元。

**二、罗辑思维**

罗辑思维估值上亿元,而其最大的价值就是构建了一个顶级的微信社群(见图8-20)。罗辑思维是如何构建社群的呢?主要有三步。

第一,选人。罗辑思维的用户主要是"85后"爱读书的年轻人,他们有共同的价值观、爱好,热爱知识类产品;会员加入要交钱,分200元和1 200元,这促使会员能真

图 8-20 罗辑思维社群营销

正将读书付诸行动。

第二,培养习惯。培养共同的习惯,可以进一步固化会员的"自己人效应"。比如,罗辑思维固定在每天早上6点20分左右发送语音消息,培养用户的阅读习惯。

第三,加强线下互动。线下的互动更能激发人与人之间的联合,罗辑思维就曾举办过不少线下活动,比如"爱与抱抱""霸王餐"游戏等。

## 本 章 小 结

本章主要介绍了新媒体营销的8种模式。首先,应掌握饥饿营销、口碑营销、情感营销、IP营销、跨界营销的定义与营销模式,并能基于具体实例进行判断和分析。其次,应了解事件营销、病毒营销、社群营销的含义和营销模式。最后,应对新媒体下各营销模式有全面的理解,并能对新媒体下各营销模式的运作进行简单的营销设计。

## 营 销 实 例

### 故宫的跨界营销之旅

说起故宫,首先出现在脑海的是权威、庄严、文化、辉煌等形容词,故宫一直是大家印象里最庄重肃穆的存在,代表着中国古代艺术文化和封建集权的顶峰。故宫更多传递给用户的是历史故事,与用户是有距离感的。但时任故宫博物院院长单霁翔上任后,人们明显感受到故宫的气质发生了变化,它正在从一个北京旅游必到景点,变成一个接地气的年轻文化意象。在这次转型中,故宫淘宝功不可没。借助故宫这位有着独特背景的北京大网红,故宫淘宝成功地让许多年轻用户拜服在它的"软萌贱"风格之下,微博、微信、淘宝、微表情等纷纷涉足,成为名副其实的"与时俱进的老古董"。

2015年8月,故宫淘宝在网上促销,第一个小时,1500个手机座宣布售罄,一天内成交1.6万单。目前故宫在淘宝的微信公众号上,那些有趣的"广告文"也是篇篇阅读量"10万+"。2016年7月,一个《穿越故宫来看你》的H5火爆朋友圈,一个皇帝从画中走来,唱着Rap,宫女戴着VR眼镜,发着QQ表情,刷着朋友圈……这是"腾讯Next idea·故宫QQ表情创作大赛"的宣传,在这流行的节奏中,一脸萌贱的"皇帝"让全民嗨了起来。

经过7年院藏文物清理,截至2016年12月31日,故宫博物院藏品总数1862690件,其中珍贵文物1683336件,这些都成为文化创意研发最宝贵的文化资源。现在,故宫博物院的文创产品种类包括服饰、陶器、瓷器、书画等系列,产品涉及首饰、钥匙扣、雨伞、箱包、领带等,故宫的文创产品销售额也从2013年的6亿元增长到2015年的近10亿元。截至2018年7月,故宫淘宝企业店铺已成为拥有257万粉丝的金牌淘宝卖家。自从故宫博物院开始转变思路,从"故宫商店"到"故宫文化创意馆",不仅是名称的改变,而且也是故宫文化创意产品设计和营销思路的转变。

**1. 故宫·农夫山泉**

通过话题性与附带的二维码增加曝光,并且把产品的生产成本转移给农夫山泉。参考前年网易云音乐·农夫山泉的创意,把乐评印在了4亿瓶农夫山泉上(见图8-21),假设卖了一半,效果也是可观的。

图8-21 故宫·农夫山泉

**2. 故宫食品·抖音**

在中秋节营销节点,通过制作新的礼品盒,并限量发售,保持故宫的神秘度(见图8-22)。也希望借着抖音的热度,通过抖音将故事人物"实体化",增加话题度。但在抖音上并没有看到太多故宫此次的内容。

图 8-22　故宫食品·抖音

### 3. 故宫·QQ音乐

腾讯·故宫·QQ音乐携手打造音乐创新大赛,鼓励年轻人将故宫博物院典藏的十幅古画谱写新词曲,在推广故宫藏品内容的同时,增加故宫自身的影响力(见图 8-23)。

图 8-23　故宫·QQ音乐

### 4. 故宫·卡地亚

故宫推出纪录片《唤醒时间的技艺》(见图 8-24),因卡地亚属于奢侈品行业,故一方面,提升了故宫的神秘感与价值;另一方面,也宣扬了故宫藏品的"匠人精神",体现出故宫博物院努力保存这些作品。

图 8-24　故宫·卡地亚

**5. 故宫食品·网易新闻**

在世界杯期间，故宫食品联合网易新闻推出"奉旨看球"的 H5，一方面，迎合了受众的看球心理；另一方面，促进了销售（见图 8-25）。

图 8-25　故宫食品·网易新闻

**6. 故宫·kindle**

在 2018 年年底，故宫·kindle 推出 2019 新年限量版礼盒（见图 8-26）。故宫从 kindle 的礼盒、保护套、日历入手，向 kindle 的目标和潜在用户展示故宫文化，进行精准营销，同时利用购买用户"有文化"的特点，有望得到二次传播。

**7. 故宫·综艺**

《上新了·故宫》是由故宫博物院和北京电视台出品的大型文化季播节目（见图 8-27），由邓伦、周一围担任故宫文创新品开发员。这不仅是故宫第一次以出品方身

图 8-26　故宫·kindle

份制作的节目,同时也是第一档故宫最大程度开放资源协助拍摄的文化艺术综艺,拍摄的地方大多是未开放的区域。

图 8-27　故宫·综艺

节目打破了大家对故宫的刻板印象,使故宫"零距离"走进公众视野,并打造承载故宫故事的文创产品,创新传承故宫文化,透过"故宫兄弟"徜徉故宫的脚步来探索它的历史秘密,破解它的文化密码,寻求历史和文物的"前世今生",并从中获取新的灵感。

《上新了·故宫》一经开播,就引发了广大观众的热议和跨圈层的讨论。有媒体评,节目知识点和娱乐点齐飞,将成为让年轻人爱上文化节目的突破口。知名学者冷淞则称赞了节目人设上的创新,不仅有祝勇老师这样的文化研究学者坐镇,在文创嘉宾甄选上也颇为用心。

### 8. 故宫·淘宝

如今的故宫不能再站在云端一味地高冷神秘,必须与现实相结合,加大对年轻人的吸引力。那到底怎么样才能让大家在爱上故宫的同时又润物细无声地传播故宫文化呢？特别朴实的单霁翔院长想到的办法是开淘宝店。

他快速组建了研发团队,然后无所不用其极地从故宫的建筑、文物和历史故事挖掘素材,大门的一块砖、房顶的一块瓦、梁上的一面匾额,都有机会成为研发产品的元素。几乎所有你能想象的日常用品,都可以打上故宫特有的印记。

从精致玲珑的小摆饰到限量版定制的粽子和月饼,花样百出的胶带,五花八门、各类中高低档品牌的联名款,还有在《上新了·故宫》一亮相就有价无货的真丝睡衣,摘下朝阳、晴空和星夜颜色染做的日晷计时器等,每一样周边都刻下了故宫的烙印（见图 8-28）。

图 8-28 故宫·淘宝

单霁翔更是身体力行地做宣传,连去开讲座,都要见缝插针地像个淘宝卖家安利自家的产品。其实,经过 5 年的研发,现在故宫的文创产品已经突破 1 万多种,一年的销售额超过了 10 亿元。而所得的收入,除了用于学术研究外,都用于学校、社区的教育。

这几年,故宫开展了 2.5 万场免费的教育活动,单霁翔坚信,这些活动能让孩子们成为热爱中华文化的一代人。令人欣慰的是,这些改变不是单向的,有越来越多的年轻人愿意去了解并喜欢上这个愈发充满活力、变得有温度的故宫。

由案例可看出故宫正在争取摆脱一向高冷严肃的形象,走向大众化,同时故宫的跨界也对传统文化的延续有一定的促进。

**思考题：**

1. 以上故宫的跨界营销中令你印象最深刻的是哪一个？
2. 故宫的跨界营销涉及了哪些领域？
3. 如何看待新媒体下传统文化（故宫）的跨界营销？

# 参 考 文 献

1. 雷亮：《芙蓉王的王者之路》，中国管理案例共享中心。
2. 傅利平、黄修齐：《90后打造的"网红"喜茶：要排队购买的新式茶饮》，中国管理案例共享中心。
3. 王崇锋、王艺欣、朱洪利、刘欣荣、杨箫：《〈我不是药神〉网络口碑营销的奇迹》，中国管理案例共享中心。
4. 梁泫洁、陆美伊：《"小蓝杯，谁不爱"——瑞幸咖啡快速成长之道》，中国管理案例共享中心。
5. 刘榕、熊熊、龚鹤鸣：《故宫淘宝：从"纪念品商店"到"文化创意馆"》，中国管理案例共享中心。

# 第九章 新媒体营销公关

**案例导读**

## 互联网+公益——企鹅帝国的战略性企业慈善行为

2016年11月1日,小雪的微信收到了一条信息:"亲爱的小雪,感谢您的爱心捐助,项目有了最新进展!"是腾讯公益账号发来的善款使用说明。点开详情页面,小雪才想起来这是两个月前,自己在玩微信时偶然看到腾讯公益公众账号上关于"贫困孤儿助养"项目的募捐,就捐了3元钱。要不是发来的这条信息,小雪早把这事儿忘了。小雪看到项目已经筹到了107 092 674.73元,捐款人次8 240 560人,以及项目报告和最新的项目动态。这种在微信平台推送的公益募捐,小雪已经参加过许多次了,例如"帮山区孩子找到梦想""三岁半宝贝急待移植"等。

### 一、中国互联网界的王者

腾讯公司成立于1998年11月,是目前中国领先的互联网企业之一。成立10多年以来,腾讯一直秉承"一切以用户价值为依归"的经营理念,为用户提供各类服务。

目前,腾讯把"连接一切"作为战略目标,通过QQ、微信、门户网站等网络平台,满足互联网用户沟通、资讯等各方面的需求。截至2015年12月,微信营销推广使用率达75.3%。网上支付用户规模达4.16亿,增长率为36.8%,其中手机网上支付用户规模达3.58亿,增长率为64.5%。截至2016年第二季度,QQ的月活跃账户数达到8.99亿,最高同时在线账户数达到2.47亿;微信和WeChat的合并月活跃账户数达8.06亿。

腾讯相信,通过履行社会责任,为互联网的使用者带来更优质的服务,在推动整个社会的进步与发展中,可以为企业创造良好的内外部发展环境。

### 二、互联网+公益——公益慈善新模式

"互联网+公益"就是利用信息通信技术以及互联网平台,让互联网与传统慈善进行深度融合,创造新的慈善生态。腾讯CEO马化腾很看好"互联网+"这种思维,

他认为,中国经济的下一个风口就是互联网和所有的行业结合。在慈善领域,腾讯本身就是互联网企业,对于用互联网技术和思维做慈善可谓是得天独厚。由此,在马化腾、陈一丹等高层的推动下,2006年,腾讯成立了中国互联网首家慈善公益基金会——腾讯慈善公益基金会,并建立了腾讯公益网。秉承着"人人可公益的创联者"理念,腾讯基金会希望通过互联网的技术和服务,使人们参加公益的方式更丰富、更便捷。为此,它们以"腾讯网络捐赠平台""益行家""腾讯公益网"等产品为平台,培养了亿万网友的公益习惯,推动了人人可公益的生态建设。此外,它们还通过"为村开放平台""腾讯立体救灾"等项目,在乡村发展、教育、扶贫、紧急救灾、员工公益等多个领域长期探索着互联网与公益结合的前沿与可能。

依托互联网技术的探索和创新,基金会不断创新捐赠方式的便利化和友好性,人们在腾讯线上的公益捐赠随手拈来。爱心用户只需要利用"财付通"这样的互联网支付平台,不需要再亲自前往银行,也不用参与线下的捐款,在网络中鼠标轻点即可完成捐款。截至目前,已有超过1 800万人次的捐赠通过腾讯公益网络捐款平台实现。腾讯作为互联网行业中的领军企业,在慈善领域做得也是风生水起。小雪已经感觉到自己之前对企业做慈善的理解有些片面了。腾讯的企业慈善行为是在将慈善融入企业的经营里,使之成为腾讯发展战略的一部分。小雪很想知道腾讯的这条战略之路因何而起,又将走向何方?随着研究的一步步深入,小雪开始有所发现……

### 三、拥抱社会,收获精彩

马化腾作为腾讯的掌舵人,他深知互联网领域危机四伏,企业稍有不慎就可能遭受重大损失。如今腾讯在不断壮大,用户数量越来越多,他认为企业理应寻求一种战略性方式回馈社会,这既是对用户负责也是对企业负责。但是,并非所有的慈善行为都能提升企业的竞争力,只有当企业的慈善行为对本企业的竞争环境产生积极影响时,企业才能实现社会效益与经济效益兼得的战略,这就是战略性企业慈善理论的内涵。有了理论指导,下一步就要考虑做什么样的慈善。在经过种种尝试之后,他发现"互联网+公益"正是腾讯苦苦找寻的慈善模式。因为腾讯本身是互联网企业,使用企业自身的平台、技术等资源所开展的公益就是一种"互联网+公益",由此以来,既能回馈社会又能使企业获得效益。

2007年慈善基金会成立后,腾讯又发起"筑梦新乡村",开始培育、培训老师。但发现师资力量不集中,效果不明显,于是又建中心学校。但这些具体的项目只辐射当地人群,对整体农村大环境的教育影响仍很有限。正如陈总所言,腾讯以往所做的公益与其他企业并无二致,效果也不尽理想……

在不断地思考、尝试中,腾讯渐渐发现,当把自己在互联网上练就的武艺放到慈善上,整个故事顿时焕然一新。腾讯的专长是互联网,拥有QQ、微信、腾讯网等网络平台和微信支付、财付通这样的第三方支付工具。腾讯公益平台聚拢了大量公益项目,这是腾讯的强项,于是后来形成的发展思路就是:在公益组织里面,让最专业的人做最专业的事,而腾讯只需要做好这个平台,为公益项目提供温床,为网民捐款提供安全渠道,让网民亲自考察这些NGO到底做得怎么样,形成一个透明的闭环,从而得到网民的信任,渐渐地也培养了网民使用腾讯服务的习惯。

通过调整方向,舍弃那些陈旧的与战略性慈善行为存在冲突的慈善活动,腾讯终于找到了一条符合战略捐赠的慈善之路。

## 四、集体行动,影响显著

2007年6月6日,腾讯公益网一期项目上线,并和中国青基会、中国儿童基金会、中国扶贫基金会、李连杰壹基金计划、爱德基金会等10余家公益组织建立战略合作伙伴关系,为它们提供在线捐赠、义卖、资讯、社区等平台。公益网还开创了新的捐赠方式,例如,携手网民共献爱心(用户捐QQ积分,腾讯匹配钱)。最终捐赠的总积分超过2亿,折合人民币40余万元。

2008年汶川地震后,腾讯迅速推出QQ祈福版,让网络成为一个祝福、寻人、募款的大平台,集中资源,利用网络影响力和互动优势,携手网民开展救灾活动。截至5月20日14时35分,网友赈灾捐助突破2 300万元,数十万网友通过在线捐赠平台向灾区献爱心。腾讯公益慈善基金会也不断落实捐赠资金,最终捐赠总额超过2 250万元的善款用于灾区救援和灾后重建。

如何在常态下可持续性地推动公益慈善事业、如何让网友持续关注并参与灾区重建进程,一直是腾讯关注的重点,马化腾和李连杰也多次就如何推动常态下网络捐赠的可持续性进行交流,最终双方决定,通过搭建腾讯壹基金月捐平台来解决这个问题。

2009年5月9日,"腾讯壹基金网络月捐平台"正式上线,平台倡导:每人每月1份爱,通过财付通账户自动捐款,轻松便捷实现月捐,成就爱心。腾讯公司同时宣布捐赠价值2 000万元的广告资源,用于支持李连杰壹基金月捐计划,以便募集更多的资金来用于支持灾区的重建工作。

腾讯公司高级副总裁郭凯天还透露，腾讯会在更新的 QQ 版本中，加入特殊的爱心徽标，这样，所有通过腾讯公益网参与月捐等公益活动的网友，其 QQ 号都将会有一个特殊的徽标。他表示，腾讯公益基金会一直希望能借助腾讯及 QQ 的影响力，让更多的人以这种更方便、更持续的方式加入慈善公益。

腾讯还积极将员工拉入企业的慈善行动中。"创益 24 小时"是一个面向腾讯内部员工的比赛，参赛者必须在 24 小时内提交一项与公益相关的产品或设计创意。比赛中基于互联网的公益创新和公益产品，都可能得到孵化，成为我们真真切切能用得上的产品。在第一届比赛中，一个团队萌生了用微信语音与捐助个案结合的方式推广"麦田计划"的想法，希望为贫困山区的孩子筹得一本课本、一顿午餐、一件新衣……

回顾完腾讯的慈善之路，众多的成果和荣誉表明，腾讯成功地将社会责任融入了企业经营中。但是企管出身的小雪结合平时所学，又有了一点更深层次的思考，她觉得中国企业（尤其是劳动密集型中小企业）还存在忽视、甚至拒绝承担社会责任的问题。并且，中国企业社会责任实践具有十分明显的"分散零碎"特征和纯粹"社会公益"性质，多数企业慈善行为的目的仅限于获得公众或客户"好感"，极少企业能够将承担社会责任与改善企业竞争环境结合起来；不少企业高层将企业社会责任行为与企业公关活动等而视之，其社会责任活动仅限于组织或参与社会公益活动。小雪觉得，中国的众多企业要想更好地履行社会责任，其实践方法和策略需要一个根本性转变。

**问题思考：**

1. 腾讯在什么样的背景下投身公益？
2. 你认为腾讯取得现在的成功是基于它的公益事业吗？
3. 你能从腾讯的公关营销中学到什么？
4. 腾讯的公关营销还有哪些不足之处？

互联网环境下，以微博、微信为代表的社交媒体颠覆了传统的信息传播模式，不仅为企业搭建了快速高效的宣传平台，也增加了企业危机应对的难度。从追踪危机的源头，到危机的传播、发酵、解决，社交媒体在其中扮演着重要的角色。

# 第一节  新媒体营销公关的概念

## 一、新媒体营销公关的背景

互联网的高速发展,让线下的公关人看到了其线上的优势,网络传播与传统传播相比,其特质在于:个性化、互动性、信息共享化、资源无限性,由此可见网络信息传播的优势正是传统传播的弱势,网络传播可以集个人传播、组织传播、大众传播为一体。

公关业务的发展需要和网络本身特性是网络公关不同于传统公关的根本原因。在这两大原因的共同作用下,传统的公关理论已经无法胜任网络公关的指导工作。因此,网络公关必须是以传统的公关理论为基础,并从公关业与网络特征方面出发,创新并演绎新的公关观念。但网络公关仍属于公关的理论范畴,它是企业公关的创新和发展,而不是脱离公关的新领域。

## 二、新媒体营销公关的主要形式

网络公关的常见形式并不多,主要有如下三种。

### (一)网络媒体新闻、网上新闻发布会

主要平台是网络门户或网络媒体,一般有以下几种类型。

**1. 综合性门户网站**

比如,搜狐、新浪、网易、TOM 等。这类媒体网站的特征是知名度高、网站各类信息比较全面、访问量大、覆盖面广。缺点是专业性不够突出,比较适合目标客群比较广泛的企业和产品,比如,手机、电脑、汽车、数码产品、快速消费品、保险等。

**2. 行业性门户网站或媒体**

比如,太平洋电脑网、中国仪器网、中国美容网等,这些媒体或门户网站锁定某一行业,具备较强的专业性,在同行业中具有较大的影响力,访问人群比较集中,比较适合专业性要求比较高的企业或产品,比如,仪器仪表、医疗器械等。

**3. 网络出版物**

比如,数码杂志、电子书籍、网络音像、视频节目等。这类出版无带有明显的网络特征,娱乐性、互动性比较强、传播快速、受众面广,也是比较好的网络媒体。

### (二)BBS 论坛或社区、微博

主要平台是门户网站专业 BBS 论坛及专业社区网站等,主要有以下几种。

**1. 门户网站或行业门户的专业 BBS 论坛**

比如，新浪、搜狐、天涯、QQ等综合门户均开设有不同专业角度的论坛，这些论坛一般具有较集中的人气。

**2. 网络媒体开设的论坛**

比如，人民网的强国社区、千龙网的千龙社区、大洋论坛等。

**3. 知名微博**

比如，新浪微博、腾讯微博、搜狐微博等，都是必不可少的公关场所。

### （三）网上公关活动

与线下的公关活动相对应，网上的公关活动主要是指企业在网络上开展或组织的企业公关活动，主要是在 SNS 社区和网站论坛。

## 三、新媒体营销公关的步骤

"公关"就是公共关系（Public Relations），是一个社会组织运用各种传播手段，使自己和公众相互了解、相互适应的一种活动和职能。公关三要素包括社会组织、公众和传播。

企业作为一个社会组织，也需要向公众进行传播，企业传播的目的主要侧重三点，即提升品牌形象、传播产品特点、控制负面信息。

新媒体时代，企业公关策略也要适应这一改变。企业在做新媒体公关整合营销活动时一般有六个步骤。

### （一）确定方向

企业做一场新媒体营销公关活动必定是希望达成某种结果，比如，改变企业产品在市场上的现状获得更大的影响力或提高产品的市场销量，这个结果在营销上分为商业目标和传播目标。商业目标是以利润最大化为目的，而传播目标是以影响最大化为目的，企业在公关传播过程中根据不同的目标侧重点会有所不同，在一场公关活动中，首先要明确公关的方向。

### （二）定义目标

不管是哪个公关方向，企业都会面临挑战和机会，这就构成了一次具体公关活动的具体目标。例如，一个企业一款产品即将上市，想要增加该款新产品的曝光量及其销量，此时，企业的挑战就是如何在市面上从同类竞品中脱颖而出，而企业的机会就是利用该款产品的主打特点切入目标受众的需求，赢得用户的关注。

### （三）洞察引爆点

"洞察引爆点"是指企业基于对目标市场及消费者的深刻调查和理解，找到最有利于产品品牌或产品赢得消费者情感关联与认同的话题或事件，帮助企业更轻松、更迅速地感染受众。例如，小米公司即将上市一款新机小米8，主打人像拍摄，从受众生活中有关拍照的需求点出发，同时融入人们对人的性格这一问题的关注，如关于星座的讨论，因此小米邀请代言人吴亦凡打造了一个"凡先生的12星座照相馆"。

在实际调查过程中，消费者往往不知道什么是自己真正的需求，但是受众在使用产品过程中经常会对产品的功能点产生抱怨，或许是不经意间的一句话，这有可能就是深层次的需求，只有把满足其需求的产品送到受众面前时，他们才会恍然大悟，然后欣然接受这一隐藏在他们意识深处的需求。比如，在苹果公司第一代手机上市前，人们对触屏智能手机并没有太大需求，但是，当苹果第一代手机上市后，人们对触屏智能手机的需求开始猛增。

### （四）创意活动策划

在企业策划人员明确了一场新媒体公关活动的目标后，分析了挑战和机会，洞察到目标受众的引爆点，基于此提出的公关活动的创意思路或想法，在企业内部往往需要和外部顾问一起进行头脑风暴，最终确定方案。

### （五）执行方案

确定创意想法后，就要策划影响和改变受众的创意活动执行方案。执行方案由一种或多种营销方式及各种推广渠道组成。执行方案在创意想法的指导下，确定在哪里与受众沟通及互动，以及通过什么步骤、什么途径实现。执行实施通常包括营销执行实施路径、媒介计划、渠道、创意内容及活动、传播时间节奏。

### （六）评估效果

在公关活动策划中，就包含营销活动在实施后所计划和期望达成的具体关键指标，通过相关表格工具，对比方案预期效果与最终效果，以方便后期进行方案总结。

新媒体营销公关的六步骤可以作为企业做一场新媒体营销公关活动的思考模型和实施工具，在企业实际操作中，公关互动和营销推广活动的界限并不是特别分明，一般认为不直接面向企业业绩提高的活动，都属于公关范畴。

## "偶像＋微博"：看361°"买一善一"如何做公益

作为以运动鞋产品起家的361°，始终坚守自身的企业社会责任，探索将公益和品牌建设结合起来的可能途径，期望找到一种更加透明化、可持续的公益模式。

一、"微博＋偶像"：公益传播新路径

虽然"买一善一"的具体措施创新性地解决了公益营销中的几个固有难题，尤其是借助天猫商城"买一善一"旗舰店，实现了整个过程的透明性。但如何使消费者更深入地了解该项目，激发消费者更高的参与热情，是361°管理层遇到的新问题！选择怎样的公益传播途径才能促进"买一善一"项目的顺利、有效推广？

（一）微博

对时代发展颇为敏感的361°管理层意识到在数字时代下，以微博为代表的"自媒体"正在兴起。微博这个基于用户关系的信息分享、传播及获取平台已受到了众多人青睐，成为一个颇具影响力的社会化媒体平台，是人们获取新闻资讯、进行自我表达、加强人际交往、提高社会参与程度的重要媒介。微博具有信息发布及时和实时互动等特点，可以通过用户评论和转发快速扩大事件影响。及时传播、实时互动以及庞大的用户群体使微博营销在企业营销中的强大作用日渐凸显。从微博用户的年龄分布来看，18～35岁的用户比例达到60%以上，这正是361°的目标消费群体。此外，有研究指出，公众更愿意相信通过社交媒体渠道获得的信息。因此，微博为推广"买一善一"提供了一个绝佳的宣传平台。

2013年8月1日，"买一善一"项目在北京与新浪微博启动战略合作，实现公益项目真正落地的社会化媒体电商平台，开启"买一善一"项目的又一次模式创新。然而，将微博作为公益事业宣传平台，理论上可以以低成本达到高传播效果，但其效果会受到信息的互动频率和传播范围的影响，而互动频率和传播范围又主要与微博上信息发布主体的关注量有关。同时，单独为宣传企业项目而设立的微博不仅关注量小，而且容易受到消费者的质疑，认为企业的公益推广是"假慈善"。因此，还需考虑如何提高消费者对"买一善一"的认可程度。

（二）偶像

正如老话所说"爱屋及乌"——粉丝对于偶像支持和宣传的公益往往表现出极大的热情，而且会对项目产生正面的看法。现实中，很多粉丝会跟随偶像做公益，有些人还会以偶像的名义进行捐赠等方式表达对偶像的支持。借助偶像的影响来推广"买一善一",可以解决互动频率和传播范围方面的问题。

361°管理层经过详细分析"买一善一"的项目特点,以及对吉克隽逸、孙杨等多位偶像的深入考察,综合各方面的考虑,最终认为吉克隽逸是"买一善一"项目形象大使的最佳人选。

"生活是平等的,梦想也是平等的,如今能够作为一个公众人物,我希望能通过我自己的力量来带动大家一起去帮助我家乡的孩子们!"这是吉克隽逸在"买一善一"发布会现场说的一段话。她以自己的亲身经历讲述了她的家乡——四川大凉山地区贫困孩子生活的点点滴滴,并号召全社会都能关注他们,吉克隽逸还现场向来自家乡的两位山区儿童赠童鞋。

"妞现在是买一善一的形象大使了,大家要多多支持哟。"这是在吉克隽逸发布成为"买一善一"形象大使的微博下的一句话。在吉克隽逸成为"买一善一"形象大使之后,通过其各种渠道传播,项目影响迅速扩大。在吉克隽逸的演唱会和签售会上,粉丝为表达对偶像公益的支持,坚持在活动现场进行"买一善一"公益宣传,并向每一位在现场进行捐赠的人送上偶像的明信片。现场的歌迷也都表达了对于偶像和买一善一的支持。"在偶像的官方微博中看到了该活动的相关信息,非常支持""很清楚活动,吉克隽逸本身也是贵州山里出来的孩子,很适合作为该活动的形象大使",当被问道是否了解该活动和是否支持该活动时,现场的一些歌迷这么说。

二、收获

从2013年4月"买一善一"项目启动至今,已经为14万名贫困山区的孩子换上了崭新的合脚的运动鞋,同时也让14万名消费者身体力行地感受到"爱出者爱返,福往者福来"。120多位明星和红人为"买一善一"品牌证言并号召粉丝参与,"买一善一"相关信息通过官方微博、偶像微博、偶像后援会微博的发布和转发,以及粉丝积极的讨论和转发,形成巨大的传播效应。"买一善一"也斩获了2013年度大中华区"艾菲奖"金奖等十数个奖项。

"买一善一"项目的成功开展离不开361°公司对于社会责任的追求,与此同时,我们也可以看到了"偶像+微博"对于消费型公益项目成功实施的推动作用,"偶像+微博"为"买一善一"的推广提供了持续动力。具有及时性与互动性的新型社交媒体为公益项目传播提供了绝佳的渠道,形象大使则为公益项目带来了巨大的关注度,并打消了公众对于项目的顾虑,改善了公众对于公益项目的看法。通过"买一善一"项目,361°切实践行了"对社会多一度"热爱的品牌精神,拉近了与消费者之间的距离,

"多一度热爱"的理念进一步被消费者所熟知,企业品牌的社会评价也有所提升,赢得了社会的赞誉。

# 第二节 新媒体时代危机公关的处理

## 一、新媒体时代危机公关的特点

"危机公关"具体是指机构或企业为避免,或者减轻危机所带来的严重损害和威胁,从而有组织、有计划地学习、制订和实施一系列管理措施和应对策略,包括危机的规避、控制、解决以及危机解决后的复兴等不断学习和适应的动态过程。

新媒体时代的危机具有四大特性:意外性、爆发性、破坏性、紧迫性。

(1)意外性。在网络环境下,时间和空间范围得到了最大程度的延伸和扩展。危机的源头无处不在,危机爆发的具体时间、实际规模、具体态势和影响深度,都是始料不及的。

(2)爆发性。进入移动互联网时代后,危机的信息传播比危机本身发展要快得多。媒体对危机来说,就像大火借了东风一样。

(3)破坏性。由于危机随时会来,无论什么性质和规模的危机,都必然会不同程度地给企业造成破坏,带来混乱和恐慌,而且由于决策的时间和信息有限,往往会导致决策失误,从而带来不可估量的损失。

(4)紧迫性。对企业来说,危机一旦爆发,其破坏性的能量就会被迅速释放,并呈快速蔓延趋势,如果不能及时控制,危机会急剧恶化,使企业遭受更大损失。

## 二、新媒体时代危机公关的原则

### (一)危机公关的"3T"原则

危机公关的"3T"原则是英国危机公关专家杰斯特提出的,它主要强调危机处理时把握信息发布的重要性。具体内容有以下几点。

**1. 以我为主提供情况(Tell You Own Tale)**

强调危机处理时组织应牢牢掌握信息发布主动权,其信息的发布地、发布人都需要从"我"出发,以此来增加信息的保真度,从而主导舆论,避免发生信息真空的情况。

**2. 尽快提供情况(Tell It Fast)**

强调危机处理时组织应该尽快不断地发布信息,抢到信息传播通道的有利空间和时段,遵循"黄金24小时"原则。

**3. 提供全部情况(Tell It All)**

强调信息发布全面、真实,而且必须实言相告。

### (二)危机公关的"5S"原则

当企业发生负面影响的时候,公司的公关部门应该立即启动危机公关来处理。危机公关是否能处理得当关系到一个公司的信誉和形象问题。危机公关一般是遵循危机公关的5S原则(见图9-1)。

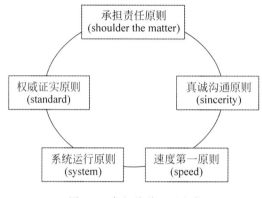

图9-1 危机公关5S原则

**1. 承担责任原则(shoulder the matter)**

危机发生后,公众会关心两方面的问题:一是利益问题。利益是公众关注的焦点,因此无论谁是谁非,企业应该承担责任。即使受害者在事故发生中有一定责任,企业也不应首先追究其责任,否则会各执己见,加深矛盾,引起公众的反感,不利于问题的解决。二是感情问题,公众很在意企业是否在意自己的感受,因此企业应该站在受害者的立场上表示同情和安慰,并通过新闻媒体公开向公众致歉,解决深层次的心理、情感关系问题,从而赢得公众的理解和信任。

实际上,公众和媒体往往在心中已经有了一杆秤,对企业有了心理上的预期,即企业应该怎样处理公众才会感到满意。因此,企业绝对不能选择对抗,因为态度至关重要。

**2. 真诚沟通原则(sincerity)**

企业处于危机旋涡中时,是公众和媒介的焦点。企业的一举一动都将接受质疑,因此千万不要有侥幸心理,企图蒙混过关,应该主动与新闻媒介联系,尽快与公众沟通,说明事实真相,促使双方互相理解,以消除疑虑与不安。

真诚沟通是处理危机的基本原则之一,这里的真诚指"三诚",即诚意、诚恳、诚实。如果做到了这"三诚",则一切问题都可迎刃而解。

(1) 诚意。在事件发生后的第一时间,公司的高层应向公众说明情况,并致以歉意,从而体现企业勇于承担责任、对消费者负责的企业文化,赢得消费者的同情和理解。

(2) 诚恳。一切以消费者的利益为重,不回避问题和错误,及时与媒体和公众沟通,向消费者说明事情的进展情况,重拾消费者的信任和尊重。

(3) 诚实。诚实是危机处理最关键也最有效的解决办法,我们会原谅一个人的错误,但不会原谅一个人说谎。

**3. 速度第一原则(speed)**

好事不出门,坏事行千里。在危机出现的最初 12～24 小时内,消息会像病毒一样以裂变的方式高速传播。而这时候,可靠的消息往往不多,社会上充斥着谣言和猜测。公司的一举一动将是外界评判公司如何处理这次危机的主要根据。媒体、公众及政府都密切注视公司发出的第一份声明。对于公司在危机处理方面的做法和立场、舆论赞成与否往往都会立刻见于传媒报道。

因此,公司必须当机立断,快速反应,果断行动,与媒体和公众进行沟通,从而迅速控制事态,否则会扩大突发危机的范围,甚至可能失去对全局的控制。危机发生后,能否首先控制住事态,使其不扩大、不升级、不蔓延,是处理危机的关键。

**4. 系统运行原则(System)**

在逃避一种危险时,不要忽视另一种危险。在进行危机管理时必须系统运作,绝不可顾此失彼。只有这样才能透过表面现象看本质,创造性地解决问题,化害为利。

危机的系统运作主要是做好以下几点。

(1) 以冷对热、以静制动。危机会使人处于焦躁或恐惧之中,所以企业高层应以"冷"对"热"、以"静"制"动",镇定自若,以减轻企业员工心理压力。

(2) 统一观点,稳住阵脚。在企业内部迅速统一观点,对危机有清醒认识,从而稳住阵脚,万众一心,同仇敌忾。

(3) 组建班子,专项负责。一般情况下,危机公关小组的组成由企业的公关部成员和企业涉及危机的高层领导直接组成。这样,一方面,是高效率的保证;另一方面,是对外口径一致的保证,使公众对企业处理危机的诚意感到可以信赖。

(4) 果断决策,迅速实施。由于危机瞬息万变,在危机决策时效性要求和信息匮乏条件下,任何模糊的决策都会产生严重的后果。所以,必须最大限度地集中决策使用资源,迅速作出决策,系统部署,付诸实施。

(5) 合纵连横,借助外力。当危机来临时,应充分和政府部门、行业协会、同行企业及新闻媒体充分配合,联合对付危机,在众人拾柴火焰高的同时,增强公信力、影响力。

(6) 循序渐进,标本兼治。要真正彻底地消除危机,需要在控制事态后,及时准确地找到危机的症结,对症下药,谋求治"本"。如果仅仅停留在治标阶段,就会前功尽弃,甚至引发新的危机。

**5. 权威证实原则(Standard)**

自己称赞自己是没用的,没有权威的认可只会徒留,在危机发生后,企业不要自己整天拿着高音喇叭叫冤,而要曲线救国,请重量级的第三者在前台说话,使消费者解除对自己的戒备心理,重获他们的信任。

 **案例速递**

2019年4月,奔驰漏油事件持续刷屏,高居热搜榜单不下(见图9-2)。光是一个相关热搜就达到了7亿的阅读量,已经达到了严重威胁品牌声誉和产品销量的地步。接下来我们看一下事件的发生过程和"奔驰"的公关处理过程。

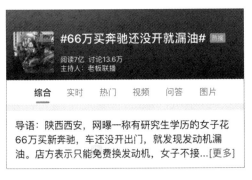 

图 9-2 奔驰漏油事件上微博热搜

**事件原委:**

4月9日,女车主发布的维权视频在微博、抖音开始流传,而奔驰的官博,在发F1系列车型。4月10日,视频持续发酵,引起了广泛的关注。奔驰的官博,还在发F1。4月11日、12日两天,奔驰也并没有就漏油事件给过一个字的解释。直到13号,奔驰才姗姗来迟地发了一条冷冰冰的声明(见图9-3)。

"无论怎样""合理基础上"等字眼以及无公章的声明,丝毫没有解决此事的诚恳

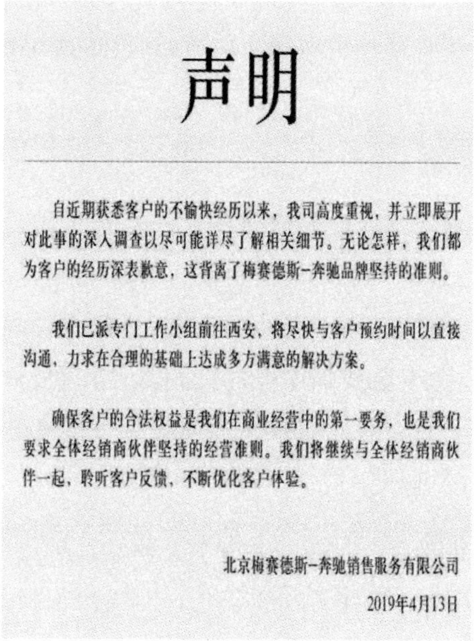

声明

自近期获悉客户的不愉快经历以来，我司高度重视，并立即展开对此事的深入调查以尽可能详尽了解相关细节。无论怎样，我们都为客户的经历深表歉意，这背离了梅赛德斯-奔驰品牌坚持的准则。

我们已派专门工作小组前往西安，将尽快与客户预约时间以直接沟通，力求在合理的基础上达成多方满意的解决方案。

确保客户的合法权益是我们在商业经营中的第一要务，也是我们要求全体经销商伙伴坚持的经营准则。我们将继续与全体经销商伙伴一起，聆听客户反馈，不断优化客户体验。

北京梅赛德斯-奔驰销售服务有限公司

2019年4月13日

图 9-3　奔驰官方声明

态度。奔驰在此次事件中发的唯一声明，既没有安抚其他消费者与车主的情绪，也没有提出合理的解决方案。对于这位女车主本人而言，是退车、退款、赔偿损失？对于所有奔驰车主而言，如何保证其他人手中的车辆质量问题？对于即将购买奔驰的车主而言，如何保证不会再碰到类似的情况，奔驰一概不提。

纵观此次奔驰漏油事件，品牌官方和线下经销商之间形成了一个断层。品牌官方沉默，4S 店经销商等则更是傲慢无礼。

用“5S 原则”分析“奔驰”的公关处理存在哪些问题。

## 三、新媒体时代危机公关的应对策略

企业危机的突然性和破坏性及紧迫性，表明企业危机公关处理必须及时应对，努力控制局面，迅速找出原因，采取积极措施挽回损失。因此，企业必须快速、正确地开展有效的企业危机公关管理过程，从而有效地开展企业危机管理。众所周知，知名企业有自己独特的处理危机公关的方式，它们也会遵循自己的危机管理原则。

### （一）工作合理的应急措施

在企业生存与发展的过程中，人们十分重视各种危机的发生和不良后果的补救。然而，许多危机，尤其是危机公关，往往发生得非常突然，因此危机公关必须及时采取有效的应急措施来补救。危机一爆发,企业就必须迅速转移重点,聚焦危机公关,因为危机时期是企业的艰难时期。当战略选择失败时,很难恢复。因此,危机公关尤为重要。

### (二) 处理好媒体关系

新闻媒体的速度可以说是闪电般的速度。一旦发生危机,就很容易引起媒体的注意。因此,媒体关系是公共关系的重要组成部分。然而,要使新闻媒体真实地、公正地、符合企业的利益传播信息是不现实的。因此,在事件发生后的危机中,公关不能隐瞒事实,尽可能地向董事会和媒体坦白真相,以引起公众的注意,并澄清或可能通过小道消息得到澄清。只有有效的媒体沟通管理才能有效地开展危机公关工作,给企业带来更多不必要的麻烦。

### (三) 有效的内部协调

在危机公关中,公司越来越重视内部公众。因为内部公共关系既不是内部公共关系工作的对象,也不是对外公共关系工作的主体,而是一种与企业本身直接接触的公共客体。企业应在危机公关中树立良好形象,通过员工的积极表现获得外部公众的认可。无论危机公关是否在内部或外部发生,重要的是要首先协调内部公共关系,共同应对危机。在危机公关中,内部公众的有效协调是企业稳定危机的基石。

### (四) 正确引导舆论

大众传播的作用尤其重要,他们对公众的影响不可低估。舆论是一把双刃剑:一方面,对企业有利的舆论报告将对公众产生积极影响,并迅速树立企业形象;另一方面,由于公众舆论对大多数人来说都是煽动性的、令人生畏的,公众舆论也会迅速传播,使得企业形象顷刻间瓦解。公共舆论对危机公关的影响,会影响企业的生死存亡,改变企业的命运,因为危机无处不在,并且防不胜防。有一句话是这么说的:危机如同死亡,对于企业以及组织来说,都是不可避免的。

新媒体时代,一个小的危机事件,只需要微博上的三言两语,就能让品牌多年来辛辛苦苦积累的品牌影响力与公信力一夜之间化为乌有。危机遇上社交媒体,能够在短时间内释放巨大的破坏力。如果不能及时解决,危机就会迅速发酵,损伤甚至毁掉一家企业。

任何行业、任何品牌都不可避免地出现公关危机,经营者应该提前做好应对任何危机的准备工作。企业内部如果没有专门的危机公关团队,这个时候就需要多作准备了。毕竟,危机公关是一场持久战,只有做到"有备",才能实现"无患"。

## 第三节 新媒体营销公关案例分析

本节主要从"蚂蚁森林"的新媒体公关营销、海底捞的危机解围以及鸿茅药酒"跨省抓捕医生事件"危机公关三个角度来进一步阐释新媒体时代重视公关营销和危机公关的重要性,从实践中总结经验教训。

### 一、新媒体营销公关案例

#### 移动互联时代的社会责任营销创新之路
#### ——"蚂蚁森林"的案例

早上7点,城市和人们一起醒来,"蚂蚁森林"也跟着热闹起来。昨天走的1万多步积攒的绿色能量还好没有被好友"偷走",终于可以收获了,再算一算还有几天就可以再领一棵棵小树苗种在库布其沙漠了;然后去看看上个月在阿拉善地区领养的梭梭树,7点的阿拉善地区3号林的实景相册中,大地和晨光都还没苏醒;再向左滑动手机看看昨天17点的实景图,一棵棵梭梭树傲然屹立在沙地上,内心颇有成就感。以上情景是不是有些熟悉?也许这就是你和2.3亿多"支付宝"用户、在蚂蚁森林项目"种树"中的情景。为了使自己的小树快快长大、种在沙漠,促进环境改善的愿望早日实现,众多用户早早起来"收"自己的绿色能量,"偷"好友的绿色能量。因此,有网友调侃:"每天被叫醒的不是闹钟和理想,而是'蚂蚁森林'。"

支付宝的"蚂蚁森林"项目一上线,就给人们留下了深刻的第一印象。因为在"蚂蚁森林"里的用户,为了获取绿色能量,除了自己积累,还可以去支付宝好友那里"偷"走一些积蓄很久、但是不多的绿色能量值。有用户在沙漠里完成种树后留言:"二十多年的生命中,第一次有一个被我赋予生存资格的生命"。同样地,许多用户通过这个游戏激发了自己的社会责任感,发现自己也可以去为环境保护事业做一些力所能及的事情,认为"这个世界终于因为我的存在,而有了点不同"。"蚂蚁森林"以游戏方式激发了个人保护环境的社会责任感。

正如蚂蚁金服副总裁苏强所言:"'蚂蚁森林'所做的事情,就像一个小型的创新试验场,为中国乃至世界绿色领域,提供了可复制的模式和方向。"可以说,阿里巴巴旗下的"蚂蚁森林"项目,创造了移动互联时代的社会责任营销新模式。让治理环境、防止气候变暖等话题不再是少数人、少数机构的行为,而是每一个人都可以身体力行实践的事,扩大了环境保护的民众基础,让更多的人参与到保护地球的行动中来。

### (一)"蚂蚁森林"的始末缘由

2016年8月,蚂蚁金服对旗下支付宝平台的4.5亿用户全面上线个人碳账户"蚂蚁森林"。这是一个让全球支付宝用户参与的公益游戏,鼓励用户给自己或好友的树浇水。同时鼓励用户的碳减排行为,如用步行代替开车、在线缴纳水电煤费、网络购票等。通过这些行为,用户能获得虚拟的"绿色能量",用以在手机里养大一棵棵虚拟的树。虚拟树长成后,蚂蚁金服和公益合作伙伴就会在地球上种下一棵真树,或者对相应面积的保护地开展保护活动。

"蚂蚁金服"成立于2014年10月,起源于2004年成立的支付宝,是一家以"为世界带来更多平等机会"为使命,为全球消费者和小微企业提供安全、便捷的普惠金融服务的科技公司。有人说,"蚂蚁森林"大概是继"余额宝"后,支付宝里唯一广受好评的产品了。那么作为一家科技公司,蚂蚁金服为什么要上线"蚂蚁森林"项目呢?

首先,打造"绿色金融"和"碳账户"是推出"蚂蚁森林"的重要原因。应对气候变化和治理环境污染是需要全人类共同努力的事情,这一过程需要每个国家、每个企业、每个人出一分力量。2016年8月,央行等七部委联合发布了《关于构建绿色金融体系的指导意见》。同年9月,在杭州举办的G20峰会上,将普惠金融和绿色金融纳入了核心议题。另外,《联合国气候变化框架公约》和《京都议定书》规定,各国家在完成规定的碳排放量之前是可以进行碳汇交易的。也就是说,二氧化碳排放量是完全可以用真金白银来买的。因此,"绿色金融"和"碳账户"并非是炒作概念,而是在可预见的未来会愈发重要的、很实际的一个金融名词。"蚂蚁金服"2016年初就对外宣布"绿色金融"是公司新的重要战略。蚂蚁金服通过旗下网商银行对绿色信用标签用户提供优惠信贷支持,向农村提供节能型车辆购置融资,为"菜鸟物流"等合作伙伴在购置环保电动车时提供优惠信贷。然而,蚂蚁金服并不想就此止步。以它的优势,绿色金融战略落地还可以有更富想象力的方式。因此,"蚂蚁森林"这个可以人人参与"绿色金融"和"碳账户"的项目便应运而生。每个人通过自己的绿色生活,都能够拥有自己的"碳账户"并积攒下所谓绿色能量。这些能量都是可量化的、具备实际价值的。碳账户只要运转起来,就意味着有交易的可能。

其次,增加"社交流量"是蚂蚁森林项目产生的另一个重要原因。如果问你每天起床是先刷一遍微信"朋友圈"还是刷一圈"淘宝"?大部分人也许会回答是朋友圈。移动互联网时代,时间为王,谁占据着更多的入口,就会获得更多的流量。相对于腾讯牢牢把握社交这一高频入口,阿里巴巴手中的入口并不算多。支付宝作为一款工具,其可替代性很强,但微信支付的出现对其带来了巨大冲击。如果不增加用户使用频次,随着用户习惯的变迁,未来甚至会逐渐被人遗忘。但是如果有自身高频的社交入口再加上电商需求,那么对于阿里巴巴来说,就形成了一个完整的网络生态。因此,面对拥有微信和 QQ 两大社交平台的腾讯,支付宝等阿里系企业争取社交的"心不死"一直希望可以分得社交平台的一块蛋糕。"蚂蚁森林"具有社交功能,其学习了当年风靡社交平台的"偷菜"游戏。用户为了获取绿色能量值,可以去支付宝好友那里"偷"走一些。这样就可以快速创造大量的互动行为,提升用户的活跃度,以及大量的好友添加。为阿里巴巴未来的社交战略打下良好的基础。

再次,品牌形象建设也是一个重要原因。"蚂蚁森林"作为一个公益项目,上线之后获得大量好评(可能是继余额宝后,支付宝里唯一广受好评的产品)。跟许多公益项目只捐钱不同,"蚂蚁森林"项目的参与用户是在用玩的方式积攒能量值并实现种树,把虚拟的树变成阿拉善那一片真的梭梭树,并且可以在手机 APP 实时观看到以自己的名义种植的树,整个过程有据可查。2017 年 12 月 5 日第三届联合国环境大会,"蚂蚁金服"受到联合国邀请参会,代表中国向全球讲述"蚂蚁森林"这个美丽而奇妙的中国故事,与世界分享中国生态文明建设经验。联合国副秘书长、联合国环境规划署执行主任埃里克·索尔海姆(Erik Solheim)称赞道:"全球 2 亿人、也就是世界人口的 3%,正通过'蚂蚁森林'践行着绿色生活方式,'蚂蚁森林'的中国实践是绿色金融探索的标杆,这一模式值得全球推广。"因此,"蚂蚁森林"这种秉持"公益的心态、商业的手法",不期待短期内取得交易类回报,做人人参与公益的社会责任营销模式,积极地促进了阿里巴巴整个公司以及旗下支付宝等产品的品牌形象。

最后,鼓励绿色低碳行为,促进环境改善。根据新华网 2017 年 11 月 2 日的报道:截至 2017 年 8 月底,"蚂蚁森林"用户超过 2.3 亿人,累计种成梭梭树 1 025 万棵,累计碳减排 122 万吨。这一批树,陆续由阿拉善 SEE 基金会、中国绿化基金会等蚂蚁金服公益合作伙伴,在内蒙古阿拉善、鄂尔多斯、甘肃民勤等地区种植及维护,变成真正的梭梭林。数亿人因为这一款公益行动,每天都在坚持低碳行为,每天都在为地球和蓝天作出贡献。

## (二)蚂蚁森林的"种树攻略"

"蚂蚁森林"的用户群体不分男女老少,只要你有一部智能手机,手机上安装了支付宝的应用程序,就可以通过日常的一些低碳生活行为获得绿色能量。有的用户会想,我们的哪些行为可以获取这些能量?为什么我今天走了很多步,没能在"蚂蚁森林"上看到绿色能量的增加?让我们打开"蚂蚁森林"的种树攻略,一起看看在支付宝上哪些低碳行为可以获得绿色能量,即生活中哪些行为能起到节能减排的效果。

(1) 行走捐。支付宝会根据用户当日所行走的步数来统计"今日步数"。用户自己可以看到在朋友圈的运动步数排名、被好朋友们点赞的次数。无论走了多少步都会积攒一定的绿色能量,收集这些能量就可以让自己的小树快快长大。除了带来绿色能量,用户也可以在行走捐的界面直接慈善捐赠。当用户每日行走超过 5000 步之后,就可以捐步数,即将所行走的步数随机转化为一定金额,捐入需要被资助的项目中。目前,行走捐的赞助是由爱尔眼科提供,集结的善款将投入"看得见的希望"慈善项目中。平均每一秒钟就有用户捐赠 0.1 元钱,平台现已接受 827 254 份捐赠,累计捐款达到 2 333 581.28 元(用户可在项目界面下看到实时更新)。

(2) 共享单车。现支持 ofo 和哈罗单车。根据目前支付宝政策,利用支付宝客户端扫码解锁 ofo 和哈罗单车,可以享受前 5 次免费骑行,每周骑行 3 天可以获得现金红包的活动。共享单车是互联网时代的衍生品,为民众解决了"最后一公里"的出行问题。共享单车的出现,在一定程度上减少了汽车使用,让人们的出行变得更加绿色环保。

(3) 线下支付。使用支付宝线下支付节省小票纸张,每一笔相当于减排 5g,"让天空多一点蓝,每一笔支付都有意义"。支付宝为采取线下支付的商家提供收款码,为所有用户都提供了唯一的收付款码。使支付行为变得绿色、便捷。线下支付的门店类别有:美食、超市便利店、KTV、休闲娱乐、美容美发等。用户不再被手上一堆零钱或者现金不够支付而困扰,商家不再为缺少零钱找现而苦恼。2017 年年底支付宝发起的"扫码领红包"活动,进一步吸引了大量用户。事实上,"线下支付"是众多蚂蚁森林用户参与的低碳行为。

(4) 网络购电影、火车票。网络购票既省去了排队的困扰,也可以享受一定程度优惠。特别是支付宝 2017 年年底上线的网购火车票的活动,优惠总额可达 60 元人民币,人们不必再为没有办理银行卡的网银业务而着急,而且此项活动对于获取能量值的贡献也非常显著。

(5) 发票管家。可以根据发票抬头不同,分为个人抬头和企业抬头发票。企业发票基本信息的保存,例如,单位名称、地址、电话、开户银行、银行账号等,方便查询、查找。对于企业财务人员和需要开具增值税的人来说,均非常方便。参与这一行为也会增加用户的能量值。

(6) ETC 缴费。除了高速公路 ETC 不停车缴费的业务,还增加了国家驾照翻译认证服务。目前是免费的,3 分钟即可办理成功。可分别获得澳洲翻译资格认可局NAATI认证和新西兰交通部NZTA认证;全球10万间门店可以取车,是出境自驾游租车必备。此外,还有机动车违法处理、法律服务、合同服务、医疗服务等一系列缴费、交通、金融等接入服务。

(7) 公交卡。目前中国有15个城市可以使用"支付宝公交卡",21个城市可以使用支付宝乘车扫码乘坐公交车。

(8) 生活缴费。包括生活中煤气、水、电3个方面。搬入新地区不必再为找"缴费点"而苦恼,也不必为忘记缴费可能导致停电、停水、停气而担心,用户可随时随地利用支付宝进行缴费。

(9) 预约挂号。可以根据用户所在城市,选择适合的医院,只要在家动动手指,即可不用排队挂号。并且可根据用户的需求,选择适当的科室和治疗医生。

(10) 国际退税。支付宝开启了全球退税快速通道。对于需要办理退税,特别是到达机场之后,时间十分有限的支付宝用户,这一项活动十分便捷。现已接入支付宝国际退税功能的机场,包括意大利的罗马费米奇诺机场、德国法兰克福机场等20家欧洲国际机场。只需要在退税单填好手机号,机场海关盖章,退税柜台扫描二维码,就可以在支付宝收到所退的税款。

(11) 绿色包裹。在淘宝天猫"剁手"时选择带"绿色包裹"(包装袋为全生物降解快递袋,自然环境下被降解为水和二氧化碳)标记的宝贝。收到快递后,会在蚂蚁森林里自动获得相应的绿色能量。每笔使用"绿色包裹"的订单,产生绿色能量40g。后续的退款等行为也不影响已发送的能量。每个账户在每个自然月最多可获得10次由"绿色包裹"生成的绿色能量。除了获取绿色能量,使用绿色包裹最大的益处是对环境无害。

(12) 车辆停驶。添加车辆信息之后,根据用户减排天数和里程,计算累计减排数量。除了收取蚂蚁森林能量外,还有机会收取现金红包。根据北京环境交易所提供的绿色能量"碳减排"的科学计算方法,目前,支付宝蚂蚁森林现有以上数十个即用户的这些低碳行为,可以实现节能减排,积攒绿色能量。事实上,当你进入这些板块后,你会发现,这里不仅仅是节能减排的地方,更是一个开启互联网便捷生活的开始。

除了以上方式之外,还可以通过给支付宝好友的树苗浇水,帮助其增加能量值,这也是一种增加友谊的社交活动。这一网络虚拟种植活动,不仅仅是让大家可以重拾种菜、偷菜(蚂蚁种树中为积攒绿色能量,偷取他人的绿色能量)的乐趣,更多的是告诉大家,我们平时生活中的点滴绿色行为,就可以在需要绿色植被的沙漠地带种上一颗沙漠的"保护神"。这样的活动,既提升了人们的环保意识,也让那些不能亲自动手植树造林的人们参与到低碳环保、保护环境的行动中来。

### (三) 虚拟向现实的转化

支付宝用户开启 APP 中的蚂蚁森林、积攒一定的绿色能力值后,会有机会领取一棵虚拟的小树苗,根据以上提到的日常生活低碳行为积攒绿色能量值。当能量积攒到一定程度(例如,培育能量值要求最小的梭梭树,需要 17.9 公斤能量值),用户便可以申请领取唯一编号的真正树木,选择种植在中国需要绿色植物的地区。然后蚂蚁金服合作的各大公益基金机构将树木种植在合适的地区,并负责养护。用户在蚂蚁森林"我的森林地图"版块可以看到自己"所种下"的真树。

蚂蚁森林项目下,用户可以领取的几种真树包括:梭梭树、沙柳、樟子松、胡杨等都是非常适合在沙漠地区生长,具有防风固沙功能的树木。比如,一棵成年的梭梭树可以固定 10 平方米荒漠。用户想要种下一棵梭梭树,需要积攒 17.9 公斤绿色能量。为什么是 17.9 公斤因为一棵梭梭树一生平均能够吸收 17.9 公斤的二氧化碳。

现在甘肃省"河西走廊"的门户武威地区和库布其地区,可以种植梭梭树。沙柳是北方防风沙的主力"三北防护林"的首选之一。一株沙柳就可将周围流动的沙漠牢牢固住。在蚂蚁森林中需要 19.68 公斤的能量值,可以种植沙柳。现在可以种植沙柳的地区是库布齐和鄂尔多斯地区,目前,蚂蚁森林在鄂尔多斯地区的沙柳已经全部被用户认养。虚拟种植樟子松需要的能量值较高,需要 146.21 公斤。目前,蚂蚁森林项目下,可以在库布齐地区种植樟子松。由于认养樟子松需要较多的绿色能量值,还有较多樟子松等待用户认养。胡杨林是荒漠区特有的珍贵森林资源,对于稳定荒漠河流地带的生态平衡、防风固沙、调节绿洲气候和形成肥沃的森林土壤,具有十分重要的作用,是荒漠地区农牧业发展的天然屏障。在蚂蚁森林里,培育"胡杨"需要 215.68 公斤能量值,也是蚂蚁森林中需要能量值最多的一种树,可以在库布齐地区种植,尚有大量胡杨等待用户认养。

### (四) 蚂蚁森林的"丰功伟绩"

"蚂蚁森林"项目自 2016 年 8 月在支付宝上线至 2017 年,一年多的时间,现有用户量已达 2.3 亿,已种植树木 1 025 万棵。蚂蚁金服已经和 3 家公益合作伙伴——阿拉善 SEE 基金会、中国绿化基金会、亿利公益基金会,在内蒙古阿拉善和鄂尔多斯、甘肃武威等地区种植及维护树木,其中有 925 万棵梭梭树,100 万棵沙柳,种植总面积超过 16 万亩。

距离地球 770 公里的太阳同步轨道上的 WorldView-2 卫星和距离地球 631 公里的太阳同步回归轨道上的高分二号卫星,拍摄到了内蒙古荒漠化地区的图像。在这些从太空拍摄到的画面里,有裸露的荒漠化大地、山脉和风沙,还有一排排清晰可见的斜线,那就是蚂蚁森林刚种下去的梭梭苗。

还可以通过一些用户的反馈来感受"蚂蚁森林"项目的成就。2017年3月21日,世界森林日,蚂蚁金服与之前在网上征集的几位志愿者到阿拉善的数块地360度无死角地拍摄给大家看。一位直播的主播日后在微博中这样写道:"3月21日,我亲历了一场史上最简陋的直播。顶着荒漠的6级大风,全程睁不开眼睛,通信基本靠吼,为了让大家听清说话,必须抓住耳麦扯着嗓子喊,吃了好些土。我是不敢看直播的,但是看了直播的朋友告诉我,当看到这个往日里被偷走能量偷出阴影的游戏真的在沙漠为我们种下了一棵棵梭梭树,觉得自己做的一切都值了。"

另外一个航拍短片的文字内容是:"2017年8月底,蚂蚁森林在阿拉善、库布齐、甘肃武威地区进行核验、补种和秋种。蚂蚁森林航拍记录了这件改变世界的大事。很多种树的小伙伴们真的看到了辛辛苦苦'种下'的树,也看到了我们的行动给地球带来的改变。库布齐地区作为中国第七大沙漠,总面积1.86万平方公里,流动沙丘面积达61%,年降水量只有150~200mm。但是现在的那里,有着蚂蚁森林48号林(蚂蚁金服+亿利公益基金)的沙柳,柔弱而安静地生长在沙丘的背面,待它们长大就可以将沙丘固定住,然后慢慢变绿。它们长大后可以砍下部分树枝,插在沙池里萌芽,可以继续努力生长。"这个航拍的短片被微博网友疯狂转发,有的网友称"我才种了一棵梭梭树,简直给祖国人民拖后腿",还有网友留言,"阿拉善一棵梭梭树,库布齐一棵沙柳,第三棵正在种植中。每天叫醒我的是闹钟和偷能量,不过最近懒惰了好多,能量收得不及时了。"

在《联合国防治荒漠化公约(UNCCD)》第十三次缔约方大会上,"蚂蚁森林"宣布未来将在资金、技术和资源方面持续投入,包括不低于2亿元资金用于"一带一路"沿线地区的荒漠化防治工作,以真金白银打造绿水青山。面对当下严峻的自然环境挑战,蚂蚁金服的这一举动被联合国环境规划署称为"环保的突出典范"。阿里巴巴也凭借蚂蚁森林这个产品荣登"2017年50家改变世界的公司"榜单第6名(根据《财富》杂志发布,旨在选出"勇于向一些最重大的难题发起挑战,在为自己创造效益的同时造福人类"的公司)。在此基础上,"蚂蚁森林"项目还有如下事迹。

(1) 2017年1月19日,蚂蚁金服和联合国环境规划署在达沃斯世界经济论坛上正式启动绿色数字金融联盟。这是联合国环境署成立45年来,第一次携手中国企业发起的国际性联盟,也是全球范围内首个绿色数字金融联盟。

(2) 2017年2月17日,联合国开发计划署(UNDP)在北京发布《中国碳市场研究报告2017》,报告称其在全球碳市场有独一无二的实践意义。赞其"以数字金融为主的技术创新,提供了解决环境问题方案,为世界输出中国样本,用行动共筑全球命运共同体,展现了中国领导力"。

(3) 2017年9月5日,阿里巴巴95公益周期间,蚂蚁金服公布的蚂蚁森林公益开放计划将鼓励更多低碳场景接入,期待更多NGO、政府机构、国际组织等合作伙伴加入这场公益创新。

(4) 面向未来,企业频繁地参加公益活动,势必会为其带来更多关注的"光环"。无论是对品牌形象的提升,还是用户的增长,蚂蚁森林项目都将发挥积极的作用。支付宝背后的阿里巴巴马云先生,还兼任大自然保护协会全球董事长。对于注重全球气候和环境问题的马云而言,除了"蚂蚁森林"公益项目,阿里巴巴还会逐渐上线更多可以通过用户参与来完成的公益项目。

公益项目虽然并不直接带来现时利益,但它对企业的推动力却是非同一般。美国的《策略管理报》曾对全球来自不同行业的469家公司展开调查,结论是:资产回报率和公司的社会公益成绩有非常显著的正向关系;销售回报率也和公司的社会公益成绩呈显著正关系。

蚂蚁森林的主张是"为世界带来微小而美好的改变"。为了这个承诺,"蚂蚁森林"项目团队一直在努力着。迄今为止,"蚂蚁森林"项目在沙漠治理、环境保护等方面已经取得了令全球轰动的傲人业绩。据新闻最新报道,库布其沙漠正在逐步被绿色覆盖,中国的沙漠也将会因此而减少。

## 二、新媒体危机公关成功案例

### 海底捞的危机解围

2017年8月25日,媒体爆出"暗访海底捞:老鼠爬进食品柜,火锅漏勺掏下水道"的新闻,"海底捞老鼠门"的关注指数迅速攀升至百万级数。

该新闻一经爆出,就引起舆论哗然,"海底捞"深陷舆论旋涡。该事件除了在微信、微博等网络新媒体平台上广泛传播外,大量主流新闻媒体也对此事进行了跟踪报道。不少网络名人表示对"海底捞"十分失望,大量海底捞粉丝表示再也不会选择海底捞,海底捞多年经营的良好口碑遭遇断崖式下滑。

一、记者暗访爆料

8月25日上午10点,《法制日报》一则"暗访海底捞:老鼠爬进食品柜,火锅漏勺掏下水道"的新闻稿,将"海底捞"推到了风口浪尖上。这则新闻记录了记者在海底捞长达4个月的暗访,曝光了许多不堪入目的画面(见图9-4)。

图9-4 《法制晚报》曝光海底捞

据《法制晚报》报道,该社记者在入职海底捞第一天,就在后厨的洗杯间发现了老鼠的踪迹(见图9-5)。而在接下来的几天里,记者陆续在北京海底捞劲松店后厨的配料房、上菜房、水果房、洗碗间、洗杯间等各处均发现了老鼠的踪迹。其至有的老鼠会爬进装着食物的柜子里。在记者对海底捞劲松店暗访近两个月的时间里,海底捞劲松店请除鼠公司清理过一次老鼠,但遗憾的是没过几天,又有老鼠出现。

 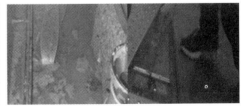

图9-5 海底捞的老鼠和洗碗机

另外,记者发现,当洗碗间工作并不是特别繁忙的时候,工作人员会一边打扫卫生,一边洗碗。用来清扫地面、墙壁和下水道的扫帚和簸箕,还会用作清理洗碗机和储物柜。而清扫工作完成后,簸箕和抹布会被员工放入洗碗池内清洗,扫帚会被放在洗碗机传送带上面沥水。当记者认为此举不妥,向洗碗间工作人员建议不要把工具和餐具混在一起的时候,工作人员这样告诉记者:"做好你自己的事情就好。"

在店内清洁仪器方面,海底捞劲松店的洗碗机清洗餐盘采用高温消毒,洗碗机虽然每天都会打开清洗,但只是清洗表层,内部的油污并没有祛除。负责清理洗碗机表面的工作人员甚至抱怨,洗碗机上面沾的油无法清洗,味道极重。而记者打开洗碗机的机箱盖后,可以看到传送带一侧沾满了油渍,并散发出阵阵腐烂的恶臭。洗碗机内壁上沾满了油渍和腐烂的食物残渣,洗碗机内的蓄水池满是黄色的污水。当记者把洗碗机蓄水池里的水排净后发现,蓄水池内壁上沾满的油脂用手可以刮下厚厚的一层,蓄水池内还可以清晰地看到一些掉落的碗盘,上面早已沾满了油脂。

该社记者随后由北京劲松店转往北京海底捞太阳宫店工作,在该店的卫生情况上,记者表示两店十分相似。该店洗碗流程与海底捞劲松店大体相同,满是油渍的转移箱并不清洗,与洗碗池清洗过的餐盘一起放入洗碗机内。洗碗机传出的餐盘上有清晰的黄色水渍。洗碗机内部大清洗,大概两三个月才会有一次。

此外,该记者表示,在某次临近下班时,后堂各组成员开始打扫卫生做收尾工作。后堂下水管道堵塞,配料房的工作人员打开了下水管道的挡板,清理堵塞的垃圾杂物。但他们所使用的清理工具正是供顾客吃火锅使用的漏勺,这些漏勺是从顾客刚食用过的火锅里拿出来的。后堂过道处人来人往,没有一个员工站出来表示不满,就连后堂经理也只是看了一眼随后转身离开。记者与旁边的员工交谈被告知,这件事没什么好大惊小怪的。这些漏勺使用完毕后,会被放入装餐具的锅中一起清洗。

## 二、危机爆发

"海底捞老鼠门"事件一经曝出,就在短短一个小时内成为全国性的公众热点。当下社交媒体的传播特征使品牌的有关海底捞的负面情绪在社会化消费环境下不断加剧,在微博、微信、今日头条等主流媒体平台,"海底捞老鼠门"事件急速升温(见图9-6)。《法制晚报》记者暗访的报道转发量迅速破万,吸引了大量网民在官方微博下评论,而微博话题"暗访海底捞""暗访老鼠爬进食品柜""火锅漏勺掏下水道"等标签迅速升温。

依照清博舆情发布的数据,在8月25日上午10时被曝出之前,海底捞的网络口碑以正面为主,占据了74.75%的高比例,相对应的负面口碑仅有9.22%,另有16.03%的中性评价。海底捞还以消费者眼中的宠儿出现在公众视线中。然而,海底捞后厨事件的曝光让海底捞在网络的关注度暴涨,口碑也急转直下,负面占据了49.15%,而正面却然陡降至11.07%。食品安全的出现让近乎"神话"的海底捞形象轰然倒塌。

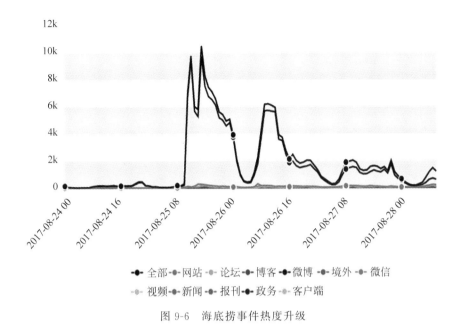

图 9-6 海底捞事件热度升级

如图 9-7 所示,在 8 月 25 日事件发生后,《法制晚报》《人民日报》等官方媒体对事件进行了报道,来自凤凰网、腾讯新闻的报道也得到了极大的关注量。《北京商报》记者随机进行了街头调查,发现有相当数量的消费者对海底捞此次曝出的丑闻表示震惊,其中有几乎每月都会前往海底捞消费数次的铁杆"海迷"。这部分消费者表示,今后将不再前往海底捞就餐,或者在心理障碍被克服之前将不会选择海底捞,并且表示将持续关注海底捞对事件的处理进展。此外,还有消费者对这一事件的真实性表示质疑,或是表示将持观望态度。网民巨大的心理落差使舆情骤变,凭借口碑崛起的海底捞一时间风雨飘摇。

三、海底捞的危机处理

(一)海底捞的第一次声明

8 月 25 日 14 时,被媒体曝出后厨卫生状况堪忧几个小时后,海捞迅速针对此事作出反应,称"问题属实、十分愧疚"。海底捞就北京劲松店和太阳宫事件发出公开致歉信(见图 9-8)。

在海底捞的第一份声明中,坦白承认了媒体报道中披露的问题属实,向海底捞的顾客朋友表示了自身的歉意,向各位监督海底捞的媒体表达了感谢。并在文章中强调了海底捞一直在坚守食品安全责任的底线,对于这次管理漏洞造成的食品安全问题十分自责。公司愿意承担相应的经济责任和法律责任。并已经布置在海底捞所有

| 标题 | 来源站点 | 时间 | 转发数 |
|---|---|---|---|
| 法制晚报：【视频曝光】#暗访海底捞# #老鼠爬进食品柜# #火锅漏勺掏下水道# 老鼠在哪？火锅掉了哪里？洗碗柜到底在哪里？所有疑问，视频解答！！http://t.cn/RCHXqaa | 新浪微博 | 2017年8月25日 15:14 | 14100 |
| 法制晚报：【恶心！#暗访海底捞# #老鼠爬进食品柜# #火锅漏勺掏下水道#】老鼠在后厨地上乱窜，打扫卫生的簸箕和餐具同池混洗、用顾客使用的火锅漏勺掏下水道……海底捞作为一家中国著名直营餐厅的大型跨省餐饮品牌火锅店，法制晚报看法新闻记者在海底捞两家门店暗访近4个月看到的却是如上情形。当记 | 新浪微博 | 2017年8月25日 10:55 | 14054 |
| 人民日报【暗访海底捞：老鼠爬进食品柜 火锅漏勺掏下水道[衰]】老鼠在后厨乱窜、簸箕和餐具同池混洗、用顾客使用的火锅漏勺掏下水道……近日，有记者在海底捞两家门店暗访4个月后却出如上情形。当询问工作人员建议不要把工具和餐具混在一起时，工作人员回："做好你自己的事情就好。" http://t.cn/RCYnkux | 新浪微博 | 2017年8月25日 13:34 | 3659 |
| 暗访海底捞4个月：老鼠爬进食品柜 火锅漏勺掏下水道 | 凤凰网 | 2017年8月26日 04:20 | 623 |
| 暗访海底捞：老鼠爬进食品柜 火锅漏勺掏下水道 | 凤凰网 | 2017年8月25日 10:46 | 397 |
| 海底捞捅了众怒！老鼠爬进食品柜，火锅漏勺掏下水道 | 腾讯新闻 | 2017年8月26日 10:29 | 268 |
| 人民日报评海底捞事件：打开后厨让食品安全看得见 | 强国论坛 | 2017年8月28日 07:51 | 249 |
| 海底捞出现问题 北京食药监局排查全市餐饮企业 | 中国职校网 | 2017年8月27日 12:40 | 237 |

图 9-7　海底捞事件爆发后媒体转发情况

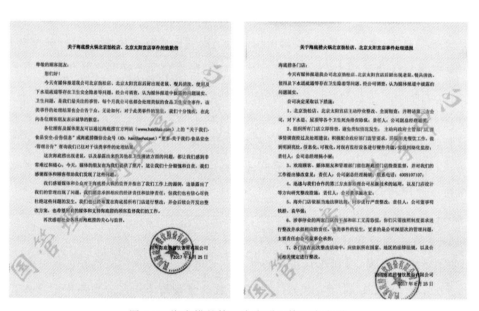

图 9-8　海底捞的第一次声明和第二次声明

门店进行整改，并会后续公开发出整改方案。

我们注意到，在海底捞的全篇致歉声明中，没有出现对自身出现问题的辩解，也没有将事发的概率划为小概率事件，反而承认"每个月我公司也会处理类似的食品安全事件"。并进一步表示,海底捞自身对食品安全也有内部检查机制,往常检查结果的处理结果都会发布公告,消费者可以通过其官网或者微信平台对此查证。在海底捞发布第一次声明的同时,海底捞北京劲松店和太阳宫店门店主动停业接受检查。由于此时仍有不知情的顾客前往海底捞就餐,两店在停业过程中,店员会告知顾客目前的店面情况,劝其离开,并为顾客送上小礼物以及底料优惠卡用以弥补食客的损失。此时网络上关于海底捞的热点仍旧是"老鼠""掏下水"等尖锐词汇,但海底捞道歉的舆情信息开始出现。

(二)海底捞的第二次声明

在海底捞公开第一份致歉声明后,海底捞诚恳的态度让公众情绪有所缓解,海底捞口碑继续下降的趋势得以遏制,其不抵赖、不狡辩,快速、坦率的回应,让关注这件事情的公众对海底捞的抵触情绪略有下降。海底捞致歉的关注度开始提高。公众开始关注于海底捞对此事的具体解决方案。8月25日17时,在海底捞第一份道歉声明发出两个小时后,海底捞就北京劲松店和太阳宫事件发出事件处理通报。海底捞在最短的时间内,在处理通报中共出台7条措施,并提供了具体的行动陈述(如图9-8所示)。

在海底捞的第二份声明中,海底捞面面俱到地给出了整改方案,除了上述内容外还包括了第三方虫害治理公司新技术的运用、门店设计方向研究整改措施、所有门店立即排查等内容。并公布了一系列整改措施和13位具体负责人的姓名以及联系电话。这些细节的公布,不仅使得"相关负责人"透明化,也通过新科技与解决方案消除了消费者因无法监督的顾虑。而随着第二份声明的出炉,海底捞主动向政府主管部门汇报了事情调查结果及处理意见,并开始整改厨房设施,落实明厨亮灶,信息化、可视化,对现有监控设备进行硬件升级,实现网络化监控。

除了具体的整改措施外,海底捞"处理通报"中第6条,传达了海底捞对员工的人文关怀和安慰:对肇事停业的两家门店的干部和职工没有过多的苛责,没有像其他企业直接开除员工,只要求员工积极整改并承担相应的责任。将事件归因于公司深层的管理问题,主要责任由公司董事会承担。

在海底捞公布自身详细的整改计划后,"海底捞事件"舆论呈现反转势头,公众对"海底捞事件"态度更加缓和。除了对海底捞整改措施的认可外,公众对于海底捞在整改措施中对员工的包容与大度表现除了极大的认可,在搜索平台、主流论坛、微博等平台可以发现,将海底捞公关视为满分公关的不在少数。还有网友舆论中出现了诸如"中国餐馆后厨都很脏,海底捞已经很良心了,还认错了"这样的看法,并且获得相当多网友的认可、点赞。还有网民表态,"海底捞有担当,公关满分,良心企业,必须原谅"。8月26日,针对海底捞的负面信息占比降至25.93%,正面信息占比则大幅提升至33.92%。

### (三)海底捞的第三次回应

图9-9 海底捞的第三次声明

在海底捞事件舆情缓和后两天,8月27日下午3时,海底捞官网发布《关于积极落实整改,主动接受社会监督的声明》(见图9-9)。

在该声明中,海底捞表示对北京食药监局的约谈内容全部接受;同时将媒体和社会公众指出的问题和建议全部纳入整改措施。并将积极实施明厨亮灶,让公众获得监督的权益。

在海底捞发表本篇声明的同时,各地海底捞积极响应。绝大多数分店立刻着手明厨亮灶,积极整改。在事件发生的北京地区,海底捞为门店配置了显示屏。屏幕上半部分全天直播后厨画面,画面囊括了洗碗间、小吃房上菜房、配料间等主要工作间,画面每30秒切换一次;下半部分的左边是一封邀请函,邀请顾客参观后厨,可拍照可摄像。而在邀请函旁边则是一些添加了食品添加剂的菜品介绍,比如"捞派豆花",在屏幕上就标明了该菜品中添加剂的名称和用量等。店内就餐顾客还可以使用iPad进行观看。如果仍对食品安全不放心,顾客可以长时间近距离进入后厨观看,但在进入后厨前需要顾客提供健康证。在监督上,各门店专门设立了"质检员",负责对员工食品安全的计分考核。通过日常在店内巡视以及通过店内的闭路系统查看是否有员工违规。

随着海底捞不断出台整改政策,公众对海底捞的不满渐渐消弭,对海底捞整改的真诚也释放了自己的善意。海底捞口碑有所恢复,原本占据大部分的中间评价都出现了下降,占比为33.55%;正面评价以46.95%的占比重新占据主位,而负面评价仅剩下19.05%。关于海底捞负面影响的搜索量也开始大幅度下降,如图9-10所示,海底捞相关搜索关键词的变化,也侧面表现了公众对海底捞事件的态度缓和。

### 四、事件之后

2017年12月,海底捞劲松店和太阳宫店已经完成整改恢复营业一段时间了。

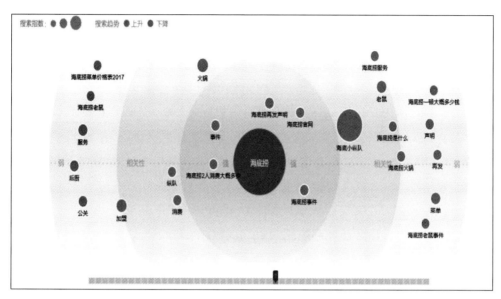

图 9-10　海底捞搜索关键词图谱

尽管相比于过去店内需要等待几个小时才能就餐的火爆场景而言,店面等位区只有 2~3 桌客人在等座,但食品安全事件对店面生意造成的影响已经开始渐渐减弱,恢复过往的火爆场景也只是时间问题。

### 三、新媒体危机公关失败案例

#### 鸿茅药酒"跨省抓捕医生事件"危机

2018 年 8 月,本该处于生产旺季的内蒙古鸿茅国药股份有限公司(简称鸿茅国药)厂区不见人车喧嚣,酿酒车间 6 条生产线近百个基酒窖池已经闲置,大部分生产线已经停止运行,销售萎缩至 25%。这一切,皆源自于公司没有处理好 4 月爆发的一场舆情危机。

一、事件起始

内蒙古鸿茅国药股份有限公司,始于 1962 年的国营凉城县鸿茅酒厂。2011 年,商务部授予鸿茅药酒"中华老字号";2014 年,鸿茅药酒配制技艺入选国家级非物质文化遗产名录。2017 年、2018 年两次入选"CCTV·国家品牌计划"。鸿茅国药拥有中成药酒剂、中药口服液、保健食品、健康白酒等产业门类,其核心产品鸿茅药酒覆盖全国省、市、县、乡超过 20 万家药店,年销售额跻身全国药品零售排名三甲行列。鸿茅国药是内蒙古 36 家重点企业之一。

2017 年 12 月 19 日,拥有麻醉医学硕士学位的医生谭秦东在"美篇"发表了《中国神酒"鸿毛药酒",来自天堂的毒药》(注:鸿毛药酒即为鸿茅药酒,发文者笔误),文章从心肌的变化、血管老化、动脉粥样硬化等方面,说明鸿茅药酒对老年人会造成伤害。截至2018年1月10日谭秦东被抓捕时,该文有2052个点击量,被分享了125次。

2017年12月22日,凉城公安局接到鸿茅药酒的报案:近期多家公众号对"鸿茅药酒"恶意抹黑,甚至宣称鸿茅药酒是"毒药",大肆散播不实言论,传播虚假信息,误导广大读者和患者,致多家经销商退货退款,总金额达827712元,造成公司销量急剧下滑,市场经济损失难以估量,严重损害了公司商业信誉。

2018年1月2日凉城公安局立案侦查,得出结论:谭秦东损害商业信誉、商品声誉犯罪事实清楚,证据确实充分,于1月10日对嫌疑人谭秦东采取刑事拘留强制措施;1月25日经凉城县人民检察院批准对其逮捕。

谭秦东,2010年中南大学麻醉学专业硕士研究生毕业,获医师资格证书和临床执业证书。曾在南方医科大学第三附属医院担任麻醉医师。2015年起,谭秦东自主创业开办医药科技公司,主要从事医学美容与皮肤病治疗,并不从事药酒生产,自称发布上述文章,"与商业竞争无关""写文章为了博眼球"。

谭秦东和他的妻子都证实,鸿茅国药的高管参与了跨省抓捕行动,全程陪同并承担经费。凉城公安抓捕谭秦东后,凉城县检察院对谭秦东是否立案向公安局提出补充侦查意见;1月25日,作出《逮捕案件继续侦查取证意见书》,要求凉城县公安局调查谭秦东文章发布后,是否还存在其他因这篇文章而取消订单的情形;3月23日,凉城县人民检察院又作出《补充侦查决定书》,要求凉城县公安局对起诉意见书所提到的文章点击量和转发量是如何认定的等6个方面进行补充侦查。也就是说,谭秦东的文章到底是否构成损害鸿茅国药商业信誉?

3月2日,谭秦东向凉城县公安局递交申诉书,提出,发布文章是为老年人提出忠告,"药酒是药不是保健品,有具体适应症、禁忌症和严格的剂量要求。'对症是良药,滥用如毒鸩'。如果厂家在广告中夸大疗效、淡化适用症、禁忌症和严格的剂量要求,给患者带来严重后果,'良药'变'毒药'绝非危言耸听""发帖不以任何商业利益为目的"。文章标题拟定上或有不妥之处,但在文中没有捏造任何虚假事实,不能仅看标题就定其损害商品声誉的罪名。该申诉没有得到回应。

二、舆论质疑鸿茅国药致其陷危机

3月13日,凉城县公安局将该案移送凉城县人民检察院审查起诉,公诉时间仍未定。就在这一天,微信公众号"红星新闻"发布了《广州医生发帖称"鸿毛药酒是毒药"涉嫌损害商品声誉被警方跨省抓捕》的文章,这一事件曝光于公众视野。澎湃新闻在网站和微博进行了转载发布,并迅速被王志安、《南方人物周刊》《南方周末》等微博大 V 转发,吸引了法律和医药界在微博上参与讨论,大量网友参与其中。各大社交媒体上,铺天盖地声讨"鸿茅药酒"的内容;王志安、五岳散人等齐声喊"鸿茅药酒是毒酒";新华社、《人民日报》、光明网等权威媒体都相继发声。

媒体和网民的质疑集中在以下几点。

第一,鸿茅药酒的安全性及疗效。有医学界人士质疑,在已公开的信息数据中,查询不到鸿茅药酒的临床试验记录;而且鸿茅药酒的配方同时存在的半夏和附子,违反了中医药禁忌"十八反"(注:两种药物同用时发生剧烈的毒性反应或副作用,称相反。文献记载有18种药物相反,故称"十八反")。2004 年至 2017 年年底,国家药品不良反应监测系统中,共检索到鸿茅药酒不良反应报告 137 例,不良反应主要表现为头晕、瘙痒、皮疹、呕吐、腹痛等。

第二,鸿茅药酒配方中"豹骨"的来源。根据中国科学院上海有机化学研究所《豹骨》一文记载,豹骨的来源不只是豹属的金钱豹,还包括其他猫科动物雪豹属和云豹属。但云豹、雪豹、金钱豹无一例外都是国家一级保护动物,云豹、金钱豹属于濒危动物,雪豹属于极危物种,有灭绝危险,保护不慎极有可能永远从地球上消失。王志安质疑,自 2007 年 11 月起,鸿茅药酒所属公司内蒙古鸿茅国药股份有限公司建设规模达到年产药酒 15 000 吨。简单测算可知,鸿茅药酒每年需要 1 203 公斤豹骨。即便每头豹子有 5 公斤骨头,每年也需要 240 只成年豹子才能满足鸿茅药酒的生产。

第三,鸿茅药酒如何证明 140 万退货与谭秦东文章内容有直接因果关系。大量网文对此提出质疑;媒体和记者还追踪采访鸿茅国药称退货的两家公司,两家公司均表示没有退货。

第四,凉城县公安是否为鸿茅国药这个"金主"滥用职权。这是被媒体和网友质疑最多的问题,也是引发舆论风暴的关键点。损害商品名誉罪是民事纠纷,认定纠纷之前,警察为什么要先抓人?作为企业的鸿茅国药,是否运用公共资源谋企业私利?

鸿茅药酒"跨省抓捕医生事件"成为热点新闻,在铺天盖地的舆论抨击下,政府及行业协会等作出了反应。

三、鸿茅国药在危机事件中的反应

抓捕谭秦东后,鸿茅国药对媒体的质疑进行了一系列反击。

鲍洪升发微博,义正词严地说:中国难于产生世界民族品牌,主要的是不良媒体,利欲熏心的记者,不顾民族利益,不求事实真相,胡编乱造,断章取义,把艰难前行的民族品牌、本土企业扼杀在摇篮之中,这是民族的悲哀,媒体的耻辱。

2018年4月2日,鸿茅国药公司在呼和浩特举办"保护民族品牌,振兴中蒙医药"研讨会。在到场的40余家媒体共同见证下,专家们就民族医药品牌的保护与振兴展开了深入的探讨,共同开启了"振兴民族医药品质行动"的序幕。会议有多名专家发言。

4月10日内蒙古质监局局长霍武一行莅临鸿茅国药调研指导工作。鸿茅国药官网发文专门报道。

4月13日抓捕谭秦东事件曝光后,鸿茅国药立即成为媒体关注焦点。16日,鸿茅药酒公司生产中心总经理王生旺和总经理助理韩军接受澎湃新闻的专访,回应质疑。

舆论漩涡中,鸿茅国药于4月16日至4月17日在北京召开经销商会议,经销商透露,"来是季度颁奖出国旅游会,16号鲍洪升去了,讲了几句话,说自己成了名人了,但事态可控",他一直在给经销商打气。"然后16号下午事态就越来越严重,舆论沸腾了,可能需要处理舆情,17号没有出现在会场"。会场戒备森严,防止任何外人介入。经销商还透露,鸿茅药酒本想判完谭秦东后再抓春雨医生,因为春雨医生2018年3月份共发表5篇文章涉及鸿茅药酒,对毒中药、违法广告、豹骨、领导人背书的真实性、麝香等问题都质疑过。

4月26日,鸿茅国药公司发布自查整改报告,回应公众质疑的问题,称:产品的安全性是符合国家规定的;豹骨在2007年后进行了替代(国家食药监局发文,2006年1月1日起,中国已全面禁止从野外猎捕豹类和收购豹骨。不过,为避免药品生产企业的经济损失,准许药品生产企业将现有库存的豹骨继续使用完毕);违规广告皆为经销商所为,有的甚至是冒牌鸿茅药酒所为。报告表示,公司暂停广告,全面整改,接受监督(4月18日起,鸿茅国药停播了鸿茅药酒投放的全部广告,并要求全国各地经销商于4月20日18:00前停播省、市、县等广告,暂停终端药店的营销推广活动)。

# 本 章 小 结

本章主要讲新媒体营销公关的内容。首先,要了解新媒体营销公关的背景、主要形式和方法论。其次,要掌握新媒体时代危机公关的意外性、爆发性、破坏性、紧迫性的特点、"3T"原则和"5S"原则以及处理危机公关的关键点。最后,给出了营销公关成功和失败的案例,希望同学们能从案例中学习到经验和教训。

# 营销实例

## 美联航危机管理的迷途求返之路

2017年4月9日,关于UA3411航班暴力对待乘客的视频开始在推特(Twitter)上传,其点击量在随后的几个小时内急速攀升至百万级数,并被网友大量转载。关于美联航的讨论在当天骤然爆发。

在推特视频评论区,大量美国网友在声讨美联航,网友对视频中的被打者充满了同情,他们认为美联航罪大恶极——粗暴地对待一位年近七旬的老者,殴打并将他满身是血地拖离座位。在愤怒中,部分网友喊出了抵制美联航的口号,网友纷纷表示支持。

与此同时,美联航总部收到信息没多久的美联航总裁Oscar Munoz(中文译名穆诺兹,下文均用穆诺兹指代)有些头痛,事件发生的太突然了,公司还没有相应预案,他需要立即评估事件可能的走向,并为UA3411事件选择合适的应对方案。

### 一、事件发生

2017年4月9日下午5:40分,一班由芝加哥飞往肯塔基州最大城市路易斯威尔、编号为UA3411的美国国内航班出现了强行带离乘客的情况。

在所有已购票乘客登记登机后。由于美联航有4名工作人员要搭乘该次航班,联合航空需要随机挑选4名乘客下机,对于让出座位的乘客,美联航承诺赔偿400美元及一夜酒店住宿,希望有乘客能主动放弃座位下机改签第二日航班。但加至800美元都无人放弃登机后,美联航采用电脑随机抽签机制挑选出4人,被选中的乘客将被强制驱逐下机。

在被电脑抽中的4个人中,一对情侣接受并离开,但一名被随机抽中的69岁的越南裔乘客陶大卫表示拒绝离开。他表示自己是医生,第二天还要到路易斯威尔医院见病人所以不能延误,并且表示要给自己的律师打电话。

双方交涉未果后,空乘人员叫来了机场安保警察。3名身高马大的航空警察登上飞机,并通过暴力手段将陶大卫带离:航空警察将陶大卫连拖带拽地"拔出"座位,并反拉着他的双手在机舱过道拖行离开飞机。

陶大卫被至少两名警员拖离座位时，曾一度发出惨叫，头部更疑似撞到隔邻座位，被拖走时衣衫不整且眼镜亦滑落，额头及口部大量出血，大约10分钟之后，陶大卫又跑回机舱，他的上半身尤其是脸上布满了血液。受到暴力对待的陶大卫意识混乱，一直在不断重复"Just kill me! Just kill me"（杀了我吧，杀了我吧），面对血腥的画面，同航班乘客对美联航这种行为提出了抗议，一名女乘客尖叫着抗议："Oh, my God, look what you did to him!（我的天啊，看看你们对他做了什么!）"尽管如此，陶大卫最终仍然被人强行带走，并导致飞机延误超过两个小时。

在该暴力事件中，直接受害人陶大卫在抵抗中失去两颗门牙、鼻梁断裂以及留下脑震荡症状。

该事件过程被同航班乘客拍摄下来并随后发布于网络，视频点击量迅速超过680万次，血淋淋的视频引起了美国社会的广泛关注，美国公众对美联航无视乘客利益，涉嫌侵犯人权的行为十分不满，认为美联航对乘客的做法太不人道，纷纷指责美联航的行为，一股讨伐美联航的风暴就此兴起。为了更好地了解本次美联航事件，我们不妨先了解一些美联航及美国航空业的历史。

## 二、美国航空业

美国航空业在过去的10年内发生了巨大的变革，包括达美兼并西北航空、美联航和大陆航空合并、美国航空与全美航空合并等诸多合并重组。而多轮合并后的美国航空业被美国航空、西南航空、达美航空以及美联航分别控制了美国国内19.5%、18.2%、16.9%、14.4%的航空市场，美国每年300亿美元的航空业净利润被四大航空公司所瓜分，在这种垄断的格局下，美国航空业缺乏有效的竞争，航空业竞争压力非常低。

更为严重的是，在四大航空公司把控美国航空业的背景下，美国航空业真正垄断情况要比表面上更为严重：四家航空公司背后的主要持股人高度重合，伯克希尔（Berkshire Hathaway）、先锋集团（Vanguard Group）、贝莱德（BlackRock）、富达（Fidelity Investment Group）都是这四家航空公司排名靠前的大股东。对这些持股的大股东来说，美国航空业的行业势头一直在上升，不论单个的航空公司怎样发展，他们参股了所有航空公司，这种大背景下他们会不断注资到航空公司。而对航空公司的员工来说，这种垄断给航空公司的员工带来了傲慢的底气——无论他们服务质量如何，乘客只能选择他们。

由于航空业运营成本过高,投资航空业的资本回报率一直低于资本成本2~3个百分点,国际航空运输协会称,以2001—2010年计,全球航空业每年平均亏损50亿美元。航空业公司必须想办法提高自己的客座率、降低空置率,而超售政策便是解决空置率的主要办法。超售采取的是将订座数大于实际可利用座位数的方法来降低空座率,一旦出现因超售导致乘客不能登机的情况,航空公司会采用激励的方法使其放弃座位。

根据过往4年的情况来看,美联航在违背乘客意愿取消航班座位这方面并非全美最差的航空公司,所有航空公司在这方面都有不堪回首的历史。美国航空公司每年6.15亿人次的乘客中,因超售被"挤出"预订航班的乘客数量就有约50万人。这其中90%的乘客在各种激励手段下"主动"让出座位,而剩下10%尽管不愿意让出座位,但仍旧会被航空公司强制"取消"座位。一旦取消无果,无法与乘客达成一致,航空公司会强制驱逐乘客,强制驱逐乘客涉及的一个机制就是involuntary denied boarding(强制驱逐乘客机制),即无论乘客意愿如何,航空公司都会强行取消乘客座位,并给出补偿。但启动这个机制的概率极低——低于0.008%。但在"UA3411"事件中,美联航很不幸地应用了概率低于0.008%的强制驱逐乘客机制,并带来了恶劣的后果。

## 三、舆论危机

重新将视角转回"美联航事件",事件曝光后,视频迅速从推特向脸书(Facebook)、Google平台转移,随着视频的广泛传播,美国网民的愤怒愈演愈烈,在推特和脸书等美国主要社交平台上,"抵制美联航""拒绝乘坐美联航"等标签点击量居高不下,网友留言要求美联航CEO穆诺兹辞职,并发起了剪碎美联航会员卡的行动,多数网友留言称绝对不会再选乘美联航的航班。

尽管在事件曝光后,网络上对美联航的声讨甚嚣尘上,但与国内企业不同,尽管美国民众不停地声讨美联航。然而这并没有促使美联航低头认错。穆诺兹和美联航董事会成员面对美国国内的舆论压力虽有道歉的想法,但利益至上的原则要求他们不能道歉,这种矛盾使得董事会分成了两个阵营:一方坚持认为航空行业的重心是最大化运营效率和降低运营成本,这次事件源于超售,是提高运营效率的表现。消费者大多数也只看重价格,就算危机扩大,只要降低价格就可以赢得顾客,况且在美国航空业环境下,即便服务质量差一些,顾客也仅有美联航等少数几个公司可供选择。此外,公司的股权结构和过往历史也要求公司偏向员工。出于以上几个原因考虑,美联航没必要特别地处理此事,一旦道歉还有可能面临额外的赔偿损失,会损失美联航利益。而另一阵营则坚持认为今时不同往日,新媒体环境下一旦引起舆论的声讨,公司名誉损失的同时也会带来更多的社会效应——尽管只是很小的可能,但潜在的风险可能会让美联航走入迷途。董事会的讨论很快就产生了结果,他们最终在避免赔偿损失和潜在风险中选择了避免赔偿损失,淡化处理美联航事件,拒不向被打乘客直接道歉。

美联航CEO奥斯卡·穆诺兹在10日发表声明,在声明中穆诺兹称"对这起令人沮丧的事件感到难过",对于"UA3411"事件,穆诺兹归因于机票超售,对于暴力带离乘客的行为称为"Re-accommodate(重新安置)"除此之外,媒体曝光了穆诺兹在事件发生当天发给员工的内部信,在该信中,穆诺茨甚至称乘客过于咄咄逼人而且具有破坏性,美联航员工的工作是遵守了程序的,无需为此事负责。而由于直接打人者并非美联航员工,在媒体采访中美联航将事情推给了芝加哥警局,并未对此事的受害者作出道歉,避免了潜在的诉讼案件。

尽管民怨沸腾,美联航也没有对此作出道歉。然而,更令人大跌眼镜的是,美联航股票不跌反涨,《纽约时报》在评论中称:美联航的涉事公司员工在UA3411事件中的宗旨是遵循工作流程,而这个流程的最终目的就是利润最大化。这是运营良好的标志之一。

## 四、中国的声音

尽管美国公众对美联航的抵制并没有起到应有的效果,甚至美联航的股价还略有上升。但随着美联航事件在社交媒体的传播下不断升温,该事件迅速传播到中国等互联网发达国家。

以中国为例,4月10日9点过后,国内社交媒体平台微博首先传出相关新闻,由于被打者自称"华裔身份",传播的进行非常迅速,并迅速在微信、今日头条等多个媒体平台上报道转载,各门户网站媒体编辑相继曝出这条新闻,越来越多的中国人开始深入了解美联航事件,由于社会主义国家性质,国内群众没有经历过美联航这种"恶霸"公司,对于美联航做错事还可以不受惩罚万分愤懑,在这种情绪下,"美联航强制乘客下机"的相关资讯传播量急速攀升。抵制美联航的行动在中国开始快速蔓延,转瞬间朋友圈和微博几度刷新。大有星星之火可以燎原一发不可收拾的局面,国内刘强东、高晓松等知名人士也相继就自己的经历对美联航作出评价。刘强东斥美联航,"服务全球最烂,没有之一。"高晓松称:"美联航从地面到空中,服务之傲慢令人发指。我数年前领教过两次,自那时起再没订过他家的航班。"

随着美联航事件开始在中国刷屏与现象级的传播,中国各地的主流新闻媒体对这一事件进行了突出报道。中央电视台播放了该乘客脸上带血的画面,还配有"野蛮!"的字样,《人民日报》也批评美联航践踏乘客权益傲慢冷血。新华社在评论中指出:"美联航管理混乱,发生暴力对客这种匪夷所思的事情,竟然是打着规则的旗号在进行?美联航以规则之名,行的却是反规则、反文明之实,难怪会把自己放在舆论风口上去。"

与此同时,留学生开始在美国白宫网站上发布请愿书,要求美国联邦政府调查此事,并在知乎和微博账号上同步发布了请愿内容和链接,呼吁大家签名、转发。请愿迅速完成所需的 10 万签名。在强烈的愤怒下,美东华人在 12 日举行"美东华人强烈谴责美国联合航空公司暴力侵犯乘客人权"的记者会,与会者在声讨美联航的暴力行为时,呼吁该公司的 CEO 立即辞职。同时,与会者还表示未来将采取进一步的行动,包括到美联航纽约地区总部举行抗议集会,以让美联航向民众、社会和受害的老人家有一个交代。该记者会有民选官员、侨团负责人、各界代表等出席。其中华人州众议员在会上指出,当看到美联航对一个 69 岁老人施以暴力行为时,在愤怒之余,更感受到其行径是对人权的践踏,是犯罪。这不仅是对华人的种族歧视,更是对所有人的种族歧视。在美华人强烈要求联邦政府对该事件展开调查,还受害者和所有人以公正,并要求美联航 CEO 立刻被解雇。美联航的行为危害了美国旅游业的发展,直接破坏了美国的民主法制体系,世界各地的各大门户新闻网站、电视、报纸、杂志、纷纷发文指责,巨大的社会舆论高悬在美国上空。

## 五、美国高压审查

随着社会舆论压力的不断提高,美国政府不得不给美联航施以压力。4 月 11 日,白宫发言人斯派塞在白宫例行吹风会上宣称"UA3411 事件令人困扰",任何人看到都会感到不安,没有人会感到无动于衷,并表示美国总统唐纳德·特朗普已看到相关视频,认为这太可怕。

此外,美国运输部表示开始审查航班超售情况,以确定航空公司是否符合经营规则,新泽西州州长克里斯蒂致信美国交通部部长赵小兰,建议她立即取消美国联邦政府对航空公司的超售行为的许可。内华达州民主党众议员罗森等多位国会成员要求,美国联邦政府相关部门应立即对美联航展开详细调查,并举行听证会。

没有一家主流媒体站在美联航一方,各大门户的头版头条全部都是关于

UA3411事件中的美联航傲慢、低劣的表现,美联航总部门前被记者围堵得水泄不通。毫无疑问,美联航成了最差航空的代名词,几乎成为"世界公敌"。

除此之外,金融界开始质疑美联航没有处理危机的能力,不具备长期投资的潜力。一部分持股人开始撤资,美联航的股价应声而崩,母公司 UAL 股价在 4 月 11 日一路暴跌,其跌幅一度跌超 6%,跌幅创 8 个月之最。成为当日标准普尔 500 指数中表现最糟糕的股票。美联航在当日股价价跌幅收窄至 1.13%,到 4 月 12 日,美联航市值蒸发超过 8 亿美元,而股价的走势并没有止跌的趋势。

照此发展,美联航的运营能力和融资形象也会严重损失,一旦缺乏融资,美联航必然市场锐减,美联航的地位岌岌可危,破产也并非没有可能。而美联航的实际处境也不容乐观,很多已经预订了美联航航班的乘客开始取消订单,乘客选择美联航的意愿降至历史最低水平,原有忠诚客户纷纷转向其他航空公司,美联航机票销售量减少。

事情到了这个地步,美联航的对错已经不重要了,舆论压力已经给美联航定罪了。

## 六、致歉

4 月 11 日的美联航总部有些惨淡,每个人都感受到了不安和沮丧,显然他们在事件一开始就做错了决定,他们低估了这次危机的风险,这次的损失实在太大了,美联航 CEO 穆诺兹在 11 日下午再次发表声明,为此事向公众真挚地道歉,就此事表示最深刻的歉意,在声明中多次使用了"最深刻道歉""永远不应该有人被如此错误地对待"等说法。

在这份声明中,首次承认了 UA3411 航班实际上并未出现"超售"情况:航班中共有 70 个座位 70 名乘客。只因 4 位美联航机组人员需要登机才导致 4 位旅客被"调整"。承诺改正错误,绝不再犯,对公司相关政策进行"彻底审议"结果将于 4 月 30 日前公布。同时美联航还将处理超售情况,对现有制度进行改进并承担责任。

除此之外,穆诺兹紧接着在 ABC 电台中再次公开道歉,他在接受 ABC 电台《早安美国》采访时表示,他和美联航的其他同事都对此事感到"羞愧"。在采访中穆诺兹表示现在是美联航糟糕的时刻,但美联航不应是这样的,这样的事情绝对不会再发生。美联航对被打者的态度也发生了巨大的变化,寻求带话、诚挚道歉取代了开始时的轻慢。4 月 27 日陶大卫代理律师 Demetrio 向媒体宣布:美联航与受害者陶大卫一方达成一致,受害者将不会上诉美联航。Demetrio 表示双方已经"友好地"达成和解,陶大卫将获得来自美联航补偿金,但不能透露具体赔偿金额,据陶大卫的律师转述,美联航总裁穆诺兹说他要做正确的事。传言一度认为赔偿金高达1.4亿美金。

随着美联航完成对陶大卫的补偿后,对美联航的抨击出现减少,媒体上对美联航的讨伐声渐渐消弭。美联航市值呈现回升势头。

随着美联航一系列的道歉整改举措,"UA3411事件"在5月后基本尘埃落定。美国政府停止了对美联航的施压和调查,民众对美联航事件的关心程度也渐渐消弭。穆诺茨站在窗前看着天空中飞机飞过,回想着这次的暴力对客事件,尽管UA3411事件已经基本解决,但这次事件暴露了美联航存在的众多弊病:过往基于企业庞大体量,而忽视消费者的做法已经不适用于当前的时代了,依照逻辑和理性不偏不倚地宣判,对企业来说不一定是件好事。另外,面对公司的弊病,如果还不能拿出有效整改措施,美联航未来恐怕还将在此陷入同样的危机之中。

**问题思考:**

1. 在危机之后美联航是如何处理的?
2. 从危机公关"5S"原则来说明美联航的危机公关处理有什么问题?
3. 你从美联航此次的危机处理过程中得到了什么启示?
4. 如果危机一开始美联航就采取积极的态度应对结局会不会不一样?

# 参 考 文 献

1. 王海峰、张忠利:《互联网+公益——企鹅帝国的战略性企业慈善行为》,中国管理案例共享中心案例库。
2. 林传红、张伟伟、韩远翔:《"偶像+微博":看361°"买一善一"如何做公益》,中国管理案例共享中心案例库。
3. 袁少锋、孙清涛、杨晓彤、张玉:《移动互联时代的社会责任营销创新之路——"蚂蚁森林"的案例》,中国管理案例共享中心案例库。
4. 王崇锋、孔卓:《君子养心,莫善于诚——海底捞事件的峰回路转》,中国管理案例共享中心案例库。
5. 谢玉华:《鸿茅药酒"跨省抓捕医生事件"危机》,中国管理案例共享中心案例库。
6. 王崇锋、孔卓、孟星辰:《傲、熬、懊:美联航危机管理的迷途求返之路》,中国管理案例共享中心案例库。